Die Atombombe und das Dritte Reich

1. Auflage Oktober 2002
2. überarbeitete Auflage Februar 2004
3. Auflage November 2006

Umschlaggestaltung: Angewandte Grafik/Peter Hofstätter
Satz und Layout: Agentur Pegasus, Zella-Mehlis
Druck und Bindung: GGP Media GmbH, Pößneck

ISBN 3-930219-50-6

Gerne senden wir Ihnen unser Verlagsverzeichnis
Kopp Verlag
Pfeiferstraße 52
D-72108 Rottenburg
Email: info@kopp-verlag.de
Tel.: (0 74 72) 98 06-0
Fax: (0 74 72) 98 06-11

Unser Buchprogramm finden Sie auch im Internet unter:
www.kopp-verlag.de

INHALT

VORWORT

Gibt es ein Geheimnis um die deutsche Atombombe? Nein, wird heutzutage jeder halbwegs Gebildete sagen, denn man hat doch in den Geschichtsbüchern und in den Bildungseinrichtungen immer wieder betont, daß das Projekt zur Schaffung einer deutschen Nuklearwaffe während des Dritten Reiches 1942 storniert wurde, nachdem klar war, daß die Entwicklung eines solchen ultimativen Waffensystems Jahre in Anspruch nehmen würde.

Um so erstaunter reagierte die interessierte Öffentlichkeit, als wir im Mai 2001 unser Buch »Das Geheimnis der deutschen Atombombe« präsentierten und im Januar 2002 mit dem Studienband »Hitler und die ›Bombe‹« weitere Informationen zu diesem hochkomplexen und brisanten Thema publizierten. Schließlich behaupteten wir ja nicht mehr und nicht weniger, als daß es Wissenschaftlern und Technikern im Dritten Reich *doch gelungen* sei, zumindest den Prototypen einer kleinen Atomwaffe fertigzustellen, wobei die Entwicklungsarbeiten hierzu vor allem in Thüringen konzentriert und durch SS, Reichspost, das Team Dr. Diebners vom Heereswaffenamt (HWA) und auch Teile der deutschen Großindustrie betrieben wurden. Wir versuchten mit unseren Büchern aufzuzeigen, daß es eine ganze Reihe von Widersprüchen gibt, die in bezug auf die Geschichtsschreibung und die deutsche Atomforschung nicht existieren dürften, wenn sich alles wirklich so abgespielt hätte, wie es seit dem Kriegsende behauptet wird.

Die erste Attacke, die wir ritten, stieß freilich auf wenig Gegenliebe, obwohl wir nach Erscheinen unserer Bücher auch eine große Zahl von bestätigenden Informationen erhielten. Als Hauptkritikpunkte wurden das Fehlen schlüssiger Dokumente ebenso ins Feld geführt wie die Bemerkung, daß man Augenzeugenberichten keinen Glauben schenken könne. Als wir in »Hitler und die ›Bombe‹« einige Dokumente publizierten, die sehr wohl aufzeigten, daß zumindest in bezug auf die von uns ebenso postulierte Existenz einer Großrakete, mit der die deutsche Atomwaffe über den Atlantik transportiert werden sollte, bestätigende Informationen vorliegen, wurden viele Kritiker verdächtig ruhig. Wir konnten aufzeigen, daß die Fachleute vergessen hatten, ihre Hausaufgaben zu machen. Bisher hatten sie doch immer gleichlautend behauptet, die V-2, mit der z. B. London beschossen wurde, wäre die leistungsfähigste deutsche Rakete im Zweiten Weltkrieg gewesen. Und diese wäre bei einer Reichweite von mehreren hundert Kilometern natürlich nie in der Lage gewesen, beispielsweise New York zu erreichen. Die Rakete, die das hätte schaffen können, die A9/A10, sei nur theoretisch fertig gewesen – als Papierprojekt.

Indem wir ein Dokument der alliierten Technologieaufspürgruppe CIOS veröffentlichten, in dem sogar Nachfolgeentwicklungen der A9/A10-Interkontinentalrakete auftauchten, wiesen wir unsere Kritiker in die Schranken. Die Deutschen hatten demnach sehr wohl die A9/A10 gebaut, mit der eine Reichweite von ca. 5000 km möglich gewesen wäre – und demnach die Option bestanden hätte, die Ostküstenstädte der USA von Europa aus zu bedrohen.

Massive Kritik schwappte über uns hinweg, weil wir gewagt hatten, die Zeugenaussage eines Wissenden namens Dr. Adolf Bernd Freier zu veröffentlichen, der behauptet hatte, am 4. März 1945 sei im Bereich des Truppenübungsplatzes Ohrdruf in Thüringen eine A-Waffe mit einer Ladung von nur 100 g »Atomsprengstoff« detoniert. Vergleiche von Luftbildern hatten uns das betreffende Gebiet, »Dreieck« genannt, identifizieren lassen, was allerdings kaum zur Kenntnis genommen wurde. Einige Fachleute meinten, es sei undenkbar, eine unterkritische 100-g-A-Bombe zu zünden, bis wir in »Hitler und die ›Bombe‹« auch diese Argumentation zu Fall brachten. Hatten auch hier die Experten vergessen, ihre Hausaufgaben zu erledigen?

Genauso konnten wir aufzeigen, daß Argumente wie »Da hätte ja die ganze umliegende Region und Bevölkerung verstrahlt werden müssen« nicht mit den Tatsachen in Übereinstimmung zu bringen sind. Wir müssen es immer wieder betonen: Es wurde eine *Kleinstwaffe* gezündet! Leider haben die meisten Menschen, wenn ihnen gegenüber das Thema Atombomben erwähnt wird, die schrecklichen Bilder von Hiroshima oder Nagasaki vor Augen, so daß sich die Vorstellung in den Köpfen von Atomwaffen als großen, schmutzigen, alles vernichtenden Systemen verfestigt hat. Dabei wird völlig vergessen, daß auch die damalige Sowjetunion und die USA einige Jahre nach dem Krieg kleinste

Atomsprengsätze zündeten, wie wir in diesem Buch aufzeigen werden.

Noch ein Wort zum Wert von Augenzeugenberichten. Wie alles, was menschlichen Ursprungs ist, so sind auch Aussagen von Zeitzeugen nicht hundertprozentig objektiv und exakt. Im Laufe der Zeit schleichen sich Ungenauigkeiten ein, manches wird vergessen, anderes überbewertet. Sie deshalb in Bausch und Bogen zu verdammen, ist allerdings ein Zeichen von Überheblichkeit und Ignoranz, da die sogenannte »Oral History« mitunter das einzige Mittel ist, Informationen über geschichtliche Abläufe zu erhalten. Freilich, die Historikerschaft verfährt nach dem Motto: »Was nicht in den Dokumenten steht, existiert auch nicht« (frei nach Franz Josef Strauß), aber im Falle der Schaffung der deutschen Atombombe und anderer geheimer Technologieprojekte ist es nur logisch, davon auszugehen, daß einst vorhandene Dokumente größtenteils vernichtet worden sind bzw. heute in den Archiven der Alliierten liegen. Während des Dritten Reiches hätte die Entwicklung einer Atombombe nur dann erfolgreich verlaufen können, wenn die Geheimhaltung höchsten Bewertungsmaßstäben standgehalten hätte, denn spätestens nach Stalingrad waren Verräter, Agenten und Saboteure überall anzutreffen. Und genau diese hohe Geheimhaltung machte es den Siegern des Zweiten Weltkrieges später leicht, die vorgefundenen Technologie-Entwicklungen ohne großes Aufsehen zu übernehmen und sie als die eigenen auszugeben. Darüber hinaus hatte man nach dem Krieg natürlich auch genug Zeit, Hinweise gebende Dokumente aus Archiven zu entfernen, wobei man allerdings – zu unserer Genugtuung – nicht absolut perfekt arbeitete, denn auch hier waren nur Menschen am Werk.

Bei der Bewertung von Zeitzeugenaussagen gilt es zudem zu berücksichtigen, daß in bezug auf die deutschen Hochtechnologieprojekte im großen und ganzen gleichlautende Aussagen aus aller Herren Länder eintrafen. Es dürfte schwer erklärbar sein, warum ein Techniker, der in den sechziger Jahren von einer DDR-Kommission zu den Ereignissen auf dem Truppenübungsplatz Ohrdruf gegen Ende des Zweiten Weltkrieges befragt wurde, dieselben seltsamen Ereignisse schildert wie jemand, der tausende Kilometer entfernt in Südamerika beheimatet ist. Wenn also gleichlautende Informationen aus verschiedenen, örtlich voneinander getrennten Quellen vorliegen, die in bezug auf Örtlichkeiten und Zeitpunkte weitgehend identisch sind, dann muß man diese Dinge sehr wohl ernstnehmen. Alles andere wäre vorsätzliche Ignoranz und demzufolge unseriös.

Daß Augenzeugenberichte mitunter die einzige Möglichkeit sind, längst vergangene Geschehnisse zu rekonstruieren, ist eine schon erwähnte Tatsache. Wir möchten als Beispiel die Arbeit von Munitionsbergungsdiensten und Unternehmen aufführen, die sich mit der Entsorgung von Altlasten zu befassen haben. In vielen Fällen erhalten die dort Verantwortlichen noch nach Jahrzehnten Hinweise von Augenzeugen in bezug auf eingelagerte Munition oder andere in der Erde schlummernde Dinge, und diese Hinweise sind oft das einzige, um bestehende Gefahrenpotentiale zu beseitigen. Dabei wird den Zeugen in der Regel ein gutes Erinnerungsvermögen bescheinigt, und in einem Großteil der Fälle stimmen die Angaben der Augenzeugen mit den späteren Fundorten präzise überein. Wäre dem nicht so, wäre die Branche arbeitslos.

Wir könnten an dieser Stelle auf weitere Punkte eingehen, die kritisiert und von uns anschließend aufgeklärt werden konnten, glauben aber, daß sich unsere geneigten Leserinnen und Leser selbst eine Meinung bilden können anhand des Materials, das wir bisher vorlegt haben. Natürlich ist es unmöglich, das, was über Jahrzehnte vor der Öffentlichkeit verborgen wurde, innerhalb kurzer Zeit aufklären zu wollen. Eine solche Arbeit wird, da sind wir uns einig, eine Lebensaufgabe bleiben und einen hohen Arbeitsaufwand wie auch entsprechende Investitionen erfordern.

Wir wollen mit dem vorliegenden Buch deshalb auch »nur« weitere Indizien und Argumente vorstellen, welche die von uns postulierte Behauptung, Deutschland habe im Zweiten Weltkrieg an einem Geheimprojekt zur Schaffung einer Atomwaffe und Interkontinentalrakete gearbeitet, unterstützen. Wir betrachten dieses Werk dabei nicht als abschließende Publikation, sondern nur als einen weiteren Schritt auf dem Weg zur Suche nach der Wahrheit. Naturgemäß kann unsere Arbeit daher auch nicht als »wissenschaftlichen Ansprüchen genügend« bezeichnet werden, denn eine wissenschaftliche Forschung in bezug auf dieses Thema kann von einzelnen Personen ohne entsprechende große finanzielle Ausstattung nicht betrieben werden. Unser Buch ist aber, das wollen wir ausdrücklich betonen, eine Zusammenstellung weiterer Fakten, Informationen und Aussagen, die geeignet sind, *die Notwendigkeit einer wissenschaftlichen Erforschung des Themas zu dokumentieren.*

Unabhängig davon ist es uns mindestens im Falle der deutschen Großrakete zwischenzeitlich gelungen, den Beweis ihrer Existenz zu erbringen, womit die offizielle Geschichtsschreibung in bezug auf diesen Punkt klar revidiert werden muß. Erstmals überhaupt werden in diesem Buch entsprechende Aussagen, Dokumente und Luftbilder veröffentlicht, die in ihrer Gesamtheit aufzeigen, daß etwas existierte und sogar getestet wurde, was offiziell gar nicht vorhanden war und in seiner möglichen Existenz stets vehement bestritten wurde. Damit muß die Frage des wahren Standes deutscher Hochtechnologieprojekte nochmals neu betrachtet werden!

So stellt sich angesichts der Tatsache, daß eine deutsche Fernrakete existierte, auch die Frage, ob die deutsche Atomwaffe einsatzbereit war. Nach den von uns zusammengetragenen Informationen müssen wir diese Frage *aus unserer Sicht* mit »Ja« beantworten, wenn auch der eindeutige Beweis noch aussteht und unsere Gegnerschaft weiterhin auf ihrem Standpunkt beharrt, daß alle vorliegenden Dokumente und Reports zur deutschen Atomforschung im Dritten Reich das Gegenteil behaupten. Wir nehmen das zur Kenntnis, sind aber der Auffassung, daß die Wahrheit über kurz oder lang ans Tageslicht kommen wird, weil die Zeit reif dafür ist. Die Situation ist wie bei einem komplexen Puzzle: Manchmal wird das Bild, das mit einem solchem aufgezeigt werden soll, erst dann sichtbar, wenn die letzten Steine eingesetzt worden sind. Visuell gesprochen, kann man oft erst im letzten Augenblick feststellen, ob das entstehende Bild ein »O« oder ein »Q« zeigt. Und von einem vollständigen Puzzle in bezug auf die deutsche Atomforschung und Hochtechnologie kann nach unserem Dafürhalten noch lange nicht gesprochen werden, denn es existieren mehr als genug Widersprüche, die – wir betonen es nochmals – bei einer stimmigen Geschichtsschreibung niemals vorhanden sein dürften. Forschung lohnt also!

...hat sich Laurence Olivier (Bericht Seite 8)

GRAZER Samstag

UNPARTEIISCHE WOCHENZEITUNG

Vbb NR. 9 / JAHRGANG 5 3. MÄRZ 1956 PREIS 1.30 SCHILLING

Alliierten fanden den Beweis in Amstetten:

Hitler hatte A-Bomben!

Atomwaffe aus Deutschland — Deutsche Erfindung zerstört Hiroshima

Wir veröffentlichten in unserer Ausgabe vom 11. Februar 1956 unter dem Titel „Wie viele Atombomben besaß Hitler?" einen sensationellen Artikel. Aus ihm ging unter Berufung auf einen Ausspruch des amerika- zählte und dem es beinahe bestimmt gewesen wäre, in Verein mit anderen todesmutigen Kameraden, dem Krieg eine entscheidende Wendung zu geben. Dies liegt lange zurück. Viele Zeugen der damaligen Geschehnisse ergebnislosen Sondereinsatz gegen Westen geflogen hatten, waren tief niedergedrückt. Sie sahen keinen Weg mehr, der den Zusammenbruch der deutschen Wehrmacht noch in letzter Stunde verhindern, und den

Ein gerichtliches Urteil zwingt uns, nachstehende ENTGEGNUNG der Frau Dr. Hilde Plenk zu unserem Artikel vom 10. Dezember 1955 zu veröffentlichen: Sie schreiben in der Nr. 50 Ihrer Zeitschrift vom 10. 12. 1955 auf Seite 1, Ueberschrift

Kurpfuscherin liest aus den Augen — Wiener Ärztin Dr. Plenk als Aushängeschild

Das Dritte Reich verfügte über Atombomben – diese Behauptung ist nicht neu, sondern wurde bereits am 3. März 1956 in der in Österreich erscheinenden Zeitung »Grazer Samstag« verbreitet.

Bei der Erarbeitung dieses Buches mußten wir uns oft die Frage stellen, was wir der Öffentlichkeit an Informationen zumuten können und was nicht. Jemand, der sich das erste Mal mit dem Thema der von uns postulierten Existenz einer deutschen Nuklearwaffe auseinandersetzt, wird glauben, wir würden an einer neuen Verschwörungstheorie arbeiten. Die Zeitung »Neues Deutschland«, die unser erstes Buch rezensierte (oder sollten wir besser sagen glossierte?), meinte daher auch, daß das von uns behandelte Thema in bezug auf Verschwörungstheorien »alles bisher Dagewesene um Längen schlagen würde«. Das ist zuviel der Ehre! Wir präsentierten keineswegs eine neue Verschwörungstheorie, sondern zeigten lediglich auf, daß es eine *Verschwörung gegen die Wahrheit* gibt, die beinahe zum Erfolg geführt hätte. Aber eben nur beinahe, denn Lügen haben bekanntlich kurze Beine. Und die Wahrheit kommt immer ans Licht, so sehr man sie auch bekämpfen mag. Sie ist wie der Tropfen Öl im Wasser, irgendwann schwimmt er für alle sichtbar auf der Oberfläche.

Die Informationen, die wir in diesem Buch veröffentlichen, werden für weiteren Gesprächsstoff sorgen. Wir haben dabei bewußt darauf verzichtet, alle uns zugegangenen Informationen zu präsentieren, denn ein Teil davon muß erst noch durch weitere Recherchen in seiner Bedeutung analysiert werden. Auch verspürten wir wenig Interesse, den in Thüringen tätigen Schatzsuchern neue Anhaltspunkte für ihre Suche zu liefern, denn von uns vorgenommene Geländebegehungen zeigen oft überdeutlich, daß allerorten gegraben wird. Man hat uns zwar vorgeworfen, daß unsere Bücher die Schatzgräberei erst richtig losgetreten hätten, wir meinen aber, daß das nicht in unserer Verantwortung liegt. Jede Münze hat zwei Seiten. Wir können nichts dafür, daß sich viele dazu berufen fühlen, die Sache selbst in die Hand zu nehmen. Uns verwundert das auch nicht angesichts des demonstrierten Desinteresses seitens der Behörden. Würde man den Hinweisen offiziellerseits nachgehen und eine Zusammenarbeit anstreben, läge viel weniger im argen.

Das Hauptproblem aber ist, und das sagen wir ganz offen, daß die von uns aufgestellten Hypothesen die bisherige Geschichtsschreibung in einer Art erscheinen lassen, die sehr nach Manipulation aussieht, so eben, wie es die Sieger des Zweiten

Weltkrieges erscheinen lassen wollten. Deshalb hat auch kaum jemand Interesse daran, das Thema aufzugreifen und in aller Ausführlichkeit zu erörtern, denn es bestünde die Möglichkeit, daß dann viele Aspekte des Zweiten Weltkrieges unter einem neuen Winkel betrachtet werden müßten. Ja, es könnte sogar geschehen, daß der Öffentlichkeit *die wahren Gründe* für manche Handlungen im letzten großen Krieg und in der Zeit danach klar würden, was zu unvorhergesehenen Reaktionen führen kann. Wie sagte ein leitender Redakteur? »Wenn das wahr ist, dann ist die Watergate-Affäre dagegen ein Sch...dreck!«

Innerhalb dieses Buches konzentrieren wir uns vor allem auf jene Ereignisse, die in Thüringen stattfanden. Zwischenzeitlich ging uns nämlich die Information zu, daß tatsächlich wichtigste Teile der technologischen Geheimnisse des Dritten Reiches hier konzentriert waren. Das Gebiet, um das es im speziellen geht, trug einst die geheime Oberbezeichnung AWO (für Arnstadt – Wechmar – Ohrdruf), wobei natürlich auch umliegende Areale in die Planungen einbezogen wurden.

Viele Dinge, die wir in dem vorliegenden Buch zur Sprache bringen werden, sind geeignet, Althergebrachtes zu überdenken und in Frage zu stellen. Sie werden jedoch nichts an dem Fakt ändern, daß der Zweite Weltkrieg durch Deutschland initiiert und verloren wurde sowie Millionen Unschuldiger ihr Leben lassen mußten. Mancher wird beim Nachdenken über das Geschriebene Gefühle des Unwohlseins verspüren, andere werden sich fragen, was in dieser Welt tatsächlich gespielt wird. Letzteres möchten auch wir gern wissen, wobei aber bereits jetzt klar ist, daß das, was man der Öffentlichkeit heutzutage als »wahr« präsentiert, nur ein kleiner und vor allem unbedeutender Teil der Wirklichkeit ist. Die wichtigen Dinge in Politik, Gesellschaft und Wissenschaft ereignen sich – wie seit Jahrtausenden schon – immer hinter der Bühne. Also dann, Vorhang auf!

Edgar Mayer & Thomas Mehner
im September 2002

Kapitel 1

Die Rittermann-Briefe

Der zentrale Dreh- und Angelpunkt der deutschen »Geheimwaffenentwicklung der zweiten Generation« war, wie wir aufgezeigt haben, der Raum Thüringen.[1] Während des Zweiten Weltkrieges wurde hier in unterirdischen Anlagen an der Realisierung von Hochtechnologien gearbeitet, wobei vor allem die Reichspost eine besondere Rolle spielte. Die seit Jahrzehnten anhaltenden Diskussionen um das Areal des Jonastals und des Truppenübungsplatzes Ohrdruf betrafen bis zum Ende der 1990er Jahre vor allem die Vermutung, daß hier das sogenannte »letzte Führerhauptquartier«[2] entstehen sollte. Wie sich jedoch zeigte, konnte diese Annahme allein nicht den Einsatz und Tod tausender Häftlinge begründen, die angeblich nur im Jonastal ab Herbst 1944 an dort vorhandenen Stollensystemen arbeiteten. Im Laufe der Zeit zeigte sich, daß die technologische Komponente des Areals übersehen wurde.

In »Das Geheimnis der deutschen Atombombe« zeigten wir auf, daß eine Reihe von Zeugenaussagen existieren, die aus unterschiedlichen Quellen stammen und die dokumentieren, daß im Raum zwischen Ohrdruf, Arnstadt und dem südlich davon gelegenen Jonastal weitaus mehr geschehen sein muß, als man bislang glaubte. Bereits in den 1960er Jahren hatte eine auf ehrenamtlicher Basis arbeitende Gruppe mit der Bezeichnung »Forschungsprojekt S III« Augenzeugenaussagen, Hinweise und Dokumente gesammelt. Das Projekt konnte jedoch nie abgeschlossen werden, weil höhere Stellen der DDR-Administration eingriffen und so für ein abruptes Ende sorgten. Das zusammengetragene Material wurde beschlagnahmt und ist bis heute, trotz einiger Suchanfragen, nicht wieder aufgetaucht. Interessanterweise blieben einige Mitschriftprotokolle erhalten, deren

---

(1) Edgar Mayer & Thomas Mehner: Das Geheimnis der deutschen Atombombe. Gewannen Hitlers Wissenschaftler den nuklearen Wettlauf doch?, Kopp Verlag, Rottenburg 2001, Kapitel 11 und 12.

(2) Gerhardt Remdt und Günter Wermusch: Rätsel Jonastal, Ch.-Links-Verlag, Berlin 1992.

wesentliche Informationen mit jenen Zeugenaussagen übereinstimmen, die insbesondere nach der Phase der politischen Wende in der DDR von Heimatforschern zusammengetragen wurden. Eine Auswertung all dieser Informationen ergab Deckungsgleichheiten in bezug auf Vorgänge bei Kriegsende ebenso wie die Existenz bisher unbekannter unterirdischer Anlagen, wobei insbesondere das Objekt »Burg« eine große Rolle spielte.

Es ist uns an dieser Stelle leider nicht möglich, die Zusammenhänge nochmals in aller Ausführlichkeit darzustellen; wir müssen statt dessen auf die entsprechende Literatur verweisen.[3] Gewisse Teile der nachfolgenden Darstellungen sind ohne Kenntnis der bisher veröffentlichten Informationen möglicherweise für den ein oder anderen schwer nachvollziehbar, so daß zumindest das Studium der Kapitel 11 und 12 unseres Buches »Das Geheimnis der deutschen Atombombe« empfohlen wird.

Aufgrund der Tatsache, daß wir uns seit Jahren mit Recherchen zur deutschen Atombombe und dem »Jonastal-Rätsels« befassen, darüber hinaus einer von uns bis zum Jahr 2000 als Verleger einige Bücher zum Thema herausgegeben hatte, erhielten wir 2000, noch *vor* der Veröffentlichung unseres ersten Buches »Das Geheimnis der deutschen Atombombe«, drei Schreiben eines Herrn David Hans Hoffmann alias Hans Rittermann. Dieser behauptete, unter dem erstgenannten Namen in Jerusalem, Israel, zu leben und über weitergehende Informationen zum Raum Ohrdruf – Arnstadt – Jonastal zu verfügen, die er nunmehr an andere Personen und uns weitergeben wolle.

Der auslösende Umstand für die Briefe mag einerseits das Erscheinen der Publikationen gewesen sein, die sich mit dem Jonastal-Thema befaßten, andererseits die Tatsache, daß im Jahr

---

(3) Gerhardt Remdt und Günter Wermusch: Rätsel Jonastal, Ch.-Links-Verlag, Berlin 1992. Franz W. Seidler und Dieter Zeigert: Die Führerhauptquartiere, Anlagen und Planungen im Zweiten Weltkrieg, Herbig, München 2000. Ulrich Brunzel: Hitlers Geheimobjekte in Thüringen, H.-Jung-Verlagsgesellschaft mbH, 9. Auflage, Zella-Mehlis 1999. Harald Fäth: 1945 – Thüringens Manhattan Projekt, Auf Spurensuche nach der verlorenen V-Waffen-Fabrik in Deutschlands Untergrund, CTT-Verlag & H.-Jung-Verlagsgesellschaft mbH, Suhl/Zella-Mehlis 1998. Harald Fäth: Geheime Kommandosache, S III Jonastal und die Siegeswaffenproduktion. Weitere Spurensuche nach Thüringens Manhattan Project, CTT-Verlag & H.-Jung-Verlagsgesellschaft mbH, Suhl/Zella-Mehlis 1999.

2000 in Arnstadt eine kleine Ausstellung zu einer bestimmten Person lief, die dort als großer Menschenfreund während der Zeit des Dritten Reiches dargestellt wurde. David Hans Hoffmann, der während des Zweiten Weltkrieges unter seinem ursprünglichen Namen Hans Rittermann in Arnstadt arbeitete, kannte die betreffende Person aus eigenem Erleben gut und wies darauf hin, daß das der Öffentlichkeit präsentierte Bild keineswegs stimme. Dabei ist zu berücksichtigen, daß Hans Rittermann nicht irgendwer war, sondern zwischen 1938 und 1945 als Sonderbeauftragter der Reichspost und des OKW für Sonderbauvorhaben in Thüringen arbeitete – und damit in Dinge eingeweiht war, die sich dem Normalbürger entzogen.

Hans Rittermann ließ uns darüber hinaus im ersten seiner Briefe wissen, daß seine Schweigepflicht nunmehr abgelaufen sei, so daß er sich – insbesondere wegen seines hohen Alters und seines schlechten Gesundheitszustandes – entschlossen habe, ein wenig Licht ins Dunkel der Ereignisse bei Kriegsende zu bringen, statt sein Wissen mit ins Grab zu nehmen.

Sämtliche Schreiben gingen ursprünglich an mehrere Empfänger, u. a. auch an eine Familie in Thüringen, die Rittermann vorgab zu kennen. Zwischenzeitlich wurden Kopien der Schreiben auch an andere Interessenten weitergegeben, so daß man davon ausgehen kann, daß eine ganze Reihe von Personen über deren Inhalt informiert sein dürfte. Wahrscheinlich befinden sich Kopien der Briefe sogar im Besitz einiger Schatzsucher, die jedoch, wie wir wissen, aufgrund fehlenden zeitgeschichtlichen Hintergrundwissens diese in der Regel als Fälschungen abtun. Eine solche Einschätzung ist jedoch nach unserem Dafürhalten voreilig und durch wenig begründet, da unabhängig gewonnene Recherche-Ergebnisse zur Geheimwaffenforschung des Dritten Reiches – wie noch zu zeigen sein wird – eine ganze Reihe von Angaben in den Briefen bestätigen konnten. Zudem hat es während des Zweiten Weltkrieges im Bauamt von Arnstadt tatsächlich eine Person mit dem Namen Hans Rittermann gegeben, für die sich später auch gewisse DDR-Behörden interessierten. Durch einen Glücksfall gelangten wir in den Besitz entsprechender bestätigender Dokumente aus den 1960er Jahren. Sie sind ein sehr starkes Indiz, daß es um die Person Rittermann ein besonderes Geheimnis gibt.

Interessanterweise verlor im Jahr 2001 einer der Empfänger der Rittermann-Briefe die Nerven und gab diese mit eigenen Anmerkungen versehen an eine Thüringer Behörde weiter, die im Nachhinein Ermittlungen anstellte und noch immer anstellt.

Daß die Briefe Insiderinformationen wiedergeben und zumindest in einigen Punkten brisantes Wissen beinhalten, demzufolge also — wenn man Böses unterstellen wollte — keine kompletten Fälschungen sein können, beweisen beispielsweise einige Bemerkungen Hans Rittermanns zu einem – offiziell natürlich nicht existenten – Objekt in Thüringen, das im Zusammenhang mit anderen geheimen unterirdischen Anlagen während des Dritten Reiches geschaffen wurde. Diese Information der besonderen Art berührt allerdings heutige Sicherheitsinteressen, so daß wir uns insbesondere aus Gründen der momentanen weltpolitischen Lage entschlossen haben, diese von einer Veröffentlichung auszunehmen. Zudem erhielten wir aus gewöhnlich sehr gut unterrichteten Kreisen zweimal den dezenten Hinweis, diese Dinge für uns zu behalten, denn ansonsten könnte es wirklich massive Probleme geben. Wir haben diesen »Wink mit dem Zaunpfahl«, der für uns ein Eingeständnis der wahren Situation und damit eine direkte Bestätigung dessen ist, was Rittermann schrieb, sehr wohl verstanden. Da das interessierende Objekt für unsere weiteren Betrachtungen ohnehin nur nebensächlich ist, können wir getrost auf eine weitere Erörterung des Themas verzichten. Ob andere ihr Wissen ebenfalls für sich behalten werden, ist jedoch eine ganz andere Frage. Die Nichtveröffentlichung dieser speziellen Information hat nichts damit zu tun, daß wir Angst vor Schwierigkeiten hätten, sondern ist einzig und allein dem Umstand geschuldet, daß sich die westliche Zivilisation momentan in einer prekären Sicherheitslage befindet, auch wenn das die wenigsten Menschen derzeit wirklich begriffen haben mögen. Aus demselben Grund verzichten wir darauf, auch manch andere Information zu publizieren, denn damit würden viele schlafenden Hunde geweckt werden. Wir sind in dieser, auf abendländischen Traditionen beruhenden Kultur aufgewachsen und verspüren wenig Lust, irgendwann eine andere am eigenen Leib zu erfahren. Gleichwohl sind wir uns aber der Tatsache bewußt, daß die Öffentlichkeit der westlichen Welt über viele wichtige Dinge im Dunkeln gelassen wurde und daß wir bei dem Bestreben, die Wahrheit aufzuzeigen, einen Drahtseilakt vollführen müssen.

Trotz Recherchen gelang es uns nicht herauszufinden, ob in Jerusalem tatsächlich ein David Hans Hoffmann alias Hans Rittermann mit einem speziellen Wissenshintergrund existierte. Ungeachtet dessen halten wir es jedoch für möglich, daß er kurz vor seinem Tod die Briefe *initiierte*, um sein Gewissen zu erleichtern, diese dann an Freunde weitergab und diese wiederum dafür sorgten, daß sie mehreren interessierten Personen zugingen. Es ist davon auszugehen, daß Rittermann aufgrund seines schlechten Gesundheitszustandes die Briefe nicht selbst schrieb, sondern wichtige Informationen diktierte, und dann eine der Kontaktpersonen mittels dieser Diktatniederschriften die an uns übermittelten Schreiben verfaßte, was bei bestimmten Punkten zu Ungenauigkeiten führte. Diese Kontaktperson vermuten wir im Osten Deutschlands, wofür es Anhaltspunkte gibt. Bei einer sorgfältigen Analyse der Briefe waren wir nämlich auf Begriffe gestoßen, die eindeutig dem ostdeutschen Sprachvokabular entstammen (so ist im Brief Nr. 3 beispielsweise von einem »Westauto« die Rede – ein Begriff, der nur in der früheren DDR gebraucht wurde). Hatte Hans Rittermann Kontakt zu Ostdeutschen? Ja, mit absoluter Sicherheit, denn diese waren über Jahrzehnte die einzigen, die sich im Umfeld seines einstigen Wirkungsgebietes S III/B III unauffällig bewegen konnten. Auch sollte bedacht werden, daß einige der »Gralshüter« nach dem Krieg in Thüringen verblieben sind, sei es, weil ihnen das Absetzen in andere Gebiete nicht mehr gelang, sei es, daß sie den befehlsmäßigen Auftrag erhalten hatten, vor Ort zu bleiben, um wichtige Anlagen zu beobachten und auf künftige Unversehrtheit zu überprüfen. Das mag zunächst einmal unglaublich klingen, denn bekanntermaßen endete der Zweite Weltkrieg Anfang Mai 1945. Es muß jedoch berücksichtigt werden, daß es ein u. a. von Hans Kammler betriebenes Projekt zur Schaffung eines Vierten Reiches gab, die sogenannte »Operation Avalon«, innerhalb der u. a. Akten, Kunstgegenstände, Wertsachen, Waffen und Technologie ver- und eingelagert wurden. Diese Operation enthüllt sich nur langsam unseren Augen: Thüringen scheint hierbei jedoch eine besondere Rolle gespielt zu haben.

Freilich erörterten wir auch in nicht enden wollenden Diskussionen die Option, daß sich hinter der Person des Hans Rittermann in Wirklichkeit jemand ganz anderer verbergen könne, der das Gebiet und seine Geschichte gut kennt (Heimatforscher, ehemalige Mitarbeiter des Ministeriums für Staatssicherheit der DDR – MfS –, »Gralshüter«) und somit in der Lage gewesen ist, diese Briefe zu verfassen. Diese Möglichkeit können wir nicht ausschließen, doch – wie wir bereits weiter oben erwähnten – kann es sich in einem solchen Fall nicht um irgendeine Person handeln, sondern nur um einen *Insider*, weil der Betreffende über Informationen verfügte, die durch normale Recherche nicht zu gewinnen sind. Somit kämen nur Erkenntnisse des MfS in Betracht oder aber Quellen in Form von Aktenfunden, die z. B. durch Heimatforscher ausgewertet worden sind und nunmehr lanciert werden.

Betrachtet man die Situation objektiv, so muß man feststellen, daß nach dem derzeitigen Stand der Dinge leider bestimmte Fragen in bezug auf die Urheberschaft der Briefe unbeantwortet bleiben müssen. Bemerkenswert ist aber, daß die Rittermann-Schreiben eine sich erstaunlich gut einfügende Facette in einem großen Puzzle sind, dessen Bild sich nach und nach ergibt. Wir werden in diesem Buch eine Vielzahl dieser weiteren Facetten präsentieren, so daß unsere Leserinnen und Leser selbst in der Lage sein werden, sich ein Bild zu machen. Darüber hinaus haben wir bereits in unserem Buch »Das Geheimnis der deutschen Atombombe« eine Vielzahl von Indizien und Aussagen präsentiert, die aus verschiedenen Quellen stammen und durch die Rittermann-Briefe in beinahe unglaublicher Weise ergänzt werden.

Auch wenn wir beim momentanen Stand der Dinge in bezug auf die Authentizität der Rittermann-Schreiben vorsichtig sein wollen und müssen, so läßt sich nicht leugnen, das *Teile* des in ihnen offenbarten Wissens über viele bisher bekannte Fakten hinausgehen und – wie wir schon erwähnten – zu seltsamen Reaktionen bestimmter gut informierter Kreise führten.

Ob Hans Rittermann als Kron-(Augen-)Zeuge der Geschehnisse bei Kriegsende im Raum zwischen Wechmar, Ohrdruf und Arnstadt gelten kann, bleibt abzuwarten. Sollte er wirklich der Verfasser der Schreiben gewesen sein, so muß festgehalten werden, daß manche Informationen, die in den Briefen auftauchen, unpräzise, ja mitunter sogar fehlerhaft erscheinen. Das könnte mit dem Umstand zu erklären sein, daß Hans Rittermann nicht nur eigene Erlebnisse verarbeitete, sondern auch Berichte aus Primärquellen benutzte, vor allem dann, wenn er über bestimmte Vorgänge nicht unterrichtet war. Niemand ist schließlich perfekt! In gewisser Hinsicht sprechen zu registrierende Ungenauigkeiten sogar wieder für die Echtheit der Briefe, denn keine Person konnte und kann in bezug auf die Geheimprojekte des Dritten Reiches über einen Gesamtüberblick verfügt haben – mit Ausnahme von SS-Obergruppenführer und General der Waffen-SS Hans Kammler vielleicht. Hitler hatte in einem »allgemeinen Befehl« bestimmt, daß jede Dienststelle und jeder Offizier nur soviel zu wissen habe, wie zur unmittelbaren Aufgabenerfüllung notwendig sei. Auch Hans Rittermann wäre kaum in der Lage gewesen, diesen Befehl zu unterlaufen.

Wir müssen nochmals betonen, daß wir eine Person namens Hans Rittermann in Jerusalem zwar nicht eruieren konnten, aber aufgrund anderer positiver Rechercheergebnisse und einer Vielzahl korrespondierender Daten, die wir noch aufzeigen werden, zumindest feststellen mußten, daß die *Briefinhalte* in einigen Teilen ein bemerkenswertes Wissen offenbaren, das es wert ist, näher betrachtet zu werden. Genau aus diesem Grund haben wir uns letztlich auch entschlossen, die Schreiben in großen Auszügen zu publizieren, auch auf die Gefahr hin, daß der Briefeverfasser nicht Hans Rittermann oder eine von ihm beauftragte Person, sondern jemand ganz anderes gewesen ist. Wenn wir in der Darstellung der Briefe gewisse Lücken lassen, dann nur deshalb, um einerseits bestimmte personenbezogene Daten zu respektieren und um andererseits, wie wir schon ausführten, keine schlafenden Hunde zu wecken. Wir sind jedoch jederzeit bereit, der wissenschaftlichen Forschung das Material komplett zur Verfügung zu stellen – insofern sich überhaupt jemand dafür interessiert, denn eines ist Fakt: Bei der Beschäftigung mit dieser Thematik sitzt man, bildlich gesprochen, zwischen allen nur denkbaren Stühlen …

Die Rittermann-Briefe sprechen davon, daß im Thüringer Raum an der Schaffung sogenannter Siegeswaffen gearbeitet wurde, hinter denen sich die deutsche Atombombe und ein interkontinentales Trägersystem verbergen. Darüber hinaus wurden noch weitere »Wunderwaffen« entwickelt, die jedoch nicht Gegenstand unserer Betrachtungen sein sollen. Warum diese Waffensysteme nicht zum Einsatz gelangten, erklärt Hans Rittermann ebenfalls. Wir wissen, daß seine Darstellung der Ereignisse der letzten Kriegstage konträr zu dem steht, was die Geschichtswissenschaft bisher behauptet. Sollte sich seine Version, die auch durch andere Zeugenaussagen unterstützt wird und die wir, zumindest teilweise, für viel glaubhafter halten als die etablierte Geschichtsschreibung, beweisen lassen, dann dürften die Historiker ein massives Problem haben – und nicht nur sie.

Unabhängig davon halten wir es jedoch für wichtig, die Öffentlichkeit über die wesentlichen Inhalte der Rittermann-Briefe wie auch anderer mittlerweile eingegangener Schreiben zu informieren. Falls in Thüringen tatsächlich eine hochgeheime Forschung in Untergrundinstallationen während der Zeit des Dritten Reiches betrieben wurde, so ist es wahrscheinlich, daß diese Anlagen immer noch zu großen Teilen ungeöffnet in der Tiefe liegen und von ihnen *möglicherweise* eine Gefährdung ausgeht.

Man hat uns in der Vergangenheit öfters vorgeworfen, Panikmache zu betreiben und die Öffentlichkeit in (unnötige) Aufregung zu versetzen. Ob derartige unqualifizierte Vorwürfe gerechtfertigt sind, bezweifeln wir angesichts all dessen, was wir in den vergangenen Jahren an Rechercheinformationen zusammentragen konnten. Man tut gerade so, als trügen wir die Schuld dafür, daß solche Anlagen existieren (könnten). Wir versichern unserer Leserschaft, daß wir uns niemals in dieser Form äußern würden, wenn nicht wirkliche Gefahrenmomente ersichtlich wären. Doch leider beobachten wir in letzter Zeit verstärkt, daß Ursache und Wirkung miteinander vertauscht werden und daß die typisch deutsche Mentalität des Aussitzens auch in bezug auf das von uns behandelte Thema erschreckende Formen angenommen hat. Jedem halbwegs mit offenen Augen durchs Leben gehenden Menschen dürfte ja längst aufgefallen sein, daß in unserer Gesellschaft die wirklich drängenden Probleme schon lange nicht mehr gelöst werden, so daß die Entwicklung stagniert. Es ist soviel leichter, die Augen vor den Realitäten zu verschließen und statt dessen eine »Fun-Gesellschaft« zu propagieren, in der sich alle Schwierigkeiten von selbst lösen sollen. Natürlich ist ein solcher Glaube realitätsfremd, denn das wahre Leben fordert eine tägliche Problemlösung und eine fortgesetzte Auseinandersetzung mit der Umwelt. Wer das nicht begreift, muß sich über bestimmte Folgen nicht wundern.

In bezug auf das Thema der im Dritten Reich entwickelten Hochtechnologien verstärken sich die Hinweise mehr und mehr, daß die Alliierten bei und nach Kriegsende keineswegs alles fanden, wonach sie suchten. Wenn also bestimmte Dinge noch in der Tiefe der Erde schlummern, so *kann* von ihnen einerseits eine Umweltgefährdung ausgehen, andererseits könnten diese Dinge aber auch für die von uns so genannten »schlafenden Hunde« interessant sein. Wir sind uns sicher, daß sich mittlerweile für das Thema der deutschen Hochtechnologie, die einen viel höheren Stand erreichte als den offiziell zugegebenen, auch Kreise interessieren, die so gar nicht ins Bild passen und auch nichts mit Schatzsuchern, »Technologiejägern«, Geheimdiensten, Militärs, Behörden oder »Gralshütern« zu tun haben, die üblicherweise damit in Verbindung gebracht werden. Müssen wir noch deutlicher werden?

Unsere Vorstöße in Hinblick auf eine Zusammenarbeit auf offizieller Basis wurden bis dato leider kaum wahrgenommen, weil man wahrscheinlich nicht Gefahr laufen möchte, einen in den Akten stehenden Vorgang daraus werden zu lassen. Zudem befürchtet man wohl zu Recht, daß eine umfangreiche Recherche viel Geld kosten könnte – Geld, das man angeblich nicht hat. Da aber finanzielle Mittel heutzutage für alle möglichen Aktionen, besonders außerhalb Deutschlands, zur Verfügung stehen, sind derartige »Begründungen« nicht glaubhaft.

Damit genug der Vorrede. Lassen wir nun die Briefe selbst sprechen. Es sei noch darauf hingewiesen, daß wir den Wortlaut der Schreiben mit den notwendigen Auslassungen im großen und ganzen unverändert wiedergeben, dort jedoch, wo es notwendig erschien, orthografische und grammatikalische Verbesserungen vorgenommen haben, die aber nicht den Sinn des Geschriebenen veränderten. Die Glaubwürdigkeit der Briefinhalte scheint recht hoch zu sein, da sie nicht nur bekannte Informationen bestätigen, die bereits in der Literatur in gleicher oder ähnlicher

Form veröffentlicht worden sind, sondern weil in ihnen auch Namen und Ereignisse erwähnt werden, die bis vor kurzem unbekannt waren und nun eine sinnvolle Ergänzung bisher ungeklärter Zusammenhänge darstellen. Unabhängig davon passen bestimmte Informationen beinahe lückenlos zu neuen Recherche-Ergebnissen bzw. zwischenzeitlich aufgetauchten Dokumenten, die wir ebenfalls in diesem Buch veröffentlichen werden, so daß sich alles in allem ein durchaus überzeugendes Gesamtbild ergibt. Daß es in diesen Briefen auch bestimmte Widersprüche, Ungenauigkeiten und auch Fehler gibt, darauf haben wir schon hingewiesen.

Wir bitten unsere Leserschaft um Verständnis, wenn wir an dieser Stelle nochmals ganz allgemein auf die Kapitel 11 und 12 unseres Buches »Das Geheimnis der deutschen Atombombe« verweisen, da die dortigen Ausführungen in unmittelbarem Bezug zu den nachfolgenden Informationen stehen.

Brief 1:

Jerusalem, im Mai 2000
David Hans Hoffmann

[…]

Sehr geehrter […],

ich übersende Ihnen mit einem Mitfreund einige Zeilen, da mir der Postweg doch nicht sicher ist, verbunden mit der Bitte um Weitergabe, da uns die Anschriften der Personen fehlen.

Nachdem ich durch […] gehört habe, daß es in einem Arnstädter Museum ein Lebensbild von […] gibt, wo er als Held für die Unterstützung der Juden, als Ehrenmann zur Nazizeit und als Verfolgter unter den Russen gezeigt wird.

Dies ist nicht so!!! Dies ist ein falsches Bild!!!

Ich sende Ihnen einige Aussagen mit, welche Sie […] bitte an folgende Personen geben möchten:

[…], welche sich mit dem Objekt Sonderbüro 3 – Burg/Jasmin/Olga beschäftigen, und falls möglich, an die Leitung der Ausstellung.

[…] auch kann ich mich an […] erinnern, da ich ja einige Jahre in Arnstadt/Ohrdruf/Bittstädt gelebt habe, allerdings unter dem Namen Hans Rittermann, Beauftragter für Sonderbauvorhaben der Reichspost und des OKW, dann unter dem Sonderführer SS-Gruppenführer Kammler.

Heute lebe ich als 92jähriger in Jerusalem, nachdem ich von 1948 bis 1989 in den USA lebte. In den USA habe ich ca. 800 Seiten zum »Sonderbüro 3« verfaßt, welche bei den Geheimdiensten der USA und Israel sind. Da ich ab 01.01.2000 keine Schweigepflicht mehr habe, möchte ich zur Aufklärung der Geschichte doch einiges tun. Ich kenne auch meine Lebenstage nicht und möchte so doch nicht alles ins Grab nehmen.

[…]

Ich war der etwa 1,60 m Große mit dem schwarzen Anzug und dem Fahrrad im Rathaus. […]

Für heute […] alles Gute und
Schalom

David Hans Hoffmann

<u>AUSSAGE ZU […]</u>

<u>I) Judenfrage</u>
[…] hatte sich in seiner Anwaltspraxis in Arnstadt mit jüdischen Bürgern und Firmen angefreundet, dies brachte ihm keinen guten Ruf ein. Dies vor allem beim Eintreiben von Geldern. Lt. Festlegung wurden ihm keine Behördenaufträge erteilt.

1938, nach der Reichskristallnacht – zu diesem Zeitpunkt war ich bereits in Arnstadt tätig bzw. eingesetzt – war […] plötzlich bereit, sogenannte Vermögensangelegenheiten der Juden mit den Behörden, d. h. mit den Nazis bzw. mit der Stadt, zu regeln, wobei stets die Nazis bzw. deren Beauftragter nach dem Gespräch mit […] den Erfolg (das jüdische Vermögen) erhielt. […]

<u>II) Beratung beim Gauleiter</u>
Am 05.09.1944 wurde der Oberbürgermeister der Stadt Arnstadt Herr Huhn zum Gauleiter von Thüringen Fritz Sauckel nach

Weimar bestellt. Nicht der Stellvertreter des Bürgermeisters durfte nach Weimar mit, sondern Herr [...] – auf Anordnung der Gauleitung. Er nahm als [...] des Bürgermeisters und [...] teil. [...], der Rechtsanwalt von Herrn Göckel, Dr. Huber (Göckel war General des Truppenübungsplatzes Ohrdruf), Dr. Bosecker von der Reichspost und ich.

An der großen Beratung nahmen wir alle teil. Anwesend waren dazu: Gauleiter Sauckel, SS-Obergruppenführer Hans Lammers, SA-Obergruppenführer Fritz Reinhardt, SS-Gruppenführer Hans Kammler, Prof. Walter Gerlach, Dr. Kurt Diebner, Dr. Ohnesorge (Reichspost), Oberst Gustav Streve, General Gökkel, OB Huhn und weitere sechs SS-Leute, welche mir unbekannt waren.

Zur Beratung gelangte noch Generaloberst Alfred Jodl mit einer Führernachricht.

Es wurde mitgeteilt bzw. unterrichtet, daß als provisorische Reichshauptstadt zwar Weimar genannt wurde und werde, aber die provisorische Reichshauptstadt nach Wunsch und Befehl des Führers die Stadt Arnstadt wird, und der Hauptsitz der SS in Ohrdruf sein wird. Dazu werde ab sofort der Truppenübungsplatz von der gesamten Wehrmacht geräumt. Die Lager der Wehrmacht werden nicht geräumt, sondern der SS übergeben.

Der Führer, Adolf Hitler, würde im Ernstfall in das noch nicht ganz fertiggestellte Hauptquartier, welches sich ca. 3,5 km westlich von Arnstadt befindet, ziehen.

Der Bevölkerung von Arnstadt, Ohrdruf und Stadtilm muß gesagt werden, daß es größere Truppenbewegungen im Gebiet geben werde und zum Zweck einer Übung einige Häuser und Einrichtungen von der Reichsregierung, der SS und dem OKW besetzt werden.

Folgende Namen haben ab sofort einen Vorrang:

- *Sonderbüro 3 – Operation »Uranus«*
- *Sonderbauvorhaben III – »Burg«*
- *Sonderlager III – »Olga«*
- *Nachrichtenämter 9 und 10.*

Die Reichsdienststellen würden auf weitere 23 Orte verteilt. Zwei Forschungsstellen werden in den nächsten Tagen nach Thüringen verlegt:

a) Stadtilm, mit Diebner/Gerlach
b) Lehesten, mit Ohnesorge (Reichspost).
Beide werden die dazugehörigen Anlagen im Gebiet des Truppenübungsplatzes und die Anlage westlich von Arnstadt nutzen. Die Fahrzeuge verkehren dazu nur des Nachts unter SS-Bewachung.

Die Städte Arnstadt, Ohrdruf und Stadtilm werden dadurch nicht belastet. Das Versorgungsmagazin in Arnstadt, Rehestädter Weg, wird der SS direkt untergeordnet, der Bevölkerung wird gesagt, hier wird ein Magazin für die U-Boote eingerichtet.

OB Huhn wagte dazu einen Einwand, er machte auf die Geschichte Arnstadts aufmerksam und auf die Anflüge von Bomberverbänden. Der Einwand wurde sofort niedergelegt. Die Anflüge von Bomberverbänden auf Arnstadt würden abnehmen, da Arnstadt zu unbekannt ist. Wörtlich: »... Glauben Sie, die Amerikaner kennen Arnstadt, Stadtilm oder gar ein Lehesten?«

Falls es eine Hauptkampflinie geben würde, würde diese im Gebiet Gotha – Ohrdruf verlaufen, und hier ist die SS mit ihren Verbänden. Auch die Bombenanflüge der Amerikaner würden dieses Gebiet ausersehen. Arnstadt und die anderen Orte sind somit sichere Orte, auf jeden Fall sicherer als die Stadt Weimar. Der Führer hat von seinem FHQu das OKH, die Forschungszentralen und die Produktionsstätten der modernsten Technik in seiner Hand. Aus diesem Grunde gibt es auch fast keine schriftlichen Befehle, falls doch, sind diese sofort nach dem Erhalt zu vernichten.

Ab Oktober werden von Berlin wichtige Transporte nach Arnstadt und Plaue sowie einige über Gotha nach Ohrdruf mit Reichszügen gehen. Die Dokumente werden in besonders dazu hergestellten Kisten sein, ebenfalls werden Reichsgüter verlagert. Dazu werden die Bahnhöfe nachts von der SS übernommen, nur wenige Reichsbahner werden auf den Bahnhöfen sein. Auch wird die Zahl der Häftlinge, Freien Arbeiter und Techniker in den Objekten erhöht; die Zahl der Häftlinge von ca. 12 000 auf ca. 25 000, dazu müssen neue, kleinere Lager errichtet werden.

Die Beratung wurde durch SS-Gruppenführer Kammler abgebrochen, da dieser durch Generaloberst Jodl eine Nachricht des Führers erhielt. Für die Herren der Wehrmacht und den Ober-

bürgermeister wäre die Beratung somit beendet. Kammler bat OB Huhn, noch [...] direkt vorzustellen. Kammler begrüßte [...] und wünschte eine gute gemeinsame Arbeit im Auftrag des Führers und des gesamten Deutschen Volkes.

III) Arbeit Kammlers und [...]

[...] wurde dem OB Huhn sogar gleichgesetzt, indem Huhn keine Berechtigung mehr hatte, für Baumaßnahmen, Belegung von Objekten und Anlagen eine Unterschrift zu geben, z. B.:

Am 16.08.1944 war eine Besichtigung von der Reichspost, der SS und der Forschungszentrale Berlin im Forschungsbetrieb westlich von Arnstadt vorgesehen, dazu war [...] und auch ich eingeladen. Der OB und ich mußten im Baubetrieb links der Straße bleiben, [...] durfte mit ins Objekt. [...] hatte die Genehmigung, auch das Magazin im Rehestädter Weg zu betreten.

Am 10.02.45 war es [...], welcher die Fürst-Günther-Schule schloß, damit diese vom Reichsverkehrsministerium bezogen werden konnte. Die SS-Leute waren mir zu diesem Zeitpunkt unbekannt, nur Kammler und ein [Herr] Seuffert hatten dabei die Hände mit im Spiel.

[...] war mehrmals mit Kammler in Stadtilm, wo beide auch die »Rote Schule« als Objekt herrichteten.

Am 10.10.44 war [...] mit in Ohrdruf, als der Truppenübungsplatz von General von Göckel an die SS übergeben wurde.

Am 12.11.44 war [...] zur Begrüßung der 6. Gebirgsjägerdivision in Ohrdruf.

[...] erhielt auch als erster die Kenntnis in Arnstadt, daß das OKH bereits am 12.02.1945 in den Raum des Objektes Olga verlegt werde. Dies war einer der wenigen schriftlichen Befehle; ich glaube, es war der Befehl des Generalstabes des Heeres Nr. 71 oder 74.

Am 04.03.1945 war [...] auch bei einem Erstversuch der neuen Technologie im Raum Röhrensee dabei. Bei diesem Versuch sind ca. 200–300 Häftlinge ums Leben gekommen, ca. 150–250 hatten schwere Verletzungen. Auch sind zwei hohe SS-Leute und drei Techniker mit ums Leben gekommen. Wahrscheinlich war es die erste Zündung einer Atomwaffe.

<u>IV) Logische Folgen</u>

Als die Amerikaner nach Arnstadt einzogen, war […] bei der Übergabe der Stadt dabei und brachte die Amerikaner am 12.04.1945 zum Labor nach Stadtilm. Er wurde von den Amerikanern nicht als […] der Stadt abgesetzt. Erst als die Russen im Juli 1945 nach Arnstadt gelangten, war […] nicht mehr im Rathaus zu finden, […]. Bis im Juni 1948 die Gen. Schörnig und Seiffert dem sowjetischen Kommandanten bzw. der Kommandantur einige Schreiben übergaben, welche die Juden Liebmann und den Halbjuden Gottfeld betrafen, […]. Dazu wurde ein Bericht über eine Begegnung mit SS-Kammler übergeben. Schörnig war damals schon SED-Kreisvorsitzender und somit für die Russen glaubhaft, Seiffert war Mitarbeiter beim NKWD. […] Ich selbst wurde, da alle Bau-Kommandosachen fürs erste voll gesichert waren und die Russen viele Fehlinformationen hatten, abgezogen und lebte ab Dezember 1948 in den USA.

Brief 2

Jerusalem, im August 2000
David Hans Hoffmann

[…]

Sehr geehrter […],

ich habe heute nochmals die Bitte, einige Aufzeichnungen weiterzugeben. Diese Aufzeichnungen sollte […] geben. Leider, meine Gesundheit – so konnten die Schreiben nicht Ende August in Arnstadt sein. Ich bitte diese Aufzeichnungen wieder an […] zu geben.

[…] falls es noch den Fleischer Werner Kloß und seine Frau Elfriede gibt, einen schönen Gruß, ebenso an den schwarzen Pfarrer Fleischmann, welcher oft geheim mit mir bei den polnischen gefangenen Geistlichen im Lager Gossel war, und […]

Für heute […] Euch alles Gute und Schalom

David Hans Hoffmann

<u>Einiges zu Dr. Kammler</u>[4]

Kammler befand sich bis zum 01.04.45 im Objekt »Burg« und im Bereich des sogenannten Sonderlagers und verfügte über die Sicherung von Objekten gemäß der Heeresdienstvorschrift 316, Teil I und II, und flog am Nachmittag vom Feldflugplatz Eichfeld/Bittstädt nach Hradisko in die dortige Zentrale. Mit dabei war Ober-Ing. Wagner, welcher nach Pilsen mußte.

Am 06.05.45 wurde das Labor (Teile) in Pilsen von der 5. US-Armee eingenommen. Am selbigen Tag fand mit General Patton und Kammler ein Gespräch statt. Am 09.05.45 wurde von General Patton in Absprache mit Kammler dessen Selbstmord bekanntgegeben.

Kammler war vom 25.05. bis 28.05.45 als Dr. Hausmann mit hohen US-Militärs und Wissenschaftlern im Gebiet Ohrdruf und Arnstadt. Er wohnte mit einigen Amis auf der Wachsenburg. Dabei wurde der Fehler der Amis aufgeklärt, Hitler sei auf der Burg (Wachsenburg). Auf den Ami-Karten war die Wachsenburg nur als Burg verzeichnet. Doch die »Burg«, die das FHQu betraf, war das Objekt »Burg«.

Beim Aufenthalt Kammlers ging es um den Transport der Anlagen der Fabrik gegenüber dem Bergbad und den der Versuchs-

---

(4) SS-Obergruppenführer und General der Waffen-SS Hans Kammler verschwand als einer der mächtigsten Männer des Dritten Reiches Anfang Mai 1945. Die bisherigen Darstellungen gehen davon aus, daß er sich selbst tötete bzw. erschossen wurde. Seit Jahren wollen allerdings die Gerüchte nicht verstummen, daß er den Krieg überlebte und entweder bei den Russen oder Amerikanern untertauchte. Im Zusammenhang mit unseren Recherchen sprachen wir mit mehreren Personen, die auf eigenen Wunsch ungenannt bleiben möchten, die ebenso die Auffassung vertreten, daß Kammler den Krieg überlebte. Einige stützen sich dabei auf jahrelange eigene Recherchen. So wurde uns mehrfach berichtet, daß zur Person Kammler u. a. mehrere Totenscheine existieren würden.
Die Hinweise von Hans Rittermann in bezug auf die Person von Kammler sind insofern interessant, als sie glaubhafter sind als die Todes-Hypothese, zumal Kammler die schon erwähnte »Operation Avalon« zur Errichtung eines Vierten Reiches vorbereitet hatte. Einer solchen Operation beispielsweise durch Selbsttötung den Kopf zu nehmen, klingt unlogisch. Des weiteren verfügte Kammler über ein Wissen insbesondere in technologischer Hinsicht, das besser als jede Lebensversicherung war. Bestimmte Kreise der Alliierten, die fieberhaft nach deutscher Hochtechnologie fahndeten, wollten auf Kammler nicht verzichten und wären daher zu jedem Handel bereit gewesen.

flugzeuge in Ohrdruf. Im Tal und im FHQu war Kammler zu dieser Zeit nicht einmal. Sie flogen mit drei Flugzeugen am 28.05.45 um 14.30 Uhr vom Feldflugplatz Eichfeld.

Da die US-Militärs Dr. Kammler aus Sicherheitsgründen nicht in die USA bringen konnten, wurde Kammler wieder auf Schloß Hradisko gebracht bzw. in das dortige Objekt.

In Absprache zwischen den Amis und Russen (dann auch Tschechen) wurde Kammler bei einem tschechischen Onkel der deutschen Chefsekretärin der Gestapo Augusta Sinkowa (Sink), geb. Brünn, im Dorf Skalka (Prostejov) untergebracht. Kammler konnte die tschechische Sprache. Er wurde als von den Nazis verfolgter Wissenschaftler ausgegeben und mit russischen und tschechischen Widerstandsorden ausgezeichnet. Kammler erhielt einen neuen Namen, ich kenne diesen Namen, und verstarb im März 1972. Ob er in Skalka beerdigt wurde oder woanders, ist mir nicht bekannt. Die Amis hatten mit den Russen eine Vereinbarung über Kammler abgeschlossen, daß er für beide Mächte verfügbar war. Ich selbst habe mit Kammler 1959 und 1964 in Prag gesprochen. Den Amis wie auch den Russen ging es dabei um folgende Objekte[5]:

- *Pilsen*
- *Skoda-Werke*
- *Dittmannsdorf*
- *Ohrdruf*
- *Lehesten*
- *Stettin*
- *Horst*
- *Lußnin*
- *Heidelberg*
- *Stechowitz*
- *Tharandt*
- *Arnstadt*
- *Stadtilm*
- *Peenemünde*
- *Königsberg*
- *Schlowa*
- *Ludwigshafen*

(5) Einige der aufgeführten Forschungsstandorte sind in der Vergangenheit als Waffenschmieden bzw. Entwicklungseinrichtungen für Raketentechnologie bekanntgeworden (Skoda-Werke, Pilsen, Peenemünde, Lehesten), andere im Zusammenhang mit der deutschen Atomforschung aufgetaucht (Heidelberg, Ludwigshafen, Stadtilm). Aufgrund der von uns aufgezeigten Zusammenhänge muß allerdings davon ausgegangen werden, daß die bisherige Liste von Raketen- und Atomtechnologie-Standorten unvollständig ist und durch die Angaben von Rittermann eine sinnvolle Ergänzung erfährt. Einige Standorte konnten bezüglich der dort laufenden Forschungsvorhaben noch nicht endgültig eruiert werden, es gibt jedoch Hinweise auf Hochfrequenzphysik-Anwendungen, so z. B. in bezug auf den Standort Dittmannsdorf.

Er war so als Lebender für beide Seiten eine gefragte Person. Ab 1967 wurde er von Dipl-Ing. Klein (ehemaliger SS-Oberführer – General), welcher ebenfalls mehrmals in Arnstadt in der Fabrik und auch im Objekt »Burg« war, von der BRD aus betreut. Klein war von den USA ins Internationale Lager Dachau gebracht worden, wurde von den Amis als Chef der Skoda-Werke voll reingelegt und als Gegenleistung für Kammler an die Tschechen ausgeliefert, dort verurteilt und 1967 entlassen. Von da an lebte er in der BRD und war bis zum Tod Kammlers dessen rechte Hand.

Kammler hatte zu seiner Familie ab 1945 keinen Kontakt.

Einiges zum Gebiet Arnstadt – Ohrdruf

Bei der Betrachtung des Gebietes Arnstadt – Ohrdruf muß man die Sachlage von verschiedenen Gesichtspunkten aus besehen:

- *Die SS und das FHQu bei Arnstadt*
- *Die Wehrmacht und die mechanischen Versuche in Ohrdruf sowie OKW und Reichspost*
- *Die Ämter der Reichspost in Ohrdruf und Arnstadt*
- *Die Versuchslabore in Stadtilm und Lehesten*
- *Die Anlagen im Truppenübungsplatz*
- *Die Verbindung der Konzerne mit der Reichspost*

Die Reichspost begann bereits 1936 mit der Forschungsarbeit im Gebiet Arnstadt und Ohrdruf, zu Siemens-Schulte in Arnstadt.

Nachdem 1940 der Teilchenbeschleuniger (Zyklon) von den Nazis in Frankreich gesehen wurde, wurde dieser von der Reichspost im Gebiet des TÜP gleich dreimal größer errichtet.

Gleichzeitig brauchte man ja Schweres Wasser, hier wurde ebenfalls eine Anlage errichtet (dann mit Teilen aus Norwegen ergänzt). Die Anlage konnte aber nur sehr gering arbeiten, aufgrund des hohen Energieverbrauchs, ca. 70 t Kohle pro Stunde.

Die beiden anderen Forschungsgebiete waren die Flug- und Raketentechnik und die Elektromagnetische Schocktechnik.

Dazu einige Daten von Tests:

1943 – Panzerbrechende Waffen ausprobiert mittels Lichtstrahltechnik durch Oberstleutnant Gast und den Leiter des Forschungsrates der Reichspost von Ardenne.

1943 – Elektromagnetische Schockimpulse.

1944 – Test mit Rundflugzeugen und Fluggleitern in der Nähe von Luisental und Rippersroda. In der Fabrik in Arnstadt Tests mit Energielicht und Todesstrahlen. Dazu wurden u. a. von Kammler Hauptmann Oldeboershuis und Ober-Ing. Wagner vom Baustab Schlempp eingesetzt.

1944 – Test des [...]

1945 – Test der Siegerwaffe. Dazu Bauleiter Lübke (Friedrichsanfang) mit SS-Schäfer aus Röhrensee und die Firma Topf & Söhne, Neudietendorf, beteiligt.

Leider kann ich aufgrund meines Alters und meiner sehr, sehr schlechten Gesundheit nicht direkt mit Ihnen arbeiten. Andererseits habe ich vielleicht schon zu viel gesagt, aber Sie können ja lesen, denken und handeln. Wobei es Fachleute sein müssen, falls ein Objekt betreten wird.

Bitte, bitte seien Sie sehr vorsichtig!!! Uns sind auch die Forschungsergebnisse des [...] bekannt. [...] Er war in der Forschungsgruppe, welche zur DDR-Zeit unter Schörnig und Dr. Enke weiterarbeiten durfte, obwohl ihre Ziele falsch waren.

[...]

Bitte verstehen Sie auch mich, ich gebe Ihnen weder Pläne noch Lagerzeichnungen. Sie können denken, Sie können die Deutsche Wissenschaft gegenüber Amerika und Rußland auf den [ihr gebührenden] Platz bringen, ohne den Naziherren und Nazigrößen ein Denkmal zu setzen. Auch ich muß sehr vorsichtig sein, denn nicht allen Freunden kann man in Frieden die Hand reichen!!!

Für Sie alles Gute und Schalom.

Nachbemerkungen

1. Es gab eigentlich zwei direkte Versuche und einen Unfall.

a) Neuruppin-Flugplatz Glewe mit Testflug zur Insel Rügen aufs Greifswalder Ruden bei Usedom.

b) Haupttest bei Röhrensee.

c) Unfall beim Transport nahe bzw. östlich von Salzburg.

2. In der DDR wurden ständig Messungen in Stadtilm und am Sonnenhang durch den Rat des Kreises Arnstadt durchgeführt, welche nach Berlin gemeldet wurden. [...]

3. Die Rolle eines Fritz Schörnig spricht bei uns Bände. Lei-

der wurde der Mann immer gut abgeschirmt, so daß es nur wenig Schriftliches von ihm gibt. Natürlich gab er sich immer als Roter aus, war aber immer ein Absahner von Obrigkeit; wer er war, müßte einmal genauer betrachtet werden. Er war 1945 mit den Russen und dem Geheimdienst der Russen eng als SED-Kreissekretär tätig und brachte nicht nur Nazis nach Buchenwald ins Lager der Russen. Er war für den Abtransport der Museumsgüter der Wachsenburg und von Kulturgütern von Berlin, Weimar und Archivgut nach Rußland mitverantwortlich. Selbst seinen besten Freund Seifert schmiß er aus seiner SED-Kreisleitung. Aufgrund von Kenntnissen über einige Objekte im Bereich, obwohl der Mann […] war, wurde er vom DDR-Geheimdienst zum Militärbeauftragten der Botschaft der DDR in der ČSSR eingesetzt. Er brachte die Forschungsaufträge der DDR zum Jonastal von Kulturbund, Jugendbrigade und einer Frau Dr. Raschke, Gotha, zum Erliegen und zog alle schriftlichen Unterlagen ein. In der ČSSR war er beim Geheimauftrag Skoda-Werke mit Namen »Freundschaft der Völker« eingesetzt. Auch er müßte heute in Arnstadt oder Berlin leben, jedoch kann er auch einen anderen Namen tragen.

Der Haupttest fand am 04.03.45 in der Nähe von Röhrensee gegen 21.30 Uhr statt. Die Helligkeit war sehr zu sehen, und viele Einwohner waren sehr ängstlich. Gesagt wurde, daß für die Luftwaffe eine neue Bodenbeleuchtung erprobt würde.

Man muß bedenken, Prof. Gerlach als Physiker mit dem Hauptgebiet Magnetismus, arbeitete am Zyklon für die Reichspost, dabei wurde er vom Vorsitzenden des Forschungsrates der Reichspost, von Ardenne, unterstützt. Also können Sie ersehen, warum die Reichspost schon 1936 hier tätig war mit den Ämtern 10 und 8. So ist klar, daß beide Labore, das eine von Prof. Ohnesorge und das eine von Dr. Diebner, voll arbeiten konnten.

Diebner führte mit einem Stab, der aus Dr. Karl Wirtz, Dr. Berkei, Dr. Otto Haxel, Dr. Rackwitz, Dr. Volz, Dr. Luise Schützmeister und Dr. Erika Leimert sowie Prof. Dr. Stuhlinger, einem Mitarbeiter von von Braun, den Haupttest am 04.03.45 durch. Dabei war auch der gesamte Forschungsrat der Reichs-

post. Als der Versuch bereits durchgeführt war, fand das Treffen mit Heisenberg in Stadtilm am 12.03.45 statt, bei dem Heisenberg für den Versuch B VIII in seinem Labor Haigerloch das Schwere Wasser beanspruchte. Er wurde dabei von Carl Friedrich von Weizsäcker unterstützt. Dr. Diebner gab das sogenannte »Berliner Material« ab, er brauchte es ja nicht mehr. Er war auf seiner Strecke mit der Wachswürfeltechnik ja erfolgreich bei der ersten großen Zündung.

Die Arbeit zur Strahlenwaffe hatte eigentlich Dr. Diebner am 2. Juli 1944 abgeschlossen, jedoch war man sich unter den Wissenschaftlern nicht einig, was der Führer dazu sagen wird. Rüstungsminister Speer sagte dazu ein klares »Nein«, was die Information des Führers anbetraf. Übrigens erhielten Dr. Berkei und Dr. Schulz beim Versuch eine Verstrahlung, worunter sie jahrelang zu leiden hatten.

Welche Rolle dabei der Berliner Seuffert spielte, kann ich auch heute noch nicht sagen. Seuffert arbeitete für den Forschungsrat, für die SS und auch direkt für Kammler und war auch mit den Japanern und großen Konzernen im Objekt. Er hatte alle Freiheiten, Genehmigungen und auch eine ständige Verbindung zu Speer.

Für die Anlagen, nicht für das Jonastal, waren Postbaurat Kasper, Ober-Ing. Mühlheim, Dr. Seuffert und Oberst Streve sowie Dr. Diebner und ab 1944 SS-Kammler verantwortlich.

Bis 1939 wollte man am Sonnenhang bei Arnstadt die große Zentrale errichten, Wassereinbruch brachte das Projekt zum Erliegen. Auf diese Anlage hatte Kammler jedoch keinen Einfluß. Hier hatten nur Dr. Seuffert und Oberst Streve etwas zu sagen.

Noch einmal zum FHQu. Das FHQu war ab Anfang März 1945 dienstlich komplett fertig, d. h. die Konferenzräume (ca. 12 x 8 m bzw. 20 x 8 m), der Lagerraum (10 x 8 m bzw. 8 x 8 m), Hitlers persönliche Räume (ca. 6 x 4 m) sowie Schlafräume und die Sanitäreinrichtung. Diese Räume waren in einfacher Ausstattung, wie es Hitler recht war. Vom anderen FHQu waren ca. 50% fertig, so der große und kleine Speisesaal, Aufenthaltsräume, die große Küche, Schwimmbecken, Gastschlafräume usw. Diese Räume waren mit dem Luxus der damaligen Zeit versehen, d. h. Polsterausstattung, künstliche Fenster mit Sonnen-

schein und Landschaftsbild, Meißner Porzellan und goldenes Besteck.

Hitler und ein Teil des Stabes waren vom 22. bis 28. März 1945 im FHQu. Am 27./28. März 1945 fand Hitlers letzte große Beratung und Konferenz hier statt. Dabei war der Schwerpunkt der Einsatz der Siegerwaffe und der Transport der Waffe zum Abwurf auf Amerika. Speer war dabei gegen Hitlers Absichten, die Siegerwaffe einzusetzen, und sagte wörtlich: »... haben wir nicht schon genug Tote und zuviel Leid beim Volk, wie groß ist unser Reich noch? ...« Hitler war gegenüber Speer ungehalten, mehr noch, als er dabei erfuhr, daß die Reichspost mit dem Forschungsrat und der Heeresforschungsgruppe unter Dr. Diebner gemeinsam gearbeitet hatten, dies auch Kammler wußte und so bereits drei Versuche ohne sein Wissen stattgefunden hatten (so bei Röhrensee, bei Neuruppin/Glewe und ein Transportunfall östlich von Salzburg). Hitler war außer Fassung.

Speer flog mit dem Leiter des Forschungsrates sofort mit unbekanntem Ziel vom Flugplatz Eichfeld. Speer hatte Hitler beim Treffen am 23. März 1945 in Luisental mit Himmler und Kammler nichts von den Versuchen gesagt. Auch Kammler informierte Hitler nicht. Bei dieser Beratung gab es zwischen Hitler und Speer ebenfalls einen heftigen Streit. Über Hitler wurde nur unter vorgehaltener Hand gesprochen. Hitler hatte einen Tobsuchtsanfall nach dem anderen. Sein Leibarzt mußte mehrmals zu ihm. Er flog am 28. März 1945 zurück nach Berlin. Er brüllte: »Wo ist mein Traum, meine Siegerwaffe, meine Festung Thüringen, meine Reichshauptstadt Arnstadt, wo sind die Eide, wo die Versprechungen, zum Teufel mit Speer und Kammler, Speer, du Hund, zum Teufel ...«

Für das FHQu wurde ab Februar 1944 durch Oberst Streve der Ober-Ing. Mühlheim eingesetzt, welcher vom Obersalzberg kam. Mühlheim war ein besonderer Nazi, welcher sogar Personenschutz hatte. Nachdem Mühlheim im Gebiet war, waren auch Dr. Seuffert und ein Sengel im besonderen Einsatz, darüber hinaus war dann auch ein Dr. Weidemann oder Wiedemann für die Einlagerungen von Wertobjekten verantwortlich. Auch für den Einsatz der Häftlinge aus Buchenwald und anderen Lagern waren diese verantwortlich. Ihre Zentrale war zuerst in Luisental, dann in Herrenhof.

Am 2. April 1945 wurden nach Absprache Sicherungsarbeiten an den Stollen 25–31 und einen Tag danach an den Stollen 29–24 durchgeführt. Auch an anderen Objekten wurde gesichert. Am 3. April wurden die Bautrupps aufgelöst. Alle Unterlagen wurden durch Feuer vernichtet. Die SS nahm im Inneren der Objekte Verminungen vor, dann wurden Eingänge usw. gesprengt und zum Teil unsichtbar gemacht. Ich war verpflichtet, Baumzeichen anzulegen. Von den SS-Gebirgsjägern wurden auf Befehl von Mühlheim nicht nur Häftlinge, sondern auch SS-Leute, welche die Eingänge verschlossen hatten, erschossen. Den erschossenen SS-Leuten wurde Häftlingskleidung angezogen.

In Geschwenda waren in einem Saal Wertsachen eingelagert. Diese sollten am 3. April 1945 von der SS gesprengt werden; dazu war alles vorbereitet, doch einige Leute aus Geschwenda, welche von der Einlagerung wußten, brachten der SS die Nachricht, die Amis seien schon in Dörrberg. Die SS zog sofort nach Gehlberg ab. Die Sachen teilte sich die Ortsbevölkerung auf, Geschwenda war nach 1945 der reichste Ort von Thüringen.

In einer Lagerhalle in Crawinkel waren von Sanitäranlagen bis zu Möbeln für das FHQu [alle möglichen Dinge] eingelagert. Auch hier wurden die Sachen im Ort verteilt. Einwohner von Crawinkel stehen auch heute noch in Abhängigkeit zu den Nachkommen hoher SS-Offiziere. So ruht so manches Museumsgut auch heute noch in den Orten.

Am 8. und 9. April mußten ein Trupp SS-Leute und einige Freie Arbeiter wieder zwei Stollen aufgraben. Dabei sah ich bei den Amis auch Dr. Weidemann, welcher den Amis Angaben zu den Kisten machte. Die Amis gingen nicht in die Stollen. Bei den Arbeiten wurden von den Amis zahlreiche Leute erschossen. Dr. Weidemann war beim Transport von Bittstädt nach Wiesbaden dabei.

Für meine Person gab es bei den Amis und dann bei den Russen keine Gefahr, da weder ein Häftling noch ein Freier Arbeiter etwas aussagen konnte. Ich war nur als Bauberater bekannt. Die Leute, die mich kannten, wußten von meinem Auftrag und kannten mich somit nicht. Zum anderen hatte ich Dokumente, welche mich als Juden ausgaben, so konnte ich mich frei bewegen, dazu konnte ich ja auch Englisch und Russisch.

Gemäß der Heeresdienstvorschrift 316 wurden alle Objekte

bzw. Eingänge verschlossen, außer dem Bereich der Forschungsanlage, welche auch nach 1945 weiterarbeitete, wovon weder Amis noch Russen etwas wußten. Auch ich kenne die Eingänge dazu nicht. Mein Befehl endete, mit drei Helfern, 1948.

Leider wuchsen einige Bäume und damit Kennzeichnungen zum Himmel, so wurden diese 1982/83 und 1992/96 überarbeitet. Übrigens halfen uns 1982/83 einige Sowjet-Offiziere für gute Dollars bei der Arbeit. Teile der Anlagen waren und sind auch heute noch voll funktionsfähig. Mit einem hohen Sowjet-Offizier war ich ein Stück im Berg, er war sehr überrascht, als ich einen Lichtschalter betätigte und das Licht sofort anging.

1945 hatten Einwohner von Bittstädt, Holzhausen, Espenfeld und Gossel einige dienstliche Räume des FHQu leergeräumt. Dazu war ich 1945 mit einigen Leuten, u. a. dem Geistlichen von Holzhausen, Gleichmar, und Andres aus Bittstädt, Wagner und Klein aus Arnstadt und natürlich der Burgdame der Wachsenburg, Werner, ein Stück in der Anlage des FHQu's.

Es ist Zeit, mit der Wahrheit ans Tageslicht zu gehen und der Deutschen Wissenschaft den Platz gegen Amerikaner und Russen einzuräumen, ohne dabei die Schreckenstaten der Nazis und Hitlers zu verheimlichen. Auch der Tod der ca. 25 000 Häftlinge in diesem Gebiet muß ans Tageslicht. Leider gibt es nur wenige Unterlagen und Listen über die Häftlinge. Setzen Sie einmal die Arbeitsleistung der 56 000 eingesetzten Häftlinge ins Verhältnis!

Es gibt Leute, welche die damalige moderne Technik der Deutschen nicht anerkennen, und es gibt auch heute Nazis, die das Geheimnis in Ehren halten und mit ihren Nachkommen dem Führer ergeben sind. Die die Rolle von Speer nicht wahrhaben wollen, obwohl Speer beim Geheimtreffen von Oberst Graf von Stauffenberg und Erwin von Witzleben auf der Wachsenburg mit dabei war und er eigentlich gegen Hitler und seinen Sieg war. Er war der, der sagte, die Siegerwaffe darf Hitler niemals erhalten.

Ab 1944 wurde das Wasser im Becken als Kühlwasser für die Strahlenforschungsfabrik rechts der Straße von Arnstadt nach Holzhausen gebraucht.

Das Objekt im Jonastal war ein Nebenobjekt der acht ande-

ren Bauarbeiten. Es waren die Stollen 1–31, Beginn der Nr. 1 aus Richtung Arnstadt. Es gehörte mit zum Sonderbauvorhaben und war für die Produktion und auch für Einlagerungen gedacht. Dazu gehörte der Tunnelbahnhof mit vier Gleisen gegenüber von Gossel. Die Stollen 25–31 waren bereits fertig und mit Gütern (von Akten bis Museumsgut) [versehen]. Sie wurden von der SS 1945 versiegelt bis zur Neubaumbepflanzung. Bei den Amis mußte die SS zwei Stollen wieder aufmachen, 30% der Einlagerung wurde von den Amis abtransportiert. Dabei wurden auch zahlreiche SS-Leute von den Amis erschossen (ich glaube alle, die dabei waren).

Auch der Tunnelbahnhof wurde verschlossen sowie alle Luftkanäle und Eingänge vom TÜP versiegelt.

Ing. Franke mußte 1945 im Auftrag der Russen die Stollenanlage im Tal vermessen, dabei war ich ihm als Helfer zugeteilt. Ich hatte die Nummern der Stollen geändert. So hatte Franke falsche Bezeichnungen, die Russen hatten davon keine Ahnung und auch zuviel Angst. Auch bei den Stollentiefen wurden durch meine Person Franke falsche Zahlen gegeben. Franke war nur in den kurzen Stollen zur Vermessung, auch er hatte Angst.

Die Nebenverbindungen (von Stollen zu Stollen) sind dabei nicht alle angegeben. Auch wurden die vier kleinen Stollen neben Stollen 12, 14, 15 und 16 nicht eingezeichnet. Damit konnte ich die Russen mächtig hinters Licht führen.

[Zum] Objekt »Jasmin« gehören u. a. die Anlagen in den Steinbrüchen der Sandsteinhöhlen zwischen Crawinkel und Luisental am Kienberg. Diese Objekte waren für die Raketenproduktion der A- und X-Serie sowie A9/10 vorgesehen, wozu Maschinen und Teile aus Nordhausen angeliefert wurden. Die Gleise lagen so gut am Objekt, daß nachts direkt verladen werden konnte. Bei den Sonderflugobjekten wurden Teile vom Flugzeugwerk Gotha ebenfalls nachts angeliefert. Die Flugzeuge wurden ebenfalls nachts erprobt. Auch hier wurden die Anlagen versiegelt, weder Amis noch Russen kennen sie. Allerdings fielen den Amis sieben Flugobjekte, welche sie noch nie gesehen hatten, in die Hände; sie wurden sofort in die USA gebracht. Den Russen verblieben nur Ersatzteile.

Brief 3

(November 2000)

[...] Am 9. März 1945 ging von General Wilhelm Burgdorf eine offene Information an alle Dienststellen, der direkte Wortlaut war: »Auf Befehl des Führers hat Reichsführer-SS im Raum Arnstadt die neue Unterkunft des FHQu übernommen. Mit der Durchführung der Verlagerung ist SS-Gruppenführer Kammler beauftragt. Gemäß Führerentscheid ist die Verlagerung vorzubereiten und durchzuführen.«

Bereits vor dem 9. März 1945 hatte der Reichsminister für Finanzen, Kroigk, Goldbestände und Museumsgut nach Thüringen bringen lassen, so auch in den Raum Arnstadt – Ohrdruf – Ilmenau – Gehren. Dazu hatte SS-Chef Himmler aber schon im Oktober 1944 Vorkehrungen angeordnet.

Zur Beratung mit Hitler vom 22. März bis 28. März 1945 waren alle Aufgaben erfüllt. So war geplant, daß Hitler am 27. März 1945 die Reichsveste Thüringen mit der Reichshauptstadt Arnstadt ausruft. Dazu hatte Fritsche (Goebbels, welcher dagegen war, war in Berlin geblieben) in Luisental schon alle Reden und Nachrichten vorbereitet. In Arnstadt und Ohrdruf waren zu diesem Zeitpunkt die Stäbe der Generäle: Führungsoffiziere beim Stab des Heeres, Luftfahrtministerium, Pioniere und Festungsbau, Nachrichtenaufklärung, Heeresnachrichtendienst, Infanterie, Eisenbahntruppen, Vermessungswesen, Fliegerverbindungsgeschwader 2, Festungsnachrichtenregiment 602 [601?], *Generalinspekteur der Panzertruppen, Generalquartiermeister.*

General Kesselring war in Crawinkel, Speer auf der Wachsenburg bzw. in Wechmar, Sek. des Finanzministers in Ilmenau, Reichsdentistenführer Blumenstein in Geschwenda, Reichsbauernführer Darré in Stadtilm, Stabsärzte in Holzhausen, Ribbentrop – der Außenminister – in Wölfis. In Ohrdruf Himmler, Jodl, in Arnstadt Göring und der Reichsjugendführer.

Speer hatte am 23. März 1945 am Vormittag eine geheime Beratung mit Göring, Himmler, Kammler, von Ardenne, Diebner und Seuffert in Wechmar. Beim Treffen am Nachmittag in Luisental mit Hitler sagten Speer, Himmler und Kammler nichts von der Beratung und den Wunderwaffenversuchen. Eine wei-

tere Beratung führte Speer am 26. März 1945 erst in Wechmar, dann in Arnstadt durch. Am Vormittag waren von Ardenne, Diebner, Ohnesorge, Kammler und Fritsch dabei. Fritsch gab dabei die für Hitler vorbereiteten Dokumente bekannt.

Am Abend waren Speer, Göring, von Ardenne, Diebner sowie weitere Leute der Reichspost von 21 Uhr ab in der Fürst-Günther-Schule am Schloßplatz. Kammler und Seuffert gelangten nach einer Beratung bei Himmler gegen 23 Uhr dazu. Gegen 1 Uhr führte Göring Telefongespräche mit Goebbels, Heisenberg und Gerlach, und Kammler mit Himmler und Jodl. Speer war um 2.34 Uhr bereit, gegen Hitlers Pläne in der Beratung im FHQu aufzutreten und diese zu zersetzen, Hitler über die A-Versuche zu informieren und vor die Tatsache zu stellen, daß diese [Waffe] nicht eingesetzt werde.

Bei der Stabsberatung im FHQu tat Speer dies am 27. März 1945 um 14.50 Uhr. Hitler hatte damit seine geplante Sieger- bzw. Wunderwaffe verloren, seine Trutzburg und Festung Thüringen, ja wohl den Krieg. Speer waren die Menschen wichtiger, er hatte mit seinen Beratern schon genug Tote gesehen. Um 16.10 Uhr war für Speer die Stabsberatung beendet – ohne zu grüßen, verließ er das FHQu. Auf dem Flugplatz waren schon von Ardenne, Seuffert und Ohnesorge. Mit diesen flog Speer um 16.30 Uhr ab.

Göring fiel Anfang April bei Hitler ebenfalls in Ungnade, als er Hitlers Nachfolger werden wollte. Hitler hatte von der Beratung mit Speer und Himmler erfahren, an welcher in Arnstadt auch Göring teilnahm. Hitler hätte Speer am liebsten erhängt oder erschossen, aber Speer hatte genügend Rückendeckung von Himmler, Jodl und auch durch Fritsch.

Persönlich sind mir zwei Telefongespräche von Speer aus Wechmar bekannt (er führte sonst seine Gespräche immer über Vermittlungen, diese beiden erfolgten aber über direkte Rufnummern). Meine Nachforschungen dazu haben ergeben, daß Speer mit Iwan Klimenko und mit Robert Murell sprach. Klimenko war vom sowjetischen Geheimdienst der Armee direkt auf Hitler angesetzt und Murell vom amerikanischen. Beide hatten ständige Verbindung mit […] von der SS-Leibwache.

Wieso die Engländer zuerst vom Scheitern Hitlers in Thüringen erfahren haben, kann ich nur so erklären, daß das Ganze über Frau Röbling aus Arnstadt gelaufen ist. Ich gebe diesen Namen bekannt, damit Sie nachprüfen können, daß meine Angaben alle voll richtig sind und der Wahrheit entsprechen.

Da in letzter Zeit Satellitenbilder (Stück für 250 $) vom Pfennigsberg in Deutschland (in München von einer amerikanischen Firma) angeboten werden, muß ich sagen, daß die Aufnahmen leider doch einiges zeigen:

a) Eine Einfahrtsstraße von der Straße Arnstadt – Bittstädt ins Objekt
b) Eine Straße zum Feldflugplatz
c) Straße zu einem Objekt
d) Straße in Richtung Heidenholz
e) Straße in Richtung »Rote Hütte«.

Die Schatten können Sie selber auslegen. Die drei Lichtungen wurden vor ca. 6–10 Jahren neu bepflanzt. Man kann ebenso erkennen, daß das Gelände rundum mit Waffenstellungen belegt war. Die NVA und das MfS durften nicht ins Gelände, und die Russen waren nur zu einem Großmanöver mit den Tschechen dort; von da sind auch die Baumkennzeichen. Über die anderen Baumzeichen habe ich Ihnen schon geschrieben.

Ich hatte die »Rote Hütte« genannt, diese gibt es im Bereich gleich zweimal, wobei beide Objekte zum Nachdenken für Sie sind. Die »Rote Hütte« am Eichfeld hatten ab Oktober 1945 die Russen mit einer Station (auch mit großem Funkorter) belegt. Die ehemaligen Steinbrüche boten sich gut für den Einbau an: Sie können die Russengebäude gut vom deutschen Beton unterscheiden – und dort waren die Russen nicht. Auch war ein Pumpwerk westlich der »Roten Hütte«, die Leitungen (Abgänge) kann man ja nachverfolgen. Im Heidenholz und auf der Hardt bei Bittstädt können Sie ebenfalls Luftschächte finden.

Ich verstehe auch heute Herrn […] nicht, warum er nur »Amt 10« und »Amt 8« bearbeitet hat und über diese Ämter spricht. Warum über »Amt 9« (Bittstädt), »Amt 600« (Erfurt) und »Amt 800« (Sonnenberg) [?] *nicht. Er sagt, er kenne alle Verbindungen […] Wer »Amt 9« ortet, hat keine Geheimnisse mehr zu Arnstadt, FHQu und zu den Objekten »Burg«, »Jasmin« und »Olga«. Das »Amt 600« wurde zwar leicht zerstört, aber das Höhlensystem des Erfurter Steigers nicht. Das Luftwaffenministe-*

rium war zwar in Arnstadt, das Luftwaffenfernamt aber im Erfurter Steiger. Neben diesem Bunkersystem hat das MfS der DDR den Bunker der Heeresbereitstellung übernommen und darin bis 1986 aktiv gearbeitet. Allerdings waren diese Leute, welche sogar noch begabt waren, nicht im Bunker des Luftwaffenfernamtes. Dort findet man auch die Bunker des Erfurter Oberbürgermeisters Kiesling und den Bunker des Kreisleiters Dr. Theine, welche ebenfalls nicht von den Russen, der NVA oder vom MfS betreten wurden. Ebenso die Tiefkeller der Elmi-Häuser des Steigers. Das »Amt 600« bzw. das Luftwaffenfernamt hatten direkte Kabel zum »Amt 9« und zum »Amt 8« und somit die Verbindung zum FHQu und zur geplanten Reichshauptstadt Arnstadt. Neben den großen Bunkern müssen auch beachtet werden: Gut Schöntal, Katzenberg, Hohle, Dreibatzenloch, Zeisigberg. Mehr Namen möchte ich nicht nennen. Ich habe Ihnen nun doch einige Angaben gegeben, damit Sie näher an die Sachen gelangen können, ohne große Gefahren für Sie.

Es gab neben Dr. Enke noch zwei Erfurter, welche ganz nahe an diesen Objekten waren, aber leider ... Es sind die Ausgangspunkte für das Gebiet Arnstadt und die damit verbundenen Objekte. Es hat aber nichts mit der Forschungsstrecke Stadtilm, Versuchsstätte und [anderen] Anlagen zu tun, ebenso nicht mit dem OKH in Ohrdruf.

Aber in diesem Bereich möchte ich Sie nochmals auf die Schiefergrube Lehesten, Objekt »Laura«, aufmerksam machen – man hat dort nicht nur Triebwerke getestet.

Ich möchte Ihnen nochmals sagen, daß ich für den Bereich Ohrdruf und die verschiedenen Werke und das OKH keine Informationen geben kann, wo was genau war. Hier kenne ich nur das »Amt 10«, welches der Reichspost gehörte.

Es gibt viele, die alles daran setzen, daß die Deutsche Wissenschaft nicht zu ihrem Recht gelangt. So mußten bei der Erforschung der sogenannten Geheimnisse, welche keine sind, all die, die gute Ergebnisse in der Hand hatten bzw. sahen, doch ihr Leben geben:

- *Dr. Werner Wolf (MfS), 1968, Unfall im Heidenholz bei Bittstädt.*
- *Günther Sievert (Gräfenroda/Arnstadt), 1975, nachdem er mit [...] im Tal war, gestorben über Nacht.*

- *Wolfgang Knabe (Heimatforscher in Stadtilm) war dem Atom in Stadtilm zu nahe, plötzlich verstorben.*
- *Rudolf Langer (Feuerwehr Siegelbach) kam durch Zufall [...] ins Netz, als er nahe bei Plaue eine sehr gute Spur hatte, plötzliches Herzversagen, verstorben.*
- *Paul Schneider (Ingenieur in Arnstadt) hatte einige Aussagen vom Forschungsauftrag zurückbehalten und war Zeuge, als ein Herrn Vollrath, ehemaliger BRD-Bürger, der in die DDR zurückging, einen Unfall mit seinem Westauto unter Beteiligung eines Russen-LKW hatte. Er wurde von [...] unter Alkohol und Drogen gesetzt, verstarb.*
- *Georg Stein (BRD-Forscher) verunfallte in einem Objekt.*
- *Dr. Paul Enke (MfS der DDR) hatte einen Unfall beim Objekt »Rote Hütte« bei Arnstadt, offiziell verstarb er an einem Herzinfarkt.*
- *Karl Brugger (BRD-Fernsehen) wurde in Südamerika erschossen, als er auf der Spur eines Kameraden in Argentinien war, usw.*

Für Sie dürften die Namen der Bürger um Arnstadt aktuell sein.

Da meine Gesundheit noch schlechter geworden ist und meine Beschützer Jerusalem nicht mehr als sicher ansehen, werden ich und acht weitere Personen in eine andere Stadt oder in ein anderes Land gebracht. Zwei meiner Freunde werde ich informieren.

[...]

Nochmals zu den Namen, Sie sehen, welche mögliche Gefahr damit verbunden ist. Falls Sie doch in eines der Objekte gehen wollen, außer den Erfurtern, gehen Sie nicht ohne die gegebene Sicherheit in diese, möglichst dann mit den Herrn vom [...]

Es ist richtig, daß der Goldtransport der Japaner für die Bezahlung der U-Boot-Pläne im Bereich Gräfenroda eingelagert wurde.

Es ist richtig, daß der Materialtransport Nr. 1 der Forschungsgruppe Dr. Diebner von Stadtilm nach Gräfenroda erst ging und von dort in zwei Gruppen über Frankenhain bzw. Espenfeld ins Objekt »Burg« gebracht wurde. Der zweite Transport ging über Stadtilm, Schleusingen nach Coburg.

Es ist richtig, daß sich 1987 ein Einbruch eines Raketenfahr-

zeuges der Russen ereignete. Dabei wurde eine Verbindungsstraße freigelegt. Ein Kommando von 32 Russen wurde daraufhin losgeschickt, durch Einatmen von Gas kehrten sie nicht zurück. Das MfS war bei diesem Vorgang nicht dabei.

Es ist richtig, daß der 1996 gefundene Eingang von Mühlberg ein Zugang zum FHQu war, jedoch machte man Fehler und gelangte in einen Fehlstollen. Lebensgefahr!!!

Es ist richtig, daß es neben dem »Amt 8« und dem »Amt 10« die Ämter 9, 600 und 800 gab. Diese Ämter hat […] nie gesagt noch aufgeklärt. […] hat nie über das »Amt 9« bei Bittstädt gesprochen, gar über »Amt 600« und »Amt 800« – warum? Wer »Amt 9« hat, hat die Aufklärung.

[…]

Es ist richtig, daß am 24. November 1965 ein Medikamentenröhrchen im Tal in Kinderhände gelangte (die originale Zeichnung wurde gegen Westmark zurückgekauft). Bei Sicherungs- bzw. technischen Arbeiten war einer Gruppe von uns ein Unfall zugestoßen. Da unser Außenbeobachter versagte, wurden für unseren zweiten Mann Luftballons mit Medikamentenröhrchen durch zwei Luftschächte aufgelassen. Dieser war nicht schnell genug, und so hatten die Kinder den Ballon mit dem Röhrchen. Über Nacht mußten wir handeln. Für zwei unserer Kameraden war jede Hilfe vergangen, wir konnten sie nur noch schnell bestatten, denn die Russen hatten die nicht vorgesehene Sprengung mitbekommen.

Es ist richtig, daß bereits im Ersten Weltkrieg auf dem Übungsplatz Höhlen erschlossen und einige Karstseen abgelassen wurden.

Es ist richtig, daß Eva Braun am 28. März 1945 abends zum FHQu gelangte, aber Hitler nicht mehr da war. Wegen Fliegeralarm fuhren die beiden Autos nach Arnstadt, wo sie im Haus des Oberbürgermeisters Huhn in der Blumentalstraße 9 [ankamen]. Dort wurde ein Essen eingenommen. Streve und Seuffert sollten Eva Braun nach Weimar bringen, Fliegeralarm brachte die Wagen bei der Autobahnauffahrt Arnstadt zum Halt, und man fuhr Richtung Mühlberg und von dort nach Wechmar, wo sie im Gasthaus am Markt übernachtete.

Es ist richtig, daß von der Ebanotte eine Wasserleitung das Tal quert und zum Bienstein geht. Ebenso richtig ist, daß ein

Pumpwerk bei der »Roten Hütte« westlich ist und eine Wasserdruckleitung von Arnstadt erstmal bis zum Lämmergraben geplant und angefangen war. Falsch ist eine Verbindung der drei Leitungen. Im übrigen sind im Gebiet genügend Karstquellen und -seen vorhanden.

Es ist richtig, daß den Amerikanern im Ort Seebergen ein Horten-Tarn-Kampfflugzeug und den Russen in einer Scheune in Wechmar ein Horten-Tarn-Bomber in die Hände fiel. Diese beiden Flugzeuge hatte ein Ing. Meister von den Gothaer Flugzeugwerken kurz vor dem Ende [des Krieges] versteckt. Die Flugzeuge, welche bei der Fabrik unterhalb des Weinberges standen, waren Leichtgleitversuchsflugzeuge, welche die Amerikaner als Holzflugzeuge ansahen, während die Russen es richtig erkannt haben.

Die Horten-Flugzeuge und die vier Stabsflugzeuge sowie die He-Flugzeuge vom Feldflugplatz standen bei den Russen noch bis 1947 auf dem Eichfeld, dann erkannten die Russen erst, was da steht. In diesem Zusammenhang wurde auch der Ing. Schulz aus Arnstadt nach Rußland gebracht. Er war im Stab bei Dr. Diebner verantwortlich für die Flugzeuge bzw. Raketen.

Falsch ist, daß bei Holzhausen Flugzeuge standen und die SS diese Flugzeuge in die Gipstunnel gebracht hätte. Die Gipsschächte oder -tunnel gehörten der SS, sie waren beim ersten Angriff der Amerikaner auf Ohrdruf schon verschlossen worden.

Es ist richtig, daß bei der Firma bei Arnstadt auch Dinge für die U-Boot-Ausrüstung getestet worden sind. Die Firma gehörte der Reichspost und dem Forschungsrat in Verbindung mit den Konzernen Krupp, Blohm & Voss, Siemens & Schulte (eigenes Werk in Arnstadt für Fernübertragungsmittel bis zum ersten Fernseher, direkte Verbindung auch im Fernsehen zwischen Berlin und dem Eichfeld), den Polte-Werken (Mühlweg und Rudisleben), der IG Farben bei der Blaudruck Wagner, den Braunsteinwerken und den Ley-Werken.

Es ist richtig, daß das Festungs-Nachrichtenregiment 601 und Teile der Reichskanzlei vom 12. bis 16. März 1945 vom Obersalzberg nach Arnstadt verlegt wurden. Das OKW war im Bereich Ohrdruf – Geschwenda – Gotha – Gehren. [Generalfeldmarschall] Kesselring selbst in Crawinkel, bevor er dann nach

»Dora« bzw. in den Harz ging. Das Hauptkorps der Heeresführung war jedoch in Arnstadt beim Ritterstein im Objekt.

Noch einiges zur Planung der Bauvorhaben. Die Ämter, das sogenannte »Bergbad«, die Fabrik und die Versuchsanlagen, die »Rote Hütte«, Objekt »Burg« waren Planungen der Reichspost in Verbindung mit dem Forschungsrat. Alle anderen Bauvorhaben, die Tunnelbaumaßnahmen wurden vom Büro des Österreichers Dipl.-Ingenieur Karl Fiebinger bzw. von ihm selbst durchgeführt. Eines der Hauptprojekte war die Verlagerung der Raketentechnik von Peenemünde in die Objekte »Zement« (Gmunden am Frausee) mit der Raffinerie bei Ebensee und »Olga« mit den Gebieten: Jonastal, Ebanotte sowie Anlagen mit dem Ausbau von Steinbrüchen im Raum Ohrdruf, Luisental, Gräfenroda, Martinroda, Gehren, Ilmenau und Rippersroda. Der Bau der Objekte wurde stets in getrennten Systemen durchgeführt.

Fiebinger war von der TH Wien und wurde Spezialist für Tunnelbau bzw. Rüstungsbau. So arbeitete er etwa an den Objekten »Bergkristall«, »Schlier«, »Jasmin« und »Raxwerk«.

Nach dem Krieg war Fiebinger in den USA. Er gehörte teilweise zu unserer Gruppe, bis er zu Freiherrn von Braun gelangte und dort auf der Grundlage deutscher Entwicklungen für die Amerikaner die Abschußbasen für Raketen errichtete – zum Teil in Tunnelsystemen. In den 60er Jahren war er in der Wüste Nevada aktiv und in den 70er Jahren auf den amerikanischen Basen in Mexiko. Mitte 1980 gründete er die Firma Austrobau-Österreich, *danach hatten wir keine Nachrichten mehr von ihm.*

Ich hätte noch soviel zu berichten, aber ab heute ist unsere Verlegung amtlich, wobei wir den neuen Ort nicht kennen. Ich habe Ihnen schon wieder zuviele Anhaltspunkte gegeben, aber was soll ich damit, ins Grab nehmen, davon hat die Deutsche Wissenschaft nichts – die Wahrheit muß nach 50 Jahren ans Tageslicht. Vielleicht können einige ehemalige […] bei der Geschichte um Arnstadt helfen, es haben acht Personen ein Anschreiben erhalten.

Leider muß ich abschließen. Alles Gute und Schalom für Sie.

Für all jene unter unseren Lesern, die das Thema Jonastal seit Jahren verfolgen, werden die Rittermann-Briefe ein weiterer

Baustein zum Verständnis der Gesamtsituation sein. Diejenigen jedoch, die sich zum ersten Mal mit der Thematik auseinandersetzen, werden ungläubig den Kopf schütteln oder fragen, was man denn überhaupt glauben soll. Wir möchten deshalb nachfolgend einige Passagen der Rittermann-Briefe ein wenig näher betrachten, vor allem jene Hinweise, die im Bezug zu Orten und Hochtechnologieentwicklungen stehen.

Brief 1: ________________________________

> *»[...] da ich ja einige Jahre in Arnstadt/Ohrdruf/Bittstädt gelebt habe, allerdings unter den Namen Hans Rittermann, Beauftragter für Sonderbauvorhaben der Reichspost und des OKW, dann unter dem Sonderführer SS-Gruppenführer Kammler. [...]*
> *Ich war der etwa 1,60 m Große mit dem schwarzen Anzug und dem Fahrrad im Rathaus.«*

Hat es einen Hans Rittermann in Arnstadt während der Zeit des Zweiten Weltkrieges gegeben? Ja, es gab ihn tatsächlich! Ein Heimatforscher, mit dem wir seit Jahren zusammenarbeiten, recherchierte zur Person Rittermann einige Daten, die uns Anfang Januar 2001 übergeben wurden. Diese Ergebnisse stimmen, das sei an dieser Stelle nur der Vollständigkeit halber erwähnt, mit später noch aufzuzeigenden Informationen aus DDR-Dokumenten überein, in deren Besitz wir einige Monate später gelangen konnten.

Der Heimatforscher schrieb uns[6]:

»[...] Hans Rittermann arbeitete in der 2. Etage beim Baubüro Lämerhirt-Linke. Seine Wohnung befand sich in der Bärwinkelstraße 4. [...]

---

(6) Das Schreiben datiert vom 10. Januar 2001. Auf eigenen Wunsch möchte der Heimatforscher an dieser Stelle ungenannt bleiben. Aus Gründen des Quellen- und Zeugenschutzes in bezug auf das brisante Thema der wahren Dimension der deutschen Atom- und Hochtechnologieforschung entsprechen wir diesem Wunsch. Alle Beteiligten sind aber zu einer Zusammenarbereit bereit, wenn das Thema Gegenstand einer offiziellen Untersuchung bzw. eines Forschungsprojektes werden sollte.

Ein alter Arnstädter sagte, er kenne den Rittermann von der Reichspost, vom Forschungsrat aus Berlin, der für wichtige Bauvorhaben in Thüringen in Arnstadt und in anderen Orten tätig war. Er sei ein feiner Mann gewesen, der viel von Technik und vom Bau verstanden hat. Nach 1945 hätte er viel für die Umsiedler getan. Nach einem Streit mit Schörnig wäre er über Nacht nach Berlin zurück. Von 1945 bis 1948 hätte er beim Chef der Hornfabrik Röbling in der Blumentalstraße gewohnt.

Ein anderer Arnstädter sagte: Rittermann war von Berlin nach Arnstadt gekommen. Neben seinem Büro im Rathaus war er im MDW (Mitteldeutsches Werk), im Malzdepot und in der Polte tätig; alles Dinge, die kriegswichtig waren. Er habe weder eine Uniform noch Polizeiabzeichen getragen. Zuerst wohnte er in der ›Rosenau‹ (Gastwirtschaft Rosenstraße), dann in der Bärwinkelstraße nur einige Monate. Er hatte danach ein Zimmer im ›Erfurter Hof‹ beim Gastwirt Eschrich und nach dem Krieg in der Blumentalstraße 9. Nach einem Streit mit Schörnig und Dr. Elbracht (er glaubt im Oktober 1948) war Rittermann über Nacht weg. […]«

> *»Es wurde mitgeteilt bzw. unterrichtet, daß als provisorische Reichshauptstadt zwar Weimar genannt wurde und werde, aber die provisorische Reichshauptstadt nach Wunsch und Befehl des Führers die Stadt Arnstadt wird und der Hauptsitz der SS in Ohrdruf sein wird. Dazu werde ab sofort der Truppenübungsplatz von der gesamten Wehrmacht geräumt. Die Lager der Wehrmacht werden nicht geräumt, sondern der SS übergeben.«*

Arnstadt – provisorische Reichshauptstadt?! Das klingt zunächst ungeheuerlich, auch wenn der »Schutz- und Trutzgau Thüringen« als neuer und/oder letzter Aufenthaltsort der Führung des Dritten Reiches propagiert wurde. Gibt es einen Hinweis, daß diese Aussage stimmen könnte?

Wir müssen, um diese Frage zu beantworten, einige US-amerikanische Dokumente bemühen. Es handelt sich dabei um Reports und Militärgeheimdienst-Aufklärungsprotokolle jener US-Einheiten, die Anfang April 1945 das uns interessierende thüringische Gebiet besetzten. Eines dieser Dokumente ist der »After Action Report«[7] des Hauptquartiers der *4th Armored Division* vom 30. Mai 1945, der auf der nebenstehenden Seite auszugsweise abgedruckt ist und Bezug auf die Ereignisse vom 1. und 2. April 1945 nimmt. Er berichtet, daß durch einen in der Nähe von Worstadt gefangengenommenen deutschen Offizier bekanntgeworden sei, daß im Raum Gotha – Erfurt – Arnstadt – Ohrdruf hohe Dienststellen des Dritten Reiches untergebracht würden. Dort gebe es auch ein Kommunikationszentrum. Von Weimar ist merkwürdigerweise nicht die Rede, obwohl eigentlich anzunehmen wäre, daß die zweitwichtigste Stadt der »nationalsozialistischen Bewegung« (neben Nürnberg) die Rolle der neuen Reichshauptstadt im »Schutz- und Trutzgau Thüringen« hätte übernehmen sollen. Wie auch immer, die Aussagen des namentlich nicht genannten deutschen Offiziers, der unseres Erachtens aus dem deutschen Generalstab stammen mußte, schienen überzeugend genug zu sein, um die Einsatzpläne für den Vormarsch der US-Einheiten zu ändern. Ursprünglich war vorgesehen, in einer gedachten Linie Frankfurt/M. – Berlin auf die Reichshauptstadt vorzustoßen und Hitler dort einzukesseln.

Die US-amerikanische Aufklärung schien aufgrund der Aussage des deutschen Überläufers bereits Mitte/Ende März 1945 also Anhaltspunkte zu haben, *wohin* hohe Militärführungsstäbe und Dienststellen des Dritten Reiches in Thüringen verlagert werden sollten. In dem etwas später abgefaßten »G2 Periodic Report #211«[8] wurden jene Orte in Thüringen aufgeführt, welche die zu verlagernden Reichseinrichtungen aufnehmen sollten. Besonders bemerkenswert ist an dem auf der übernächsten Seite abgedruckten US-Dokument, daß Arnstadt und Ohrdruf in der Übersicht weit vor Weimar aufgelistet sind. Aus dem Dokument geht auch hervor, daß sich Hitlers neues Hauptquartier drei Kilometer westlich von Arnstadt entfernt befinde, unter dem Decknamen »S III« rangiere und fünf Schächte habe.

Es kann also davon ausgegangen werden, daß die Amerikaner andeutungsweise im Bild waren und daß Arnstadt eine besondere Rolle übernehmen sollte – und nicht Weimar!

---

(7) After Action Report – April 1945, Headquarters CC »A«, 4th Armored Division, APO 254, U. S. Army vom 30. Mai 1945.
(8) Annex #2 to G-2 Periodic Rpt #211, 032000B, Apr 45, Hq 80th Inf Div.

RESTRICTED

HEADQUARTERS
CC"A", 4TH ARMORED DIVISION
APO 254, U. S. Army

30 May

SUBJECT: After Action Report - April 1945.

TO : The Adjutant General, U. S. Army (THRU: Channels).

1 Apr 45:

The Combat Commander having returned from Division Headquarters
instructions, unit commanders were assembled at DANKMARSHAM (6060) at
tions. Higher headquarters had received information through an offic
captured by this command in the vicinity of WORSTADT, GERMANY some tw
that the German high command was establishing its headquarters and co
centers in the area GOTHA - OHRDRUF - ERFURT - and ARNSTADT. The mis
division had been changed from seizing the high ground to the north o
that of seizing the communication centers at GOTHA and OHRDRUF, the ol
CC"A" being OHRDRUF.

Necessary orders were issued to unit commanders to carry out the
The advance began at 0800 with small arms and bazooka fire being enco
towns. The enemy was carrying out a systematic program of bridge dem
path of our advance with result that between DANKMARSHAM and HORSCHEL
over the WERRA RIVER were blown. In the vicinity of HORSCHEL (7569)
of infantry supported by tanks and SP guns from the enemy tank repair
EISNACH was encountered. The bridge at HORSCHEL was blown on our appr
attempt to move north parallel to the WERRA RIVER became impractical d
heavy fire received from across the river. CC"A" and CC"B" columns ha
before HORSCHEL at about 1300. Reconnaissance of roads and river line
was initiated and at about 1600 reconnaissance elements of CC"B" had f
routes to CRUZEBURG practicable and it was agreed by the two combat cc
that CC"B" would establish their bridgehead at CRUZEBURG and CC"A" at
accordingly both combat commands shifted to the north, with CC"A" in t
SPICHRA with CP in ARCHFELD (6974) on the night of 1 April. During th
nce for a crossing site was made, a limited bridgehead established an
p to begin bridging operations at daylight on 2 April.

Apr 45:

By 0600 the 53d Armored Infantry Battalion was entirely across th
sed small rubber reconnaissance boats, cables, rafts, rowboats and al
f crossing available. There was considerable opposition in the form
rms and 20mm fire. At daylight ~~the~~ heavy direct fire was received fr
round to the east of SPICHRA which resulted in the destruction of som
ng equipment that had been brought up for the bridging operations. O
he 359th Infantry Regiment was attached to CC"A" to assist in the bri
ions and to contain EISNACH upon the completion of the bridging opera

By 1500 bridging operations were completed and the movement of ad
nd heavy equipment across the river was begun.

RESTRICTED Ulbrich, Capt. AGD

- 1 -

Der »After Action Report« des Hauptquartiers der 4th Armored Division vom 30. Mai 1945 berichtet, welche hohen deutschen Dienststellen vor Kriegsende in Thüringen untergebracht werden sollten.

SECRET

Annex #2 to G-2 Periodic Rpt #211, 032000B, Apr 45, Hq 80th Inf Div.

German High Command and Government Headquarters in THURINGIA

1. The current partial evacuation of BERLIN by the German High Command and Government to the THURINGIA WALD offers an opportunity to armored spearheads to capture important German personalities and documents bearing on the top direction of the German war effort. Intelligence concerning this move, the great majority of which has been provided by a single PW (reliable), has already indicated 25 cities and towns as dispersal points. Information available on each of these towns is shown below with reference and coordinates to Map Series GSGS 4416, 1/100,000.

a. ARNSTADT (4416/R5/J2653). Hitler and his personal entourage (Goebbels, Goering, Keitel, Jodl, and Doenitz are considered possibilities) plan to move into an as yet uncompleted headquarters bunker (cover name S 3) about 3 kilometers out of the city on the main road leading W. The bunker is to have five underground shafts. It is believed that Himmler will eventually join Hitler at S 3.

b. OHRDRUF (4416/R5/J121529). This town is to be the nerve center of the Thuringian dispersal area. The buildings, including stables, of the Troop Training Area have been turned into offices. The communications centers for the General Staff and for the Armed Forces Command Staff will be set up here. The training area centers around (J110542).

c. GOTHA (4416/R5/J0664). All permanent barracks in this town are to be used by the following OKH staffs: Transportation Chief, Quartermaster, Chief Army Signals Officer, and Foreign Armies East. The Infantry Barracks at (J06642) W of GOTHA, and the permanent barracks at (J103622), S of GOTHA, are also specified as having been cleared for the above staffs.

d. EISENACH (4416/R4/H8166). The barracks at (H806688) and (H799694) already crowded with OKW units evacuated from BERLIN in January and February, 1945.

e. WEIMAR (4416/R6/J5270). PW states that WEIMAR is to be the provisional capital of GERMANY. Guderian and Himmler are said to have set up headquarters in hotels in the city. Barracks at (J532706) and (J504730) are being held at the disposal of unspecified departments of the OKH.

f. ERFURT (4416/R5/J3168). The barracks at (J330680), (J323666), (J352687), (J333684), and (J327685) are being held for the staff of the Ersatz Army.

g. BAD BERKA (4416/R5/J4962). The Chief of the Ersatz Army, SS Obergruppenfuehrer Juettner, and his staff are quartered in this town, either in private houses or in the four army hospitals.

h. KRANICHFELD (4416/R5/J4456). Large parts of Himmler's many staffs will stay here. Only the key figures will be at ARNSTADT (See subpara a. above).

i. HALLE (4416/Q6/D9328). The barracks area at (D905300) will house signal schools and important signal offices evacuated from BERLIN.

j. NORDHAUSEN (4416/Q5/D1227). The town is crowded with Ministry of Armaments administrative personnel and will be the eventual headquarters of SS General Kammler, in charge of V-2 operations. There are barracks areas at (D120255) and (D132289).

k. MUHLHAUSEN (4416/R6/J9093). This town will be the seat of evacuation of industry and will house radio signal installations evacuated from BERLIN. There are barracks areas at (J912958) and (J919943).

Die vorrückenden US-Infanterie-Einheiten hatten Informationen über die Lage des neuen Führerhauptquartiers Hitlers und damit über die Bedeutung Arnstadts.

Daß im Raum in und um Ohrdruf bzw. Arnstadt auch tatsächlich große unterirdische Systeme durch das US-Militär gefunden wurden, welche die Rolle eines Führerhauptquartiers hätten übernehmen *können*, steht außer Frage. Dafür sprechen beispielsweise die Angaben einiger alliierter Militärs. Der in der 3rd US Army unter dem legendären General Patton dienende Colonel Robert S. Allen berichtete beispielsweise in seinem Buch »Lucky Forward – The History of Pattons U.S. Army«, das 1947 im New Yorker Verlag *The Vanguard Press* erschien, auf den Seiten 371/372 eindeutig über das, was er im Raum Ohrdruf selbst zu Gesicht bekam:

»[...] The underground installations were amazing. They were literally subterranean towns.

There were four in and around Ohrdruf: one near the horror camp, one under the Schloß, and two west of the town. Others were reported in near-by villages. None were natural caverns or mines. All were man-made military installations. The horror camp provided the labor. An interesting feature of the construction was the absence of any spoil. It had been carefully seattered in hills miles away.

Over 50 feet underground, the installations consisted of two and three stories several miles in length and extending like the spokes of a wheel. The entire hull structure was of massive, reinforced concrete. Purpose of the installations was to house the High Command after it was bombed out of Berlin. The Ohrdruf installations were to have been used by the Signal Communications Section. One, near the horror camp, was a huge telephone exchange equipped with the latest and finest apparatus. Signal corps experts estimated their cost at $ 10 000 000.

This place also had paneled and carpeted offices, scores of large work and store rooms, tiled bathrooms with both tubs and showers, flush toilets, electrically equipped kitchens, decorated dining rooms and mess halls, giant refrigerators, extensive sleeping quarters, recreation rooms, separate bars of officers and enlisted personnel, a moving picture-theater, and air-conditioning and sewage systems.

Begun in 1944, the installations had been completed but never occupied. Third Army's lightning advance through central Germany had blocked that.«

In sinngemäßer Übersetzung läßt uns Colonel Allen wissen:

»Die Anlagen waren erstaunlich. Es waren wahre unterirdische Städte. Es gab vier Anlagen in und um Ohrdruf: eine in der Nähe des KZ-Lagers, eine unter dem Schloß und zwei westlich von Ohrdruf. Andere wurden in der Nähe von Dörfern berichtet. Keine war eine natürliche Höhle oder ein Bergwerk. Alle waren künstlich angelegte militärische Installationen. Das KZ-Lager stellte die Arbeitskräfte zur Verfügung. Ein interessantes Merkmal der Konstruktionen war das Fehlen von jeglichem Aushub. Er war in den umliegenden, oft meilenweit entfernt liegenden Bergen verstreut worden.

Über 50 Fuß unter der Erde, setzten sich die Anlagen aus zwei bzw. drei Etagen zusammen bei einer Ausdehnung von mehreren Meilen Länge und wie die Speichen eines Rades. Die ganze Hüllenstruktur bestand aus massiv verstärktem Beton. Vielleicht war die Anlage zur Aufnahme des Oberkommandos, nachdem dieses in Berlin bombardiert worden war, vorgesehen. Die Anlage bei Ohrdruf sollte für die Kommunikationsabteilung verwendet werden. Eine Anlage, beim KZ-Lager, war eine riesige Telefonvermittlung mit den neuesten und besten Apparaten. Unsere Kommunikationsexperten schätzen ihre Kosten auf 10 000 000 Dollar.

Dieser Platz verfügte auch über getäfelte und mit Teppichen ausgelegte Büros, große Lagerräume, gekachelte Badezimmer mit Wannen und Duschen, Toiletten mit Wasserspülung, mit Elektrizität ausgestattete Küchen, geschmückte Eßzimmer und Messehallen, riesige Kühlschränke, ausgedehnte Schlafquartiere, Erholungsräume, separate Bars für Offiziere und Personal, ein Kino sowie Klimaanlagen und ein Abwassersystem. Die Anlagen wurden 1944 gebaut, sie waren komplett fertig, wurden aber nie benutzt. Der schnelle Vorstoß der 3. Armee verhinderte dies.«

Colonel Allen beschreibt also das, was heutzutage vollkommen zu recht vermutet und gesucht wird – künstlich angelegte unterirdische Städte, die eventuell das gesuchte Führerhauptquartier beinhalten. Allens Aussage führt die Behauptung, die Amerikaner hätten immer nur das längst bekannte »Amt 10« beschrieben, eindeutig ad absurdum. Er weist eindeutig darauf hin, daß sich *eine* unterirdische Stadt unter dem KZ-Lager befand (wobei er leider nicht ausführt, ob unter dem Nord- oder Südlager), *eine weitere* unter dem Schloß und *zwei andere* westlich von Ohrdruf. Darüber hinaus ist die Rede von anderen unterirdischen Anlagen, die sich in der Nähe umliegender Dörfer befanden, von Allen allerdings nicht weiter erwähnt wurden.

Colonel Allen, der die Ausstattung der Untertage-Städte als außerordentlich gut und reichhaltig beschrieb, hat aber wahrscheinlich nur einen Teil dessen, was wirklich im Untergrund vorhanden war, zu Gesicht bekommen. Trotzdem ist das von ihm Gesehene hochinteressant, spricht es doch eindeutig gegen die als »Wahrheit« verkaufte Behauptung, es habe zwischen der Fertigstellung von »Amt 10« bei Ohrdruf in den 1930er Jahren und der Aufnahme der Bautätigkeit an den Jonastal-Stollen im Herbst 1944 keine weiteren Bauaktivitäten gegeben.

Allen behauptet weiter, daß die von ihm besichtigten Anlagen erst 1944 durch den Einsatz der Häftlinge im KZ-Lager Ohrdruf begonnen und fertiggestellt wurden, doch muß diese Behauptung sicherlich relativiert werden. Selbst bei optimistischer Sicht der Dinge konnten die unterirdischen Refugien nie und nimmer in einem Jahr Bauzeit errichtet worden sein. Nein, es muß hier zumindest eine längere Vorbereitungsphase gegeben haben.

Allens Hinweise erklären aber auch, warum sich so viele Häftlinge im Bereich des Süd- und Nordlagers befanden, und vor allem, was sie dort taten! Geht man zudem davon aus, daß die im Gebiet befindlichen Häftlinge immer dort stationiert waren, wo sich Untertagebaustellen befanden, dann wird man aber auch rasch erkennen müssen, daß noch an weitaus mehr unterirdische Bereichen gearbeitet wurde, gab es doch noch weitere Lager und Nebenlager, die mit dem Süd- bzw. Nordlager in Ohrdruf nichts zu tun hatten.

Wir meinen, daß Colonel Allens Bericht die Situation richtig wiedergibt. Wozu sollte er etwas erfinden? Viel stutziger machen müßte allerdings die Tatsache, daß die Geschichte des Sonderlagers »S III« niemals wissenschaftlich aufgearbeitet wurde – nicht einmal zu DDR-Zeiten, wo das Thema für die Verantwortlichen eigentlich ein gefundenes Fressen hätte sein müssen, suchte man doch allerorten nach Ereignissen und Zeugnissen für die nationalsozialistischen Gewalttaten …

Doch auch aus deutschen Unterlagen geht hervor, daß in Thüringen ein Führerhauptquartier entstehen sollte, wobei die SS die Realisierung übernahm, wie aus einem vom General der Infanterie Burgdorf, Adjutantur der Wehrmacht beim Führer, herausgegebenen Befehl[9] (Br. B. Nr. 340/45 g.Kdos) vom 9.3.1945 hervorgeht, der auf der nächsten Seite abgedruckt ist. In ihm heißt es:

»Auf Befehl des Führers hat Reichsführer-SS im Raume Ohrdruf den Ausbau einer neuen Unterkunft FHQu übernommen. Mit der Durchführung ist SS-Gruppenführer Kammler beauftragt worden.

Auf Grund der gemäß Führerentscheid vorzubereitenden und teilweise durchzuführenden Verlegung des FHQu's und anderer Dienststellen in diesen Raum ist eine Neuregelung der örtlichen Leitung und Lenkung von baulichen und unterkunftsmäßigen Fragen erforderlich.

Im Einvernehmen mit SS-Gruppenführer Kammler wird für alle auftretenden Bau- und Unterkunftsfragen sowie für Sonderzugabestellungen als dessen Vertreter der dem Chefadjutanten der Wehrmacht beim Führer unterstehende Oberst Streve, Kommandant Führerhauptquartier, bestimmt. Die zuständigen örtlichen Dienststellen im Raume Ohrdruf

a) Arbeitsstab Oberst Streve (Major Budnick)

b) Bauleitung SS-Gruppenführer Kammler (Hpstuf. Grosch) haben Weisung, an sie herantretende Anforderungen nur nach Genehmigung durch Oberst Streve durchzuführen.

gez. Burgdorf
General der Infanterie«

Bisher wurde zwar von deutschen Militärhistorikern immer wieder behauptet, daß das Thüringer FHQu nicht fertig wurde, wir haben aber Grund zur Annahme, daß das genaue Gegenteil der Fall war.

Das obige Dokument nennt auch einige Namen, auf die sich Rittermann bezog: Neben Kammler werden Oberst Streve, Major Budnick und Hauptsturmführer Grosch aufgeführt, wobei letzterer nur von untergeordneter Bedeutung ist.

---

(9) BA-MA, RH 2/306.

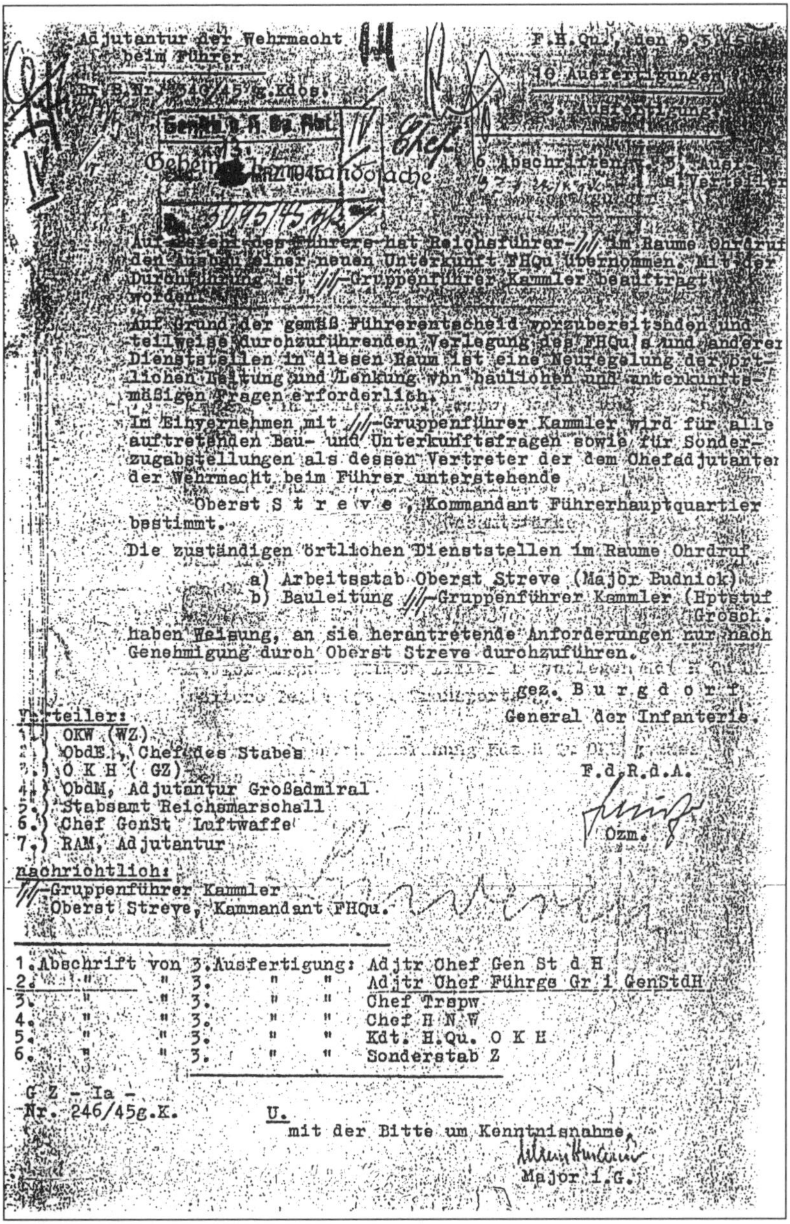

Adjutantur der Wehrmacht
beim Führer

Br. B. Nr. 540/45 g.Kdos.

F.H.Qu., den 9.3.45

10 Ausfertigungen
3. Ausfertigung

Geheime Kommandosache

6 Abschriften v. 3. Ausf.
s. Verteiler

Auf Befehl des Führers hat Reichsführer-SS im Raume Ohrdruf den Ausbau einer neuen Unterkunft FHQu übernommen. Mit der Durchführung ist SS-Gruppenführer Kammler beauftragt worden.

Auf Grund der gemäß Führerentscheid vorzubereitenden und teilweise durchzuführenden Verlegung des FHQu's und anderer Dienststellen in diesen Raum ist eine Neuregelung der örtlichen Leitung und Lenkung von baulichen und unterkunftsmäßigen Fragen erforderlich.

Im Einvernehmen mit SS-Gruppenführer Kammler wird für alle auftretenden Bau- und Unterkunftsfragen sowie für Sonderzugabstellungen als dessen Vertreter der dem Chefadjutanten der Wehrmacht beim Führer unterstehende

Oberst S t r e v e , Kommandant Führerhauptquartier

bestimmt.

Die zuständigen örtlichen Dienststellen im Raume Ohrdruf,

a) Arbeitsstab Oberst Streve (Major Budnick)
b) Bauleitung SS-Gruppenführer Kammler (Hptstuf Grosch.)

haben Weisung, an sie herantretende Anforderungen nur nach Genehmigung durch Oberst Streve durchzuführen.

gez. B u r g d o r f
General der Infanterie.

F.d.R.d.A.

Ozm.

Verteiler:
1.) OKW (WZ)
2.) ObdE., Chef des Stabes
3.) O K H (GZ)
4.) ObdM, Adjutantur Großadmiral
5.) Stabsamt Reichsmarschall
6.) Chef GenSt Luftwaffe
7.) RAM, Adjutantur

nachrichtlich:
SS-Gruppenführer Kammler
Oberst Streve, Kommandant FHQu.

1. Abschrift von 3. Ausfertigung: Adjtr Chef Gen St d H
2. " " 3. " " Adjtr Chef Führgs Gr 1 GenStdH
3. " " 3. " " Chef Trspw
4. " " 3. " " Chef H N W
5. " " 3. " " Kdt. H.Qu. O K H
6. " " 3. " " Sonderstab Z

G Z - Ia -
Nr. 246/45g.K.

U.
mit der Bitte um Kenntnisnahme.

Major i.G.

Der Befehl von General Burgdorf nennt Oberst Streve und SS-Gruppenführer Kammler als die Verantwortlichen für das Projekt des Führerhauptquartiers in Thüringen.

»Die Reichsdienststellen werden auf weitere 23 Orte verteilt. Zwei Forschungsstellen werden in den nächsten Tagen nach Thüringen verlegt:
a) Stadtilm, mit Diebner/Gerlach
b) Lehesten, mit Ohnesorge (Reichspost).
Beide werden die dazugehörigen Anlagen im Gebiet des Truppenübungsplatzes und die Anlage westlich von Arnstadt nutzen. Die Fahrzeuge verkehren dazu nur des Nachts unter SS-Bewachung.«

Die Zahl der Orte, die verlagerte Reichsdienststellen aufnehmen mußten, ist seit langem bekannt. Auch die Bedeutung Stadtilms im Zusammenhang mit der deutschen Atomforschung steht außer Frage. Der Standort Lehesten, genaugenommen die dortige Schiefergrube »Laura«, tauchte jedoch bisher nur in Verbindung mit einer im Zweiten Weltkrieg dort realisierten Raketen(teile)produktion und Triebwerkstests auf. Doch sollte dort noch mehr sein?

Nach dem vernichtenden Angriff der britischen Royal Air Force auf die Raketenversuchsanstalt Peenemünde im August 1943 hatte man seitens der verantwortlichen deutschen Stellen begonnen, die Raketenproduktion zu dezentralisieren und unter die Erde zu verlagern. Aus diesem Grund entstanden Untergrundproduktionsanlagen wie beispielsweise »Mittelbau-Dora« bei Nordhausen, aber eben auch andere Systeme, wie das sogenannte »Vorwerk Mitte« in der Schiefergrube Oertelsbruch bei Schmiedebach (im Umfeld von Lehesten). Das betreffende Gelände war 1943 durch die SS beschlagnahmt worden und wurde später von einer ihrer Tarnfirmen betrieben. Auch hier kamen Häftlinge aus dem KZ Buchenwald zum Einsatz.

So wird verständlich, daß Thüringen im Zusammenhang mit der deutschen Raketenproduktion stand. Aber was meinte Hans Rittermann mit dem Satz, daß man dort nicht nur Triebwerke getestet habe?

Wie wir in unserem Buch »Das Geheimnis der deutschen Atombombe« zeigten, muß Peenemünde auch mit der deutschen Atomforschung in Verbindung gebracht werden. Die britische Tageszeitung *The Daily Mail* vom 9. August 1945 publizierte einen entlarvenden Bericht unter der Schlagzeile »A German Atom

Ace died« (»Ein deutsches Atom-As starb«). In diesem Artikel hieß es, daß das »Meistergehirn« der deutschen Atombombenforschung bei dem berühmten Angriff der britischen Royal Air Force auf Peenemünde ums Leben gekommen sei. Die Zeitung verlautbarte auch, daß britische Reports existieren würden, wonach die Deutschen die Atombombe im Oktober 1945 fertig gehabt hätten. Wenn der General und andere Wissenschaftler bei dem Angriff der britischen Luftwaffe nicht ums Leben gekommen wären, hätte die Fertigstellung der deutschen A-Waffe sogar noch früher erfolgen können, so daß London in das Visier eines deutschen Nuklearwaffeneinsatzes gerückt wäre.

Ohne hier weiter ins Detail gehen zu wollen, wird klar, daß zumindest einige deutsche Raketen-Entwicklungs- und -Produktionsstandorte im Dritten Reich geheime Abteilungen besaßen, die sich mit der Atomforschung befaßten. Hatte man einen Teil der deutschen Atomforschung ins Objekt »Laura« bei Lehesten evakuiert? Rittermann behauptete es jedenfalls, indem er wissen ließ, daß die Reichspost unter Dr. Ohnesorge dort tätig war. Aber auch unabhängig davon gibt es Hinweise auf ungewöhnliche Vorgänge in bezug auf »Laura«, die kaum mit der Erprobung und dem Bau bestimmter V-2-Teile in Verbindung gebracht werden können.

Der Autor Henry Hatt beschäftigte sich in seinem Buch »Ignorierte Geheimobjekte Hitlers. Kunstraubspuren in Bergwerken« ausführlich mit den Schieferbrüchen im Umfeld von Lehesten und den Ereignissen während des Zweiten Weltkrieges. Zu »Laura« bemerkte er beispielsweise, daß in dem dortigen Konzentrationslager mitunter die Zahl der Häftlinge sprunghaft anstieg, um dann wieder auf alte Werte zurückzufallen, so, als seien zeitweise weitere Vortriebsarbeiten vorgenommen worden, deren Zweck nicht klar war, zumal die bekannte Produktion bereits lief. Der Autor wörtlich:

»[...] denn es ist bekannt, daß die Anlage nie restlos erforscht werden konnte, weder von den Amerikanern noch von der Sowjetarmee, welche die Anlage im Juli 1945 übernahm. Auch mehrere Angehörige des Betriebes haben mir dies im Verlauf der Recherchen bestätigt! Einen Nachkriegsbericht war zu entnehmen, daß die Nazis im Inneren der Anlage ***mehrere Stollen und Strecken zubetoniert*** *haben, aus welchem Grund auch*

immer dies geschehen sein mag. Diese sind möglicherweise noch heute verschlossen!«

Es scheint also bisher nicht wiederentdeckte Bereiche in »Laura« zu geben. Henry Hatt glaubt, daß die Existenz dieser Abschnitte mit Verbergungsaktionen von Kunstschätzen bei Kriegsende zu tun hat, wir hingegen sind der Überzeugung, daß das Ganze einen technologischen Hintergrund haben muß, so daß der Hinweis Hans Rittermanns einen Sinn ergibt.

> *»Ab Oktober werden von Berlin wichtige Transporte nach Arnstadt und Plaue sowie einige über Gotha nach Ohrdruf mit Reichszügen gehen. Die Dokumente werden in besonders dazu hergestellten Kisten sein, ebenfalls werden Reichsgüter verlagert. Dazu werden die Bahnhöfe nachts von der SS übernommen, nur wenige Reichsbahner werden auf den Bahnhöfen sein.«*

Daß Verlagerungen nach Thüringen realisiert wurden, steht außer Frage. Diese Transporte standen unter höchsten Sicherheitsvorkehrungen und wurden von der SS weitestgehend abgeschirmt, so daß tatsächlich nur wenige Angehörige der Reichsbahn Zeugen der Geschehnisse wurden. Einen entsprechenden Augenzeugenbericht, der Teil eines DDR-Dokumentes ist, werden wir in diesem Buch präsentieren.

> *»Am 10.10.44 war [...] mit in Ohrdruf, als der Truppenübungsplatz von General von Göckel an die SS übergeben wurde.*
> *Am 12.11.44 war [...] zur Begrüßung der 6. Gebirgsjägerdivision in Ohrdruf.«*

Die Räumung des Truppenübungsplatzes Ohrdruf ist eine bekannte Tatsache.[10] General Göckel war damals wenig begeistert, den Standort verlassen zu müssen, um der SS Platz zu schaffen.

Einer Betrachtung wert ist die Frage, ob die 6. SS-Gebirgsjägerdivision in dem uns interessierenden Raum Thüringens war.

---

(9) BA-MA, RH 2/306.
(10) Gerhardt Remdt und Günter Wermusch, Rätsel Jonastal, Die Geschichte des letzten »Führerhauptquartiers«, Ch.-Links-Verlag, Berlin 1992.

In Zeugenaussagen tauchen entsprechende Hinweise immer wieder auf, während so mancher Historiker schon das Gegenteil behauptet hat.

In letzter Zeit wurde seitens einiger Heimatforscher darauf hingewiesen, daß der Stab der 6. SS-Gebirgsjägerdivision bei Kriegsende im Umfeld von Wechmar untergebracht gewesen sei. Auch das Kriegstagebuch des OKW läßt uns wissen, daß die 6. SS-Geb.Div im Umfeld eingesetzt war, wobei merkwürdigerweise nur wenig über das, was sie hier tat, berichtet wird:

»3.4.45

Die 6. SS-Geb.Div. hat nach dem anfänglichen Befehl zum Durchschlagen den neuen bekommen, sich in dem Waldgebiet zu halten und den Gegner von hinten zu stören. In dem jetzt bedrohten Raum Saalfeld – Rudolstadt verliert die Marine ihr Hauptfertigungsgebiet für die Torpedos. Der OB West verlegte von Ohrdruf nach Blankenburg. […]

4.4.45

[…] Bei Ohrdruf erzielte der Gegner einen Durchbruch durch den Thüringer Wald und stieß in südwestlicher Richtung weiter vor. Die 6. SS-Geb.Div., die den Befehl erhalten sollte, im Waldgebiet hinter dem vordringenden Feind weiterzukämpfen, diesen aber nicht erhielt, kommt nunmehr in die eigenen Linien zurück.

5.4.45

[…] Mühlhausen ging verloren. Südlich davon Ruhe. Langensalza noch in eigener Hand. Eisenach wurde beschossen. Südlich Gotha weitere Kämpfe. Über Ohrdruf kam der Gegner bis an Arnstadt heran. Suhl ging verloren. […]

6.4.45

Weitere Angriffe im Thüringer Wald, besonders gegen Eisenach. Auf der Autobahn fuhr er [der Gegner] *südlich an Gotha vorbei auf Erfurt. Dort wurden die Spitzen abgehalten. Auch über Suhl dringen feindl. Panzer vor, konnten sich jedoch nicht mit der Gruppe Erfurt vereinigen. Arnstadt noch in eigener Hand. An der nach Südwesten verlaufenden Front nur geringe Tätigkeit. […]«*[11]

---

(11) Percy Ernst Schramm: Kriegstagebuch des OKW, Band IV, 2. Halbband, Bernard & Grafe Verlag, Frankfurt/M. 1961 (hier 1. Lagebuch, S. 1220–1227).

Diese Einsilbigkeit ist schon ein wenig seltsam und es erhärtet sich der Verdacht, daß die besondere Bedeutung des Gebietes zwischen Ohrdruf und Arnstadt den Verfassern des Kriegstagebuches des OKW entweder wirklich nicht bekannt war oder aus den Dokumenten herausgehalten werden sollte. In jedem Falle muß dem Problem der 6. SS-Gebirgsjägerdivision weiter nachgegangen werden.

> *»[...] erhielt auch als erster die Kenntnis in Arnstadt, daß das OKH bereits am 12.02.1945 in den Raum des Objektes Olga verlegt werde. Dies war einer der wenigen schriftlichen Befehle; ich glaube, es war der Befehl des Generalstabes des Heeres Nr. 71 oder 74.«*

Es war der Befehl Nr. 71[12], auf den am 26. Februar 1945 ein weiteres Schreiben[13] des amtierenden Chefs des Generalstabes Generaloberst Guderian Bezug nahm:

»In Fortsetzung der Maßnahmen o. a. Befehls wird Masse Staffel A in den Raum ›Olga‹ am 27.2.45 beginnend verlegt. Hierzu wird Staffel A unterteilt in

a) Führungsstaffel H Qu OKH (verbleibt weiterhin in ›Zeppelin‹)

b) Arbeitsstaffel H Qu OKH (verlegt nach ›Olga‹).

Einteilung zu a) und b) siehe Anlage 1. Die durch die Abteilungen gemeldeten Zahlen sind hiermit als Stärke befohlen. Mit der Durchführung der Verlegung und Unterbringung im neuen Raum wird Kdt E Qu OKH beauftragt. Unterkünfte sind noch nicht ausgebaut.

Improvisation der Abteilungen ist erforderlich.

Fehlen von Luftschutz im neuen Raum erfordert als erste Maßnahme Selbsthilfe durch Bau von Splitterschutzgräben und strengste Luftschutzdisziplin.

Einweisung in die Unterkünfte erfolgt durch Kdt H Qu OKH, Auffangstab Major Schmidt, Gotha, Neue Infanterie-Kaserne.

---

(12) Gen St d H/GZ Ia Nr. 71/45 g.Kdos., in: National Archives, Washington, USA, Filmrolle T-77/423.

(13) Gen St d HZ/GZ Ia Nr. 71/45 g.Kdos. II Ang. vom 26.02.1945, in: National Archives, USA, Filmrolle T-77/423.

Chef Trspw stellt die erforderlichen Transportzüge. Zeitplan und Einteilung der Transporte siehe Anlage 2.

[…] Fernsprechanschlüsse im Raum ›Olga‹ sind infolge kurzfristiger Verlegung nur für ganz eng begrenzten Teilnehmerkreis möglich. […]«

Leider geht aus den vorliegenden Unterlagen nicht hervor, daß das OKH bereits am 12. Februar 1945 nach Thüringen verlegt wurde, sondern lediglich, daß die Verlegung nach und nach anlief. Hans Rittermann ließ uns wissen, daß der Bunker des OKH in Thüringen fertig gewesen sei, was von dem Zeitzeugen Dr. Adolf Bernd Freier[14] ebenfalls ausgesagt wurde. Freier nannte keinen Standort, Rittermann allerdings schon (diesen können wir jedoch aus verschiedenen Gründen, die wir bereits erwähnt haben, nicht offenbaren). Die Dokumente sprechen hingegen davon, daß im Zielraum nur provisorische oberflächliche Einrichtungen zur Verfügung standen, ja nicht einmal Luftschutzmöglichkeiten gegeben waren. Der bestehende Widerspruch ist offensichtlich: In den OKH-Dokumenten wird die Existenz fertiger unterirdischer Anlagen nicht erwähnt (was natürlich kein Beweis für ihre Nichtexistenz ist), während Zeitzeugen anderes zu berichten wissen.

Es besteht die Wahrscheinlichkeit, daß die vorbereiteten unterirdischen Ausweich-Einrichtungen für das OKH und andere Reichsdienststellen, wenn sie denn benötigt wurden, in offenen Befehlen nicht auftauchen durften, um damit die letzte Möglichkeit einer geordneten Unterbringung dieser Führungseinrichtungen nicht zu gefährden. Schließlich befand man sich in einer absoluten *Notsituation*, wenn z. B. das eigentliche Hauptquartier des OKH aufgrund feindlicher Bedrohung bereits evakuiert werden mußte. Zudem hatte im Zielgebiet, also Thüringen, Hans Kammler das Sagen, so daß dieser letztlich bestimmte, wie bestimmte Verlagerungen abzulaufen hatten. Und sein oberster Grundsatz war: Schriftliche Befehle sind nach Erhalt zu vernichten!

Darüber hinaus widerspricht es jeglicher militärischer Lo-

---

(14) Edgar Mayer & Thomas Mehner: Das Geheimnis der deutschen Atombombe. Gewannen Hitlers Wissenschaftler den nuklearen Wettlauf doch?, Kopp Verlag, Rottenburg 2001, S. 242.

ralstab des Heeres
G Z (Ia)
71/45 g.Kdos. II.Ang.

H Qu OKH, den 26.2.45

62 Ausfertigungen
5. Ausfertigung

zug: Gen St d H / G Z Ia Nr. 71/45 g.Kdos v.12.2.45.

In Fortsetzung der Massnahmen o.a. Befehls wird Masse Staffel A in den Raum "Olga" am 27.2.45 beginnend verlegt.

Hierzu wird Staffel A unterteilt in

a) Führungsstaffel H Qu OKH (verbleibt weiterhin in Zeppelin)

b) Arbeitsstaffel H Qu OKH (verlegt nach "Olga")

Einteilung zu a) und b) siehe Anlage 1. Die durch die Abteilungen gemeldeten Zahlen sind hiermit als Stärke befohlen.

Mit der Durchführung der Verlegung und Unterbringung im neuen Raum wird Kdt H Qu OKH beauftragt. Unterkünfte sind noch nicht ausgebaut.

Improvisation der Abteilungen ist erforderlich.

Fehlen von Luftschutz im neuen Raum erfordert als erste Massnahme Selbsthilfe durch Bau von Splittergräben und strengste Luftschutzdisziplin.

Einweisung in die Unterkünfte erfolgt durch Kdt H Qu OKH, Auffangstab Major S c h m i d t, Gotha, Neue Infanterie-Kaserne.

Chef Trspw stellt die erforderlichen Transportzüge. Zeitplan und Einteilung der Transporte siehe Anlage 2.

Beschleunigung bei Zeitdruck ist durch Chef Trspw sicherzustellen.

Vorbereitungen für Mot-Marsch für Gesamt H Qu OKH durch Gen Insp d Pz Tr laufen aus. Abänderungen sind mit Abgang der Transporte laufend durchzuführen.

Zur Behebung der Entladeschwierigkeiten und zur Voraussendung eines V P wird OKW / WFSt Führgs Gr Kw Transport gebeten, eine Kolonne von 5o to in den Raum "Olga" zu verlegen.

Gen Qu regelt Betriebsstoffversorgung für Verlegung und Durchführung der Entladeaufgaben im Raum "Olga".

./.

Die erste Seite des Befehls Gen St d H/G Z Ia Nr. 71/45 g.Kdos. vom 12. Februar 1945, mit dem die Verlagerung von OKH-Dienststellen nach Thüringen begann (Quelle: NA T-77/423).

Anlage 4 zu Gen St d H /G Z Ia Nr. 71/45 g.Kdos.II.Ang.v.26.2.45

D e c k n a m e n v e r z e i c h n i s

für den Raum Ohrdruf

Ohrdruf	=	Olga
Gotha	=	Günther
Arnstadt	=	Alma
Ilmenau	=	Ilse
Schmalkalden	=	Siegwart
Ruhla	=	Rudolf
Kassel	=	Knut
Weimar	=	Werner
Georgenthal	=	Waldschlucht
Friedrichroda	=	Wolfsturm
Tabarz	=	Habichtshof
Herrenhof	=	Wolfsberg
Tambach Dietharz	=	Silva
Elgersburg	=	Elke

1913 45 II

Decknamenverzeichnis für den Raum Ohrdruf (Anlage 4 zu Gen St d H/G Z Ia Nr. 71/45 g.Kdos.II. Ang. v. 26.2.45; in: NA T-77/423).

gik, daß das OKH aus seiner Zentrale in Wünsdorf bei Berlin einfach aufs Geratewohl nach Thüringen verlegte. Die Ereignisse seit Stalingrad waren mit Sicherheit Anlaß gewesen, bestimmte Vorkehrungen für den Fall zu ergreifen, daß der Feind auf Reichsgebiet vorrücken würde. Die Behauptung der Militärhistoriker, das OKH habe nur bei Berlin einen verbunkertes Hauptquartier besessen, erscheint uns geradezu absurd, weil bar jeglicher Vernunft. Auch die Annahme, das bei Ohrdruf gelegene »Amt 10« mit dem dortigen Truppenlager auf dem Übungsplatz Ohrdruf sei zur Ausweichführungsstelle für das Hauptquartier des OKH bestimmt worden, klingt wenig überzeugend. Die Kasernen des Truppenübungsplatzes boten bei massierten Angriffen, insbesondere aus der Luft, keinerlei Deckung, so daß auch diese Möglichkeit bei genauer Betrachtung ausscheiden muß.

Die letzten Tage im Hauptquartier des OKH sind ansatzweise aufgearbeitet worden[15]. Zu den Ereignissen am 12. Februar 1945 heißt es[16]:

»Die immer bedrohlicher werdende Lage an der Ostfront, insbesondere die am 8. Februar begonnene sowjetische Offensive […], läßt den amtierenden Chef des Generalstabes, Generaloberst Guderian, die ›Auflockerung‹ der am Standort Zossen – Wünsdorf untergebrachten Teile des OKH befehlen: ›… Zur Freimachung von Kasernenraum … müssen entbehrliche Teile des HQ u. d. OKH verlegt werden. … Strengste Geheimhaltung der Bewegung Hermes *(anfänglicher Deckname der Evakuierung, später in* Edelweiß *geändert) ist durch die Dienststellenleiter verantwortlich sicherzustellen. Es darf nicht die geringste Beunruhigung der Bevölkerung entstehen.‹*

Damit beginnt eine mehrere Wochen andauernde Evakuierungsbewegung, anfangs vorrangig in den mitteldeutschen, später in den süddeutschen Raum. Nach den Festlungen des Befehls teilt sich das Hauptquartier des OKH in eine Staffel A, die in Zossen verbleiben, und eine Staffel B, die evakuiert werden

(15) Hans Kampe: Zossen–Wünsdorf 1945. Die letzten Kriegswochen im Hauptquartier des OKH. In: Militärhistorische Blätter, Schriftenreihe zur Militärgeschichte, Projekt + Verlag Dr. Erwin Meißner, Berlin 1997, S. 55–73.
(16) Ebenda, S. 56–57.

soll. Die zur Staffel B gehörenden Teile der Dienststellen haben bei Durchführung der Evakuierung außerdem das meiste Material, Gerät und Gepäck der Staffel A mitzuführen.«

In der genannten Quelle[17], jedoch auch in anderen Darstellungen[18], wird ergänzend das Decknamenverzeichnis der zur Aufnahme von Dienststellen des HQ und des OKH vorgesehenen Orte erwähnt, das ebenfalls nur oberirdische Verlagerungsbereiche nennt. Auch das scheint nicht der Weisheit letzter Schluß zu sein, wie eine Zeugenaussage, die wir in diesem Buch vorstellen werden, dokumentieren wird.

Bei Kenntnis der Gesamtumstände verwundert es nicht, daß bestimmte Anlagen nicht in den Dokumenten auftauchen. Bei höchster befohlener Geheimhaltung sind Schriftstücke immer ein Problem, weil verräterisch. Könnte es aber sein, daß es noch andere Gründe gab, weshalb vielleicht nur ausgesuchte Personen des Generalstabes über die unterirdischen Refugien in Thüringen Bescheid wußten? Die uns von in diesem Buch weiter hinten publizierten Zeitzeugenaussagen lassen noch etwas anderes vermuten: Hitler und Teile des OKH waren in bezug auf bestimmte Entwicklungen überhaupt nicht im Bilde. Wahrscheinlich hatte in Thüringen über Jahre hinweg eine »Untergrundentwicklung« (im wahrsten Sinne des Wortes) stattgefunden, die unbemerkt geblieben war und mit dem deutschen Widerstand zu tun hatte, der seine eigenen Ziele verfolgte und zu deren Erreichung bestimmte Vorbereitungen traf. Selbst zu Zeiten, in denen die Wehrmacht noch von Sieg zu Sieg eilte, war das Dritte Reich kein kompaktes Gebilde. Es existierten jede Menge von Strömungen und Unterströmungen, die mit schlechter werdender Kriegslage nach oben stiegen und schließlich im vorletzten und letzten Jahr des Krieges ganz offen an die Oberfläche traten. Doch dazu später mehr.

---

(17) Hans Kampe: Zossen – Wünsdorf 1945. Die letzten Kriegswochen im Hauptquartier des OKH. In: Militärhistorische Blätter, Schriftenreihe zur Militärgeschichte, Projekt + Verlag Dr. Erwin Meißner, Berlin 1997, S. 57.

(18) Gerhardt Remdt und Günter Wermusch, Rätsel Jonastal, Die Geschichte des letzten »Führerhauptquartiers«, Ch.-Links-Verlag, Berlin 1992. S. 39.

»Am 04.03.1945 war [...] auch bei einem Erstversuch der neuen Technologie im Raum Röhrensee dabei. Bei diesem Versuch sind ca. 200–300 Häftlinge ums Leben gekommen, ca. 150–250 hatten schwere Verletzungen. Auch sind zwei hohe SS-Leute und drei Techniker mit ums Leben gekommen. Wahrscheinlich war es die erste Zündung einer Atomwaffe.«

Hans Rittermann erwähnte in seinem ersten Brief die Erprobung »neuer Technologie« im Raum Röhrensee am 4. März 1945. Das ist genau jenes Datum, das der aus Argentinien stammende Zeitzeuge Dr. Adolf Bernd Freier ebenfalls nannte.[19] Auch die Burgdame der Wachsenburg erinnerte sich, gegen 21.30 Uhr dieses Tages eine ungewöhnliche Lichterscheinung gesehen sowie einen heftigen Windzug (Druckwelle) verspürt zu haben.[20] Freier gab das Testgebiet mit »oberhalb Röhrensee« an, so daß wir anhand von Luftbildvergleichen das Versuchsareal herausfinden konnten: Das »Dreieck« im nördlichen Bereich des Truppenübungsplatzes Ohrdruf. Rittermann spricht vom »Raum Röhrensee«. Und Frau Werner blickte vom Turmzimmer der Wachsenburg genau in die Richtung des »Dreiecks«, wo der Versuch realisiert wurde.

Die Angaben beider männlicher Zeitzeugen in bezug auf Umgekommene und Verletzte bei diesem Test differieren ein wenig. Freier spricht von 200–240 Toten und 180 Verletzten, während Hans Rittermann 200–300 Getötete und 150–250 Verletzte angibt. Rittermann befand sich zum Zeitpunkt des Versuches, wie aus der Aussage von Frau Werner hervorgeht, auf der Wachsenburg, während Freiers Aufenthaltsort zu diesem Zeitpunkt leider nicht bekannt ist. Beide gehörten aber sicherlich nicht zur Gruppe derjenigen, die den Versuch unmittelbar realisierten und ihn möglicherweise aus geringerer Entfernung aus einem sicheren Unterstand heraus beobachteten.

---

(19) Edgar Mayer & Thomas Mehner: Das Geheimnis der deutschen Atombombe. Gewannen Hitlers Wissenschaftler den nuklearen Wettlauf doch?, Kopp Verlag, Rottenburg 2001, S. 249.

(20) Edgar Mayer & Thomas Mehner: Hitler und die »Bombe«. Welchen Stand erreichte die deutsche Atomforschung und Geheimwaffenentwicklung wirklich?, Kopp Verlag, Rottenburg 2002, S. 221–226.

Ein Teil des Truppenübungsplatzes Ohrdruf, fotografiert am 19.07.1945 durch die US-Luftaufklärung. Bei dem eingekreisten Abschnitt handelt es sich um das »Dreieck«, in dem am 4. März 1945 der Test einer neuartigen Waffe, die von Zeugen als Atomwaffe bezeichnet wurde, stattfand. In einer Aufnahme aus dem Jahre 1944 war dieser Bereich des Übungsgeländes noch vollkommen intakt. (Bildarchiv LUFTBILDDATENBANK, Ing.-Büro H. G. Carls, Würzburg)

Die große Zahl von Übereinstimmungen in bezug auf die wichtigsten Testdaten (Datum, Uhrzeit, Tote, beobachtete Effekte) des am 4. März 1945 stattgefundenen Versuchs ist nach unserem Dafürhalten ein eindeutiges Zeichen für die Realität des Behaupteten. Wir werden aber in diesem Buch noch weitere, eindeutige Hinweise präsentieren, daß an diesem Tag etwas Außergewöhnliches geschah, das nicht nur seinen Niederschlag in der Veränderung der Bodenstrukturen des »Dreiecks« fand.

Brief 2

»Kammler befand sich bis zum 01.04.45 im Objekt ›Burg‹ und im Bereich des sogenannten Sonderlagers,

> *und verfügte über die Sicherung von Objekten gemäß der Heeresdienstvorschrift 316, Teil I und II, und flog am Nachmittag vom Feldflugplatz Eichfeld/Bittstädt nach Hradisko in die dortige Zentrale. Mit dabei war Ober-Ing. Wagner, der nach Pilsen mußte.«*

Für die Bemerkung Hans Rittermanns, Kammler sei bis zum 1. April 1945 im Objekt »Burg« gewesen, gibt es im Moment keine Beweise, so daß wir sie nur als gegeben zur Kenntnis nehmen können.
Wichtig schien auch der Hinweis, daß alle Objekte nach der Heeresdienstvorschrift 316, Teil I und II, gesichert wurden. Bemühungen unsererseits, selbst unter Einschaltung einiger Fachleute, an diese HDV zu gelangen, verliefen zunächst lange Zeit erfolglos. Die uns nicht interessierenden Teile der HDV (z. B. Teil V) waren relativ schnell erhältlich, doch die gesuchten Abschnitte ließen auf sich warten. Schließlich gelang es einem Mitrechercheur dann doch, die von Rittermann erwähnten Teile zu beschaffen, die zu unserer Enttäuschung allerdings nur Allgemeinplätze enthielten.

Was die Person des von Hans Rittermann erwähnten Ober-Ing. Wagner angeht, so hatten wir den Hinweis erhalten, daß er mit der *Baugruppe »Schlempp«* zu tun hatte. Tatsächlich gab es einen Gruppenbeauftragten des Arbeitsstabes Bauwirtschaft bei der *OT-Einsatzgruppe IV »Kyffhäuser«* mit diesem Namen. Dieser Ober-Ing. Wagner saß in Weimar. In dieser *Baugruppe »Schlempp«* war übrigens auch Heinrich Lübke tätig, über den wir bereits in unserem ersten Buch berichtet hatten. Diese Baugruppe und die Fa. *Strabag* mit Sitz in Weimar arbeiteten für das geheime Jägerprogramm im Gebiet von Ohrdruf, für das Kammler ab dem 27. März 1945 ebenfalls zum Sonderbeauftragten avancierte.

> *»Den Amis wie auch den Russen ging es dabei um folgende Objekte:*
> - *Pilsen*
> - *Skoda-Werke*
> - *Dittmannsdorf*
> - *Ohrdruf*
> - *Stechowitz*
> - *Tharandt*
> - *Arnstadt*
> - *Stadtilm*

- *Lehesten*
- *Stettin*
- *Horst*
- *Lußnin*
- *Heidelberg«*
- *Peenemünde*
- *Königsberg*
- *Schlowa*
- *Ludwigshafen*

Die von Rittermann aufgeführten Orte sind ohne Zweifel mit Hochtechnologie-Projekten des Dritten Reiches verbunden gewesen. In Pilsen befand sich eine zum Krupp-Konzern gehörende bedeutende Waffenschmiede: die Skoda-Werke. Stechowitz, das ca. 20 km südlich/südwestlich von Prag entfernt liegt, beherbergte ein unterirdisches Entwicklungslabor Kammlers, das bis heute Gegenstand von Nachforschungen ist. Ohrdruf, Peenemünde und Lehesten stehen mit der V-Waffen-Fertigung in Verbindung (Raketentechnologie), es gibt aber auch deutliche Hinweise auf Atomforschungsaktivitäten. Letztere wurden zweifelsfrei in Heidelberg, Stettin, Stadtilm und bei Arnstadt betrieben. Noch nicht ganz klar ist die Bedeutung der Orte Lußnin, Horst, Schlowa, Königsberg, Dittmannsdorf und Tharandt bezüglich geheimer Technologienentwicklungen, die unter Hans Kammlers Kontrolle standen. Es kann aber davon ausgegangen werden, daß es auch in diesen Fällen eine Verbindung zur deutschen Atom- und/oder Hochfrequenzphysik gab.

Einen Ansatz in bezug auf die Bedeutung dieser Standorte fanden wir in einem amerikanischen Dokument: Unter Punkt 11 »Y-Stellungen« des »PW Intelligence Bulletin«[21], No. 2/32, vom 30. Januar 1945 tauchen die Standorte Königsberg/Neumark, Königsberg/Ostpreußen, Horst, Schlawe (Schlowa?) und Dittmannsdorf auf. Zufall? Nein, auch hier ist er sicherlich nicht im Spiel. Nach Aussage eines deutschen Kriegsgefangenen, der in einer der Stationen Dienst getan hatte und den Amerikanern ins Netz gegangen war, existierten von diesen »Y-Stellungen« insgesamt sechs Einrichtungen in Deutschland, die alle in den Jahren 1943 und 1944 errichtet wurden. Sie dienten offenbar Kommunikationszwecken besonderer Art und unterstanden der deutschen Luftwaffe. Möglicherweise wurden hier neuartige

---

(21) PW Intelligence Bulletin, No. 2/32, 30. Januar1945, USSAF Archiv Alabama, Rolle A 5370, Nr. 519.6501-2.

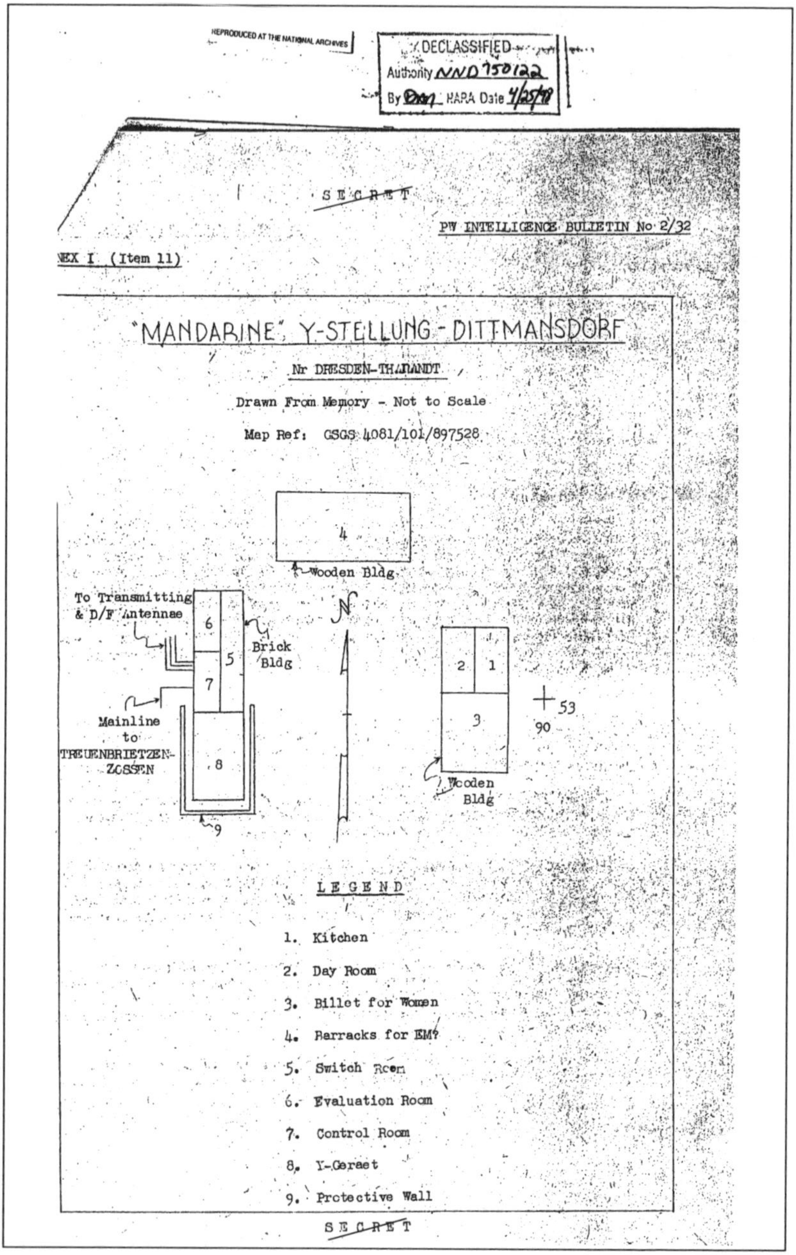

SECRET

PW INTELLIGENCE BULLETIN No 2/32

NEX I (Item 11)

"MANDARINE" Y-STELLUNG - DITTMANSDORF

Nr DRESDEN-THARANDT

Drawn From Memory - Not to Scale

Map Ref: GSGS 4081/101/897528

LEGEND

1. Kitchen
2. Day Room
3. Billet for Women
4. Barracks for EM?
5. Switch Room
6. Evaluation Room
7. Control Room
8. Y-Geraet
9. Protective Wall

SECRET

Ausschnitt aus dem »PW Intelligence Bulletin No. 2/32« mit der Darstellung der »Mandarine«-Y-Stellung Dittmannsdorf.

Übertragungssysteme erprobt, was allerdings aus den Dokumenten nicht genau herauszulesen ist. Ob damit unsererseits der Sinn des Ganzen erfaßt worden ist, bleibt indes ungewiß. Denn wenn die Alliierten nach Rittermann so an diesen Anlagen interessiert waren, mußte es eine Besonderheit in bezug auf ihre Ausrüstung geben. Wir erfuhren aufgrund unserer Kontakte zu anderen Rechercheuren, daß es ein streng geheimes Kommunikationsnetz im Dritten Reich gab, das unabhängig von allen anderen bekannten Nachrichtenverbindungen funktionierte. Hierzu wurden auch spezielle Fernschreibsysteme durch die Fa. Siemens entwickelt. Interessant ist, daß in bezug auf dieses geheime Nachrichtennetz auch eine Anlage »Burg« in Thüringen eine große Rolle gespielt haben soll. War damit das Objekt »Burg« gemeint? Auch diesem Hinweis muß weiter nachgegangen werden, um eine endgültige Erklärung abgeben zu können.

Hans Rittermann verwies auch auf Ludwigshafen. Was konnte die Alliierten dort interessiert haben? Das oben genannte Dokument[22] sowie ein weiteres[23] geben auch darauf eine Antwort.

In bezug auf Ludwigshafen wird in den Dokumenten zunächst von einem »Atomforschungslabor« der IG Farben gesprochen, das aber, wie man schnell erkennen kann, in Wirklichkeit mit der Entwicklung sogenannter »Todesstrahlen« zu tun hatte. Das US-Militär erhielt von einem jungen Mann darüber Kenntnis, der laut den Akten am 1. Dezember 1944 gefangengesetzt wurde. Dieser berichtete, daß das Labor von Ludwigshafen im Juli 1943 nach Heidelberg verlagert worden sei, wo die in Ludwigshafen begonnenen Versuche fortgesetzt wurden.

Die in Heidelberg befindliche Experimentalstation lag komplett unter der Erde, war 50 m lang und 25 m breit. Die Höhe der Bunkerkonstruktion wurde von dem Zeugen mit acht bis zehn Metern angegeben, die Wanddicke belief sich auf 0,75 bis 1 m. Das Gelände war von einem elektrisch geladenen Stacheldrahtzaun umgeben, der Bunker konnte durch einen Eingang im umliegenden Gelände begangen werden, war aber von außen her nicht sichtbar.

---

(22) PW Intelligence Bulletin, No. 2/32, 30. Januar 1945, USSAF Archiv Alabama, Rolle A 5370, Nr. 519.6501-2.

(23) Detailed Interrogation Report vom 13. März 1945, USSAF Archiv Alabama, Rolle A 5370, Nr. 519.6501-2.

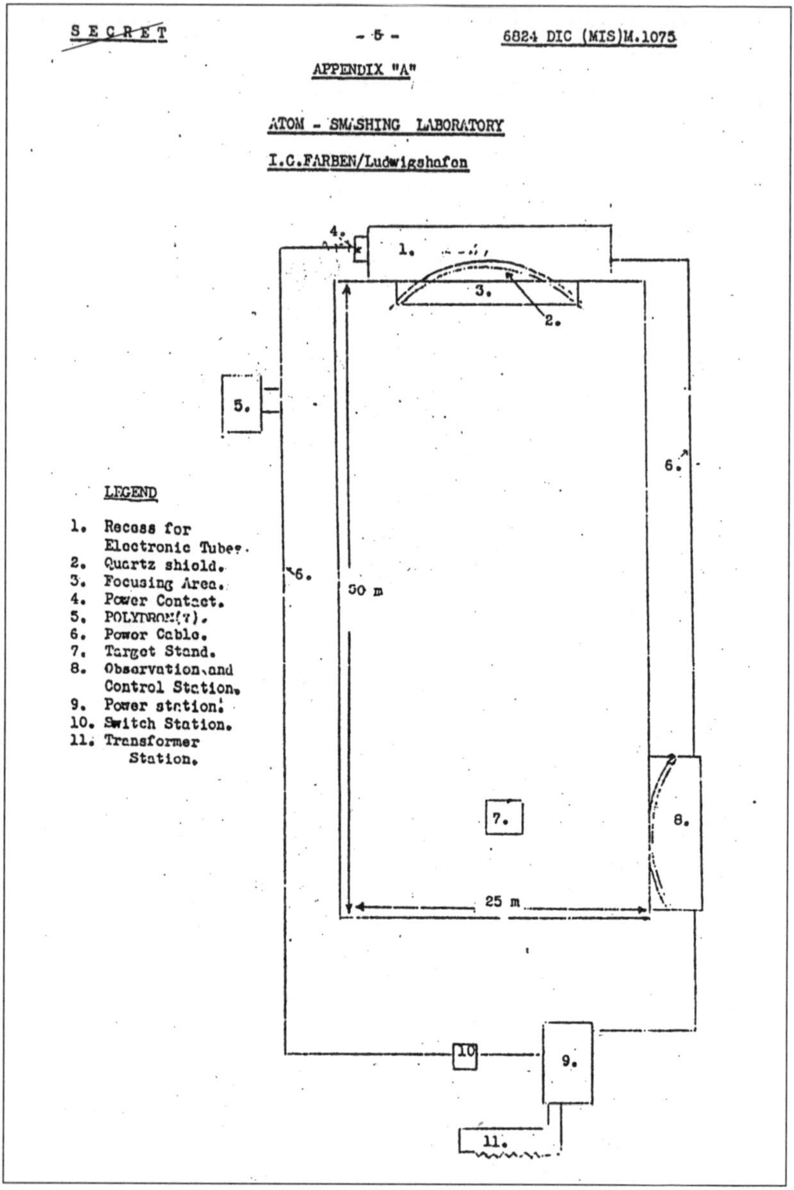

Das »PW Intelligence Bulletin No. 2/32« berichtet unter Punkt 12 über ein »Atomforschungslabor« der IG Farben in Ludwigshafen, in dem laut dem Bericht des Augenzeugen Karl Schnettler Experimente mit Strahlen vorgenommen wurden (Zeichnung nach Angaben des Zeugen).

In dieser Anlage waren insgesamt 100 Personen beschäftigt, die Sicherheitsvorschriften waren außerordentlich streng, es gab regelmäßige vierzehntägige Vergatterungen. Bei Nacht, wenn niemand in der Anlage arbeitete, wurde das Gelände von 50 Polizeihunden bewacht.

Vor dem eigentlichen Bunker gab es einen Korridor in das Innere, wobei dieses durch eine drei bis fünf Zentimeter starke Igelit-Kunststoff-Haut vom Korridor getrennt war. Im Bunker waren eine Versuchseinrichtung sowie ein Kontrollstand mit diversen Bedienpulten installiert. Vor dem Kontrollstand befand sich ein nach außen gewölbtes Quarzschild, das mehrere Zentimeter dick war und wahrscheinlich einen Schutz für das Bedienpersonal darstellte. Am anderen Ende standen fünf oder sechs große »Elektronenröhren«, die von dem Zeugen als »Sprühpol« bzw. »Fangpol« mit unterschiedlicher Ladung beschrieben wurden und jeweils sechs Meter hoch waren. Sie wurden von einem sphärisch geformten Quarzschild umgeben. Diesem genau gegenüber stand ein 1,25 bis 1,5 m hoher Sockel, auf dem »Ziele« installiert werden konnten. Umgeben wurde dieser Sockel ebenfalls von einer 1,25 x 1,23 m großen Quarzplatte.

Vom Sprühpol aus konnten Protonen gegen ein beliebiges Ziel gefeuert werden, wobei diese Ziele innerhalb von Sekundenbruchteilen »verdampften«. Die theoretische Reichweite des Energiestrahls betrug 800 m. Der Zeuge konnte sich noch erinnern, daß sich hinter dieser Quarzplatte eine Anlage zur Erzeugung eines Vakuums/Unterdrucks befand. Alle Teile des Zielstandes waren mit dem Kunststoff Igelit versehen.

Der Zeuge behauptete, daß im April 1944 insgesamt 75 Ratten versuchsweise etwa 0,2 Sekunden lang mit den »Strahlen« beschossen wurden. Daraufhin bildete sich ein phosphoreszierendes Licht um die Rattenkörper, die kurz aufglühten und sich auflösten, ohne Aschereste oder sonstige sichtbare Rückstände zu hinterlassen. Der Zeuge vermutete, daß die Versuchstiere in einen gasförmigen Zustand übergegangen waren, deren Reste von der hinter dem Versuchsstand befindliche Unterdruck-Anlage abgesaugt wurden.

Der Zeuge nannte die Namen von mehreren Personen, die vom *Kaiser-Wilhelm-Institut* (KWI) und von der *IG Farben Ludwigshafen* stammten und bei dem beobachteten Versuch anwesend waren. Darunter befanden sich u. a. die Diplomingenieure Meissner, Falks, Wendt und Raitrel.

Selbst bei oberflächlicher Betrachtung wird klar, daß hier tatsächlich an einer Strahlenwaffe gearbeitet wurde. Hatte Hans Rittermann nicht in einem anderen Zusammenhang den Test von »Todesstrahlen« im Raum Arnstadt – Ohrdruf erwähnt? Waren die Versuche in Thüringen Fortsetzungen der IG-Farben-Versuche, oder handelte es sich dabei um Parallelentwicklungen? Wie auch immer, wenn diese Strahlenwaffen – und sei es nur im Prototypenstadium – existierten, war das Interesse der Russen und Amerikaner nur allzu verständlich.

Bereits an dieser Stelle wird erkennbar, daß die Angaben Hans Rittermanns auf ein bemerkenswertes Wissen schließen lassen. Einige Vertraute, denen wir die Briefe kurz nach Erhalt zur Begutachtung übergaben, waren der Meinung, es handle sich um zusammenhangloses »Geschwätz« eines Wichtigtuers, was uns verwunderte. Derartige Behauptungen spornten uns schließlich an, das Gegenteil zu beweisen: Und tatsächlich, von »zusammenhanglosem Geschwätz« kann kaum die Rede sein. Wir haben viel Zeit, Geld und Nerven investieren müssen, um aufzeigen zu können, daß bestimmte Angaben der Wahrheit entsprechen, *soweit sie recherchierbar sind.* Es gibt natürlich einige Informationen in den Rittermann-Briefen, die ungenau, falsch oder wegen fehlenden Quellenmaterials oder aufgrund der Natur der Sache wohl auf ewig unüberprüfbar bleiben werden – es sei denn, wir werden eines Tages mit eindeutigen Tatsachen eines Besseren belehrt, was zu wünschen wäre, um den endgültigen Beweis antreten zu können. Wir sind uns sicher, daß wir durch die Hilfe zahlreicher deutscher und ausländischer Partner, mit denen wir in den vergangenen Jahren zusammengearbeitet haben, in jedem Falle zum Ziel kommen werden, auch wenn das Ganze vielleicht noch viele Jahre dauern wird.

Brief 2

»Die Reichspost begann bereits 1936 mit der Forschungsarbeit im Gebiet Arnstadt und Ohrdruf, zu Siemens-Schulte in Arnstadt.

Nachdem 1940 der Teilchenbeschleuniger (Zyklon) von den Nazis in Frankreich gesehen wurde, wurde dieser von der Reichspost im Gebiet des TÜP gleich dreimal größer errichtet.
Gleichzeitig brauchte man ja Schweres Wasser, hier wurde ebenfalls eine Anlage errichtet (dann mit Teilen aus Norwegen ergänzt). Die Anlage konnte aber nur sehr gering arbeiten, aufgrund des hohen Energieverbrauchs, ca. 70 t Kohle pro Stunde.
Die beiden anderen Forschungsgebiete waren die Flug- und Raketentechnik und die Elektromagnetische Schocktechnik.
Dazu einige Daten von Tests:
1943 – Panzerbrechende Waffen ausprobiert mittels Lichtstrahltechnik durch Oberstleutnant Gast und dem Leiter des Forschungsrates der Reichspost von Ardenne.
1943 – Elektromagnetische Schockimpulse.
1944 – Test mit Rundflugzeugen und Fluggleitern in der Nähe von Luisental und Rippersroda. In der Fabrik in Arnstadt Tests mit Energielicht und Todesstrahlen. Dazu wurden u. a. von Kammler Hauptmann Oldeboershuis und Ober-Ing. Wagner vom Baustab Schlempp eingesetzt.
1944 – Test des […].
1945 – Test der Siegerwaffe. Dazu Bauleiter Lübke (Friedrichsanfang) mit SS-Schäfer aus Röhrensee und die Firma Topf & Söhne, Neudietendorf, beteiligt.«

Die vorgenannten Informationen sind nicht komplett überprüfbar, vor allem, was die durchgeführten Waffenversuche angeht. Der Hinweis auf Energielicht und Todesstrahlen kommt uns nunmehr aber keineswegs mehr seltsam vor, denn wir zeigten nur wenige Zeilen weiter oben auf, daß es bestätigende Informationen hierzu gibt.

Tatsache aber ist, daß die Reichspost in den 1930er Jahren das »Amt 10« bei Ohrdruf errichtete, daß die von Rittermann aufgeführten Namen nachweisbar sind und schon seit Jahren durch die Literatur geistern, und daß beim Einmarsch der Wehrmacht in Frankreich im Jahre 1940 tatsächlich das dortige Zyklotron entdeckt wurde. Merkwürdigerweise – und über diesen Sachverhalt scheint sich niemand gewundert zu haben – wurde das französische System nicht demontiert und nach Deutschland geschafft.

Der Einbau eines Zyklotrons in unterirdische Bereiche bei Arnstadt wird durch einen Zeugenbericht bestätigt, den wir noch aufzeigen werden. Darüber hinaus gibt es einen Bericht über den Fund von Zyklotron-Ausrüstungsteilen aus einer anderen, russischen Quelle, die wir ebenfalls vorstellen werden.

Daß sich im uns interessierenden Gebiet auch eine Anlage zur Produktion Schweren Wassers befinden soll, behauptete auch schon der Zeuge Dr. Freier. Daß diese mit Teilen aus der Schwerwasserproduktion von Norsk Hydro, Vemont, Norwegen, ergänzt wurde, sagte Freier ebenfalls aus. Die von uns bereits mehrfach erwähnten DDR-Dokumente aus den 1960er Jahren beinhalten ebenfalls einen Hinweis in dieser Richtung. Die Angabe, daß der Betrieb der Schwerwasserproduktion aufgrund des enormen Energiebedarfs nur hin und wieder erfolgen konnte, ist glaubhaft, denn das Elektrolyseverfahren verschlingt Energie in rauhen Mengen. Die Angabe des stündlichen Kohleverbrauchs von ca. 70 t stimmt, so daß auch verständlich wird, daß die Anlage nicht ununterbrochen laufen konnte. Möglicherweise wurde das Schwere Wasser aber zum damaligen Zeitpunkt auch gar nicht mehr benötigt, mit Ausnahme der Reaktorversuche durch Dr. Diebner, weil man längst ein anderes, effizienteres Verfahren zur Herstellung der Grundprodukte für eine Atomwaffe entwickelt hatte. Wie hieß es bei Dr. Freier, aber auch bei Rittermann? Die Strahlenwaffe (damit ist die A-Bombe gemeint) war bereits Mitte 1944 fertig …

»*Nachbemerkungen*

1. *Es gab eigentlich zwei direkte Versuche und einen Unfall.*

a) *Neuruppin-Flugplatz Glewe mit Testflug zur Insel Rügen aufs Greifswalder Ruden bei Usedom.*

b) *Haupttest bei Röhrensee.*

c) *Unfall beim Transport nahe bzw. östlich von Salzburg.*«

Rittermanns Angaben zur Zahl der Versuche mit der »neuen Technologie« stimmen mit denen von Dr. Freier überein. Über den Test bei Röhrensee müssen wir an dieser Stelle keine weiteren Worte verlieren. Kopfzerbrechen bereitete uns jedoch der Hinweis auf Neuruppin-(Flugplatz)Glewe, der von beiden Zeugen erwähnt wurde. Einen Ort Neuruppin-Glewe, wie es Dr. Freier schrieb, gibt es nämlich nicht, wohl aber ein Neuruppin bzw. ein Neustadt-Glewe. Ein Leser wies uns Anfang des Jahres 2003 darauf hin, daß tatsächlich ein Feldflugplatz »Neustadt-Glewe« existierte, der bereits im Zweiten Weltkrieg in Nutzung war und zu DDR-Zeiten als (Ausbildungs-)Flugplatz für Fallschirmjäger und als sogenannter »Notlandeplatz Lage« Verwendung fand. Hatte man also *hier* die Waffe getestet?

Nach Erscheinen unseres Buches »Das Geheimnis der deutschen Atombombe« erhielten wir mehrere Leserbriefe, in denen genau das bestritten wurde. Einige Briefeschreiber meinten, ein solcher Versuch sei unmöglich dort realisierbar gewesen, wobei sie – wie den Formulierungen eindeutig zu entnehmen war – immer die Wirkung einer Waffe von der Größe der Hiroshima-Bombe vor Augen hatten. Nun, falls ein solcher Versuch dort wirklich stattgefunden haben sollte, dann war die zur Zündung gebrachte Ladung mit absoluter Sicherheit kaum größer als bei dem Versuch auf dem Truppenübungsplatz Ohrdruf, denn die verantwortlichen Wissenschaftler, Techniker und Militärs kannten ja bereits die Wirkung einer Experimental-Atomwaffe.

Des Rätsels Lösung aber ist wohl einfacherer Natur: Rittermann und Dr. Freier dürften den zweiten Test außerhalb Thüringens kaum selbst miterlebt haben, sondern berichteten sicherlich nur, was sie von anderen erfuhren. Demzufolge haben sich einige Ungenauigkeiten eingeschlichen, wobei diese bei Dr. Freier größer waren als bei Hans Rittermann. Letzterer wies darauf hin, daß man von dem oben genannten Flugplatz aus zu einem Testflug nach Rügen auf das Greifswalder Ruden gestartet sei. Und genau das macht Sinn: Die Bombe kam auf dem Flugplatz an Bord des Flugzeuges und wurde von dort aus ins Testgebiet geflogen.

Wir hatten bei unseren Überlegungen im Hinblick auf die Aussagen des italienischen Kriegsberichterstatters Luigi Romersa[24], der steif und fest behauptet, im Oktober 1944 Zeuge eines von ihm so bezeichneten Atombombentests auf Rügen geworden zu sein, in letzter Zeit vermutet, daß Rügen als Ortsangabe nicht korrekt sein konnte, weil alle in diesem Gebiet von uns beauftragten Befragungen nichts erbracht hatten. Wenn aber nun der Test, dem Romersa beiwohnte, nicht auf, sondern bei Rügen stattgefunden hätte? Welche Inseln hätten sich hier angeboten?

Bei einem Blick auf die Karte kommen in diesem Zusammenhang eigentlich nur zwei Inselchen in Betracht: die Greifswalder Oie oder die Ruden. Die Ruden liegt nördlich von Peenemünde, die Greifswalder Oie in etwas größerem Abstand nordöstlich davon. Fährt man weiter in nordöstliche Richtung, gelangt man nach Bornholm[25], das ebenfalls mit der deutschen Atomforschung in Verbindung gebracht wird. Genaugenommen bewegt man sich also in einem einzigen V-Waffen-Erprobungsraum! Einen kleinen A-Waffentest auf einer Insel vorzunehmen, verspricht bei Berücksichtigung der Windrichtung eine geringstmögliche Verstrahlung der Umgebung, wenn der radioaktive Fallout von den Winden auf die hohe See hinausgetragen wird. Zudem hätte ein Test in diesem Gebiet nicht für sonderlich große Aufregung gesorgt, denn dort »knallte es ja immer«, wie ein von uns befragter Zeitzeuge beiläufig erzählte.

Hans Rittermann ließ uns wissen, daß der zweite Versuch mit einer A-Waffe auf/über/bei der Ruden stattfand. Möglicherweise erlebte Luigi Romersa, der italienische Kriegsberichterstatter, dort ebenfalls »seinen« Waffentest, wobei aus aktueller Sicht (Stand August 2002) unklar bleibt, ob die ihm im Oktober 1944 vorgeführte Wunderwaffe wirklich eine *Kernspaltungsbombe* war. Im Laufe unserer Recherchen und aufgrund weiterer Zeitzeugenberichte mußten wir nämlich feststellen, daß parallel andere, nicht minder schreckliche Vernichtungsmittel erprobt wurden, die von ihrer Wirkung her den heute geläufigen Atombomben in nichts nachstanden. Doch das ist ein Thema, das wir aus verschiedenen Gründen, die wir bereits erwähnt haben, in diesem Buch nicht erörtern wollen.

---

(24) Edgar Mayer & Thomas Mehner: Das Geheimnis der deutschen Atombombe. Gewannen Hitlers Wissenschaftler den nuklearen Wettlauf doch?, Kopp Verlag, Rottenburg 2001, S. 93–107.
(25) Ebenda, S. 49–52.

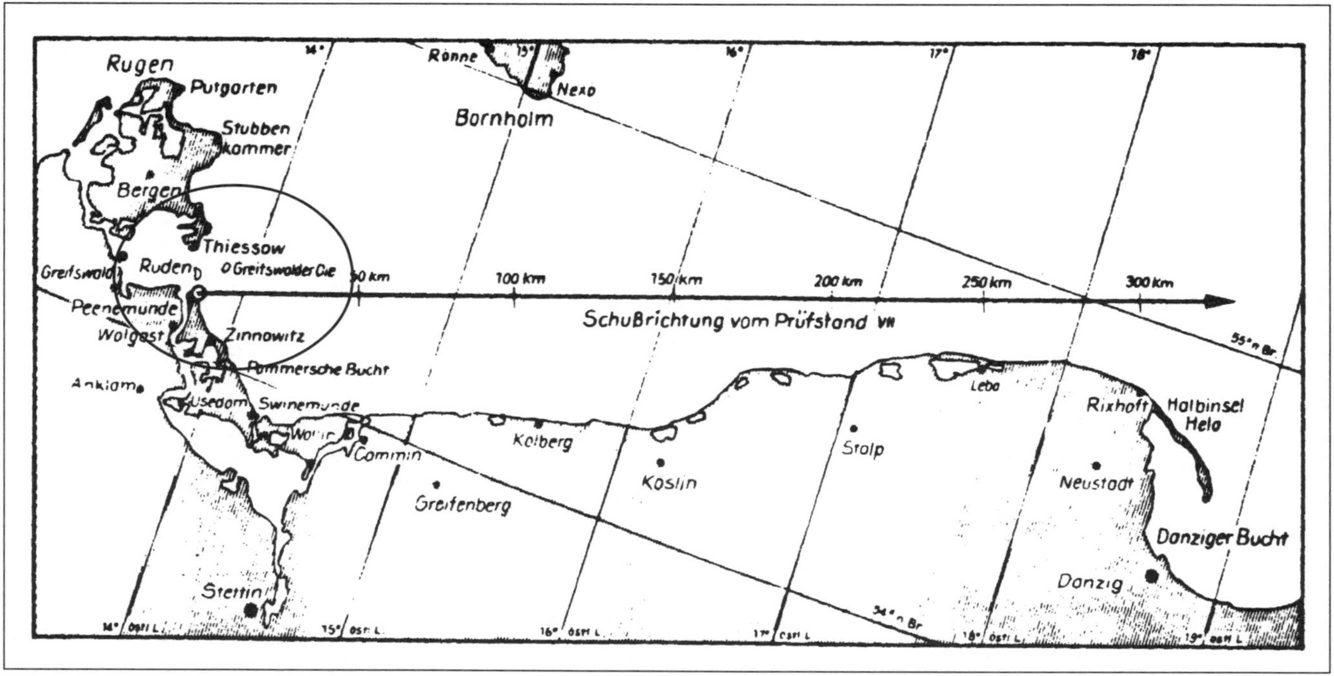

Karte der Ostsee-Region Peenemünde – Rügen – Danziger Bucht, die während des Zweiten Weltkrieges u. a. als Erprobungszone für die deutsche Raketentechnologie genutzt wurde. Der eingekreiste Bereich zeigt Lage und Größe der Greifswalder Oie und der Ruden auf.

Was den Unfall »östlich von Salzburg« anbetrifft, den Hans Rittermann erwähnte, so paßt diese Aussage beinahe gespenstisch gut mit dem Lachner-Bericht[26] zusammen. Prof. Friedrich Lachner, Wien, hatte einen Bericht zu den ihm vorliegenden Informationen zur deutschen Atombombe verfaßt, der uns übermittelt worden war. Darin hieß es u. a.[27]:

»Beim Transport mit Lastautos ist weit östlich von Salzburg in einer wenig besiedelten Gegend ein schwerer Unglücksfall gewesen. Der Atombombenpilz mit den Ringen ist von einem Berggipfel nahe Salzburg auch vom Verfasser gut gesehen worden (und photographiert [worden], Format 6 x 9 cm). Auch der Verfasser hatte damals Hautverbrennungen davon, viel stärker als bei einem Sonnenbrand, und war lange Zeit in ärztlicher Behandlung. SS-Leute von dem Transport, der viele Kilometer auseinandergezogen war, hatten schwerste Verbrennungen, die der Verfasser gesehen hat. Es soll auch noch in der Gegend von Bad Hall solche besonders starken Fälle von Sonnenbrand gegeben haben, wie ein dortiger Arzt erzählte.

Ein Lastauto mit einer Atombombe ist dann auch noch durch Salzburg gefahren, da sie zum Flugplatz gebracht werden sollte. Gerüchteweise soll sie aber in der Nähe im Moor untergegangen sein. Dieses Moor ist derzeit sehr radioaktiv und heilkräftig (Neidharting). Es war damals streng verboten, über die ganze Angelegenheit zu sprechen.«

Wir müssen dabei betonen: Der Lachner-Bericht ging uns geraume Zeit *vor* den Rittermann-Briefen zu. Es ist in diesem Fall auch absolut auszuschließen, daß beide Briefeverfasser aus derselben Quelle schöpften, denn Prof. Lachner gehörte während des Zweiten Weltkrieges nicht zu den Personen, die sich in Thüringen aufhielten bzw. Mitarbeiter der Reichspost waren.

> *»[...] Was dabei der Berliner Seuffert für eine Rolle spielte, kann ich auch heute noch nicht sagen. Seuffert arbeitete für den Forschungsrat, für die SS und auch direkt für Kammler und war auch mit den Japa-*

---

(26) Edgar Mayer & Thomas Mehner: Das Geheimnis der deutschen Atombombe. Gewannen Hitlers Wissenschaftler den nuklearen Wettlauf doch?, Kopp Verlag, Rottenburg 2001, Kapitel 4.
(27) Ebenda, S. 81.

nern und großen Konzernen im Objekt. Er hatte alle Freiheiten, Genehmigungen und auch eine ständige Verbindung zu Speer.«

Die Herkunft des Berliners Seuffert konnten wir noch nicht genau aufklären. Nach Mitteilung eines Heimatforschers gab es in Arnstadt bei der Fa. Siemens-Schuckert eine Spezialistengruppe der Schwesterfirma Siemens-Halske, die von einem Dr. Seuffert geleitet wurde. Siemens-Halske, das ist wichtig zu wissen, arbeitete an Hochtechnologieprojekten, u. a. auch an der Herstellung von Zyklotronen.

»Bis 1939 wollte man am Sonnenhang bei Arnstadt die große Zentrale errichten, Wassereinbruch brachte das Projekt zum Erliegen. Auf diese Anlage hatte Kammler jedoch keinen Einfluß. Hier hatten nur Dr. Seuffert und Oberst Streve etwas zu sagen.«

Die Anlage, die Hans Rittermann meint, ist allgemein bekannt. Es handelt sich um den ursprünglichen Standort des »Amtes 800«, das dann jedoch andernorts errichtet wurde (siehe dazu das Luftbild auf der nächsten Seite). Welche genauen Zuständigkeiten in bezug auf dieses Objekt herrschten, ist nicht klar. Der Zeitzeuge Dr. Freier behauptet ebenso wie Hans Rittermann, daß das dort in den Fundamenten stehende Wasser später für bestimmte Kühlungszwecke benutzt wurde.

»Noch einmal zum FHQu. Das FHQu war ab Anfang März 1945 dienstlich komplett fertig, d. h. die Konferenzräume (ca. 12 x 8 m bzw. 20 x 8 m), der Lagerraum (10 x 8 m bzw. 8 x 8 m), Hitlers persönliche Räume (ca. 6 x 4 m) sowie Schlafräume und die Sanitäreinrichtung. Diese Räume waren in einfacher Ausstattung, wie es Hitler recht war. Vom anderen FHQu waren ca. 50% fertig, so der große und kleine Speisesaal, Aufenthaltsräume, die große Küche, Schwimmbecken, Gastschlafräume usw. Diese Räume waren mit dem Luxus der damaligen Zeit versehen, d. h. Polsterausstattung, künstliche Fenster mit Sonnenschein und

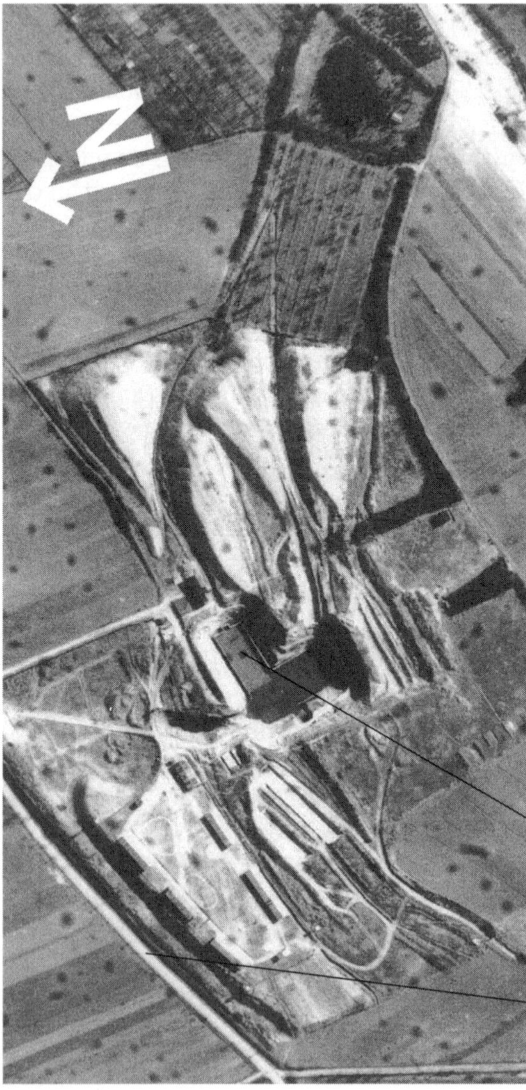

Das Gebiet westlich von Arnstadt im April 1945 mit dem L-förmigen Fundament des »Amtes 800«, dessen Bauausführung jedoch durch einbrechendes Wasser an dieser Stelle verhindert wurde. Nach dem Krieg diente die Einrichtung jahrelang als »Bergbad«, bevor sie zugeschüttet wurde. Heute befindet sich in diesem Terrain eine Kleingartensiedlung bzw. Erddeponie (Bildarchiv LUFTBILDDATENBANK, Ing.-Büro H. G. Carls, Würzburg).

L-förmiges Fundament mit einem in die Tiefe reichenden Schacht

Straße von Arnstadt in Richtung Bittstädt/ Holzhausen

Landschaftsbild, Meißner Porzellan und goldenen Bestecks.«

Hans Rittermann behauptet allen Ernstes, daß im Gebiet zwischen Ohrdruf und Arnstadt bzw. in seinem Umfeld zwei (!) Führerhauptquartiere zur Verfügung standen. Dieser Sachverhalt verblüfft insofern, als die meisten Historiker bisher nicht einmal die Existenz eines FHQu in Thüringen anerkennen.

Wir sind zumindest in einem Falle in der Lage, eine genaue Lokalisation abzugeben. Die *4th Armored Division* hatte, wie weiter vorn bereits aufgezeigt, die Lage des FHQu mit »drei Kilometer westlich von Arnstadt« angegeben, wobei sie sich auf Angaben eines deutschen Offiziers stützte. Außerdem, so hieß es in einem der G2-Reports, sei Hitlers Hauptquartier über eine Straße zu erreichen. Diese Informationen schränken den Standort des FHQu's bereits erheblich ein. Mißt man die Entfernung zwischen der westlichen Stadtgrenze Arnstadts und dem Eulenberg II (bei Bittstädt), der von vornherein als solcher Standort in Frage kommt, auf einer Karte, welche die Verhältnisse in den 1940er Jahren zeigt, aus und überträgt den erhaltenen Wert auf die natürlichen Verhältnisse, so muß man erstaunt feststellen, daß der Abstand tatsächlich drei Kilometer beträgt, was kaum ein Zufall sein kann!

Es gibt übrigens auch eine Reihe von Zeitzeugenaussagen, von denen wir noch einige in diesem Buch vorstellen werden, die genau diesen Standort am Bittstädter Eulenberg bestätigen, wobei immer betont wird, daß die ursprünglich hier vorhandene Anlage, die unseres Erachtens das an diesen Standort verlegte »Amt 800« war, anderen Zwecken diente und erst unter Kammler wenigstens teilweise umgebaut wurde. Das so entstandene Führerhauptquartier sei dann erst zu etwa 40 bis 50 % fertig gewesen, als es Hitler Ende März 1945 bei seinem Aufenthalt in Thüringen nutzte.

Um den endgültigen Beweis für die Existenz eines FHQu's an dieser Stelle zu erbringen, müßten im aufgezeigten Geländeabschnitt entsprechend tiefgehende Bohrungen niedergebracht werden, doch dürften Skepsis und Angst der Verantwortlichen zu groß sein, um dieses Problem einer Lösung zuzuführen, von den entstehenden Kosten einmal ganz zu schweigen.

»Hitler und ein Teil des Stabes waren vom 22. März bis 28. März 1945 im FHQu. Am 27./28. März 1945 fand Hitlers letzte große Beratung und Konferenz hier statt.«

Bei dieser Aussage Rittermanns handelt es sich um einen der wichtigsten Teilkomplexe der Gesamtgeschehnisse, denn der »Schutz- und Trutzgau« hätte nur dann einen Sinn ergeben, wenn auch die oberste Reichsführung hier Quartier bezogen hätte. Wie wir bereits aufgezeigt haben, wurden ab Februar 1945 wichtige Reichsdienststellen nach Thüringen verlegt, u. a. Teile des OKH. Darüber hinaus brachen hektische Aktivitäten in Thüringen aus, um auch wichtige Firmen und Institutionen der durch den russischen Vormarsch bedrohten Reichshauptstadt Berlin aufzunehmen. Die Frage jedoch, ob Hitler wirklich in den letzten Märztagen in Thüringen in seinem FHQu war, muß bei objektiver Einschätzung beim derzeitigen Stand der Dinge noch unbeantwortet bleiben. Zwar existiert eine Reihe von Hinweisen, nach denen Hitler Ende März 1945 in Thüringen gewesen sein soll, doch der Beweis dafür steht nach wie vor aus. Merkwürdig ist aber beispielsweise die Tatsache, daß viele noch aufzuzeigende Zeugenaussagen davon sprechen, daß der »Führer« anwesend war. Diese Aussagen stammen sowohl von unmittelbar in die Ereignisse involvierten Personen als auch von Personen, die nur indirekt mit den Verlagerungsaktivitäten zu tun hatten.

Seit Jahren bekannt ist die Tatsache, daß der Salonwagen von Compiègne in Crawinkel stand, ein »Heiligtum« Hitlers. Es handelte sich dabei um den Zugwagen, in dem am 11. November 1918 der Waffenstillstandsvertrag zwischen Frankreich und Deutschland unterzeichnet worden war. Hitler hatte ihn 22 Jahre später dazu benutzt, die Franzosen zu beschämen, als diese nach dem Einmarsch deutscher Truppen in ihr Heimatland ebenfalls einen Waffenstillstand unterzeichnen mußten, nur diesmal als Verlierer. Der Wagen, der später im Berliner Lustgarten stand, kam in den letzten Kriegswochen nach Crawinkel, wie sich Schachtmeister Friedrich Bohn aus Crawinkel erinnerte:

»Ich war am Bau des Gleises beteiligt, auf dem später der sogenannte Friedenswagen von Compiègne stand. Rein in den

Wagen kam ich nie, der war keinen Moment unbewacht. SS-Posten standen um ihn herum und hatten ihn auch beim Antransport begleitet. Der Wagen ist im Januar/Februar gekommen und stand bis zum Schluß da.«[28]

Die Frage muß erlaubt sein, was ein für Hitler so wichtiger Gegenstand in der Nähe eines Thüringer Dorfes machte, wenn nicht auch er selbst, der ihn als »Heiligtum« empfand, in seiner Nähe weilte?!

Ungeachtet dieser Merkwürdigkeiten bleibt festzustellen, daß die bisherige Geschichtsschreibung davon ausgeht, daß Hitler im betreffenden Zeitraum in der Reichskanzlei in Berlin war. Diese Feststellung wird unterstützt durch Zeugenaussagen von Personen, die sich in Hitlers unmittelbarem Umfeld und Gefolge befanden. Gibt es angesichts dieser »offiziellen Tatsachen« überhaupt eine Möglichkeit, die von Rittermann und anderen behauptete Anwesenheit Hitlers in Thüringen zu beweisen? Zugegebenermaßen dürfte das sehr schwer sein, doch unmöglich ist es nicht. Wir haben in den vergangenen Monaten mehrere Hinweise erhalten, wonach es noch lebende Zeugen der uns interessierenden Geschehnisse gibt, die bestätigen können, daß z. B. Eva Braun in einem der Dörfer war, die den Truppenübungsplatz Ohrdruf begrenzen. Sie gelangte am 28. März 1945 dorthin, weil sie von Hitlers Aufenthalt in Thüringen erfahren hatte und ihn aufsuchen wollte.

Wir sind bei unseren Recherchen zu diesem Thema auch auf eine scheinbare »Ungeheuerlichkeit« gestoßen, die aber für Diktatoren wie Hitler eine in der Geschichte immer wieder nachweisbare Tatsache war: einen Doppelgänger. Dieser alte, aber wirksame Trick ist bis heute vielen, die sich mit der gleichzeitigen Anwesenheit Hitlers in Berlin und Thüringen auseinandersetzen, nicht einmal ansatzweise in den Sinn gekommen. Warum nicht? Es ist doch eine bekannte geschichtliche Tatsache, daß die Sowjetarmee bei der Erstürmung der Reichskanzlei einen »Hitler« im Gelände liegend fand, der gestopfte Strümpfe trug[29], ganz abgesehen von den Irritationen mit der Authentizi-

---

(28) Gerhardt Remdt und Günter Wermusch, Rätsel Jonastal, Die Geschichte des letzten »Führerhauptquartiers«, Ch.-Links-Verlag, Berlin 1992, S. 63.

tät der sterblichen Überreste, die von sowjetischen Experten als echt erklärt wurden.[30] Dieser »Hitler« mit den gestopften Strümpfen war zwar als Doppelgänger kaum überzeugend, aber wo es einen Doppelgänger gab, dürfte ein anderer – perfekt wirkender – sicherlich nicht weit gewesen sein. Und tatsächlich sind wir dieser Person auf der Spur, müssen aber wegen der noch nicht abgeschlossenen Recherche unsere Leserschaft um Geduld bitten, was die Preisgabe der Identität dieses Mannes betrifft.

So wäre es zu erklären, warum die einen Zeitzeugen behaupten, Hitler sei in Berlin gewesen, während die anderen meinen, ihn in Thüringen gesehen zu haben. Unabhängig davon ist es jedoch auch denkbar, daß Hitlers Vertraute schlicht die Unwahrheit in bezug auf diesen Termin sagten, weil sie einen entsprechenden *Befehl* hierzu hatten. Im Moment, das geben wir offen und ehrlich zu, bewegen wir uns hierbei im Bereich der Spekulationen, so daß wir weiterhin nach Belegen Ausschau halten werden, welche die Anwesenheit Hitlers beweisen können.

Wie noch zu zeigen sein wird, sind die Angaben, wann Hitler vor Ort gewesen sein soll, selten deckungsgleich. Die meisten Zeitzeugen sprechen vom Zeitraum Ende März bis Anfang April 1945, wir erhielten jedoch auch Angaben, wonach Hitler kurz am 21. März und dann erst wieder am 27./28. März 1945 in Thüringen gewesen sein soll. Dem 27. März 1945 kommt in jedem Falle eine besondere Bedeutung zu, denn an diesem Tag sprach Hitler bei einer Stabstagung zu den neuen Wunderwaffen, mit denen die Wende im Krieg herbeigeführt werden sollte. Der 27. März 1945 war bezeichnenderweise auch jener Tag, an dem SS-Obergruppenführer und General der Waffen-SS Hans Kammler weitere Vollmachten erhielt, die mit der Entwicklung, dem Bau und der Produktion von Strahlflugzeugen zusammenhingen.[31] Dieser Waffenkomplex wurde dem Bereich des Reichsministers für Rüstung und Kriegsproduktion wie auch dem Bereich des Reichsministers der Luftfahrt und Oberbefehlshaber der Luftwaffe aus den Händen genommen, wofür es Gründe geben mußte, die unseres Erachtens mit den Ereignissen jenes

---

(29) Siehe hierzu: Werner Maser: Adolf Hitler – Legende, Mythos, Wirklichkeit, Bechtle Verlag, München, Esslingen, 13. Aufl. Juni 1993.
(30) Ebenda.
(31) Kriegstagebuch Chef TLR vom 18.12.1944 bis Kriegsende, S. 142.

- K.T.B. 16.3./4.4.1945 - 142

26.3. Nach der Erkenntnis, daß eine Erleichterung der Verkehrslage nur durch einen großzügigen Arbeitseinsatz erreicht werden kann, hat Reichsminister S p e e r angeordnet, daß sofort 700 000 Mann im Wiederinstandsetzungs-Dienst der Reichsbahn einzusetzen sind (bisher nur 150 000 Mann). Weiter sollen beträchtliche Menschenmengen den Bahnmeistereien zur Verfügung gestellt und Reservekontingente für den Katastrophenfall geschaffen werden. Die Menschenumsetzung und Abgabe an die Reichsbahn soll bis 8.4.1945 abgeschlossen sein.

Führer-Entscheid:
8-262 und 8-162 liegen in der Dringlichkeit vor 8-234.

(Mappe A/Meldungen Führer Nr. 13)

Der Führer erteilt dem SS-Obergruppenführer und General der Waffen-SS K a m m l e r folgenden Auftrag:

1.) Führung aller bis zum Einsatz erforderlichen Entwicklungen, Erprobungen und Fertigungen von Strahlflugzeugen und der zum Einsatz notwendigen Versorgungsmittel im Bereich des Reichsministers für Rüstung und Kriegsproduktion.

2.) Führung aller bis zum Einsatz von Strahlflugzeugen erforderlichen Voraussetzungen im Bereich des Reichsministers der Luftfahrt und Oberbefehlshabers der Luftwaffe.

3.) Die bisher auf dem Gebiete der Strahlflugzeuge im Bereich des Reichsministers für Rüstung und Kriegsproduktion erteilten Vollmachten gehen auf SS-Obergruppenführer und General der Waffen-SS Dr.Ing. Kammler über.
Der Generalbevollmächtigte des Oberbefehlshabers der Luftwaffe für Strahlflugzeuge wird ab sofort dem SS-Obergruppenführer und General der Waffen-SS Dr.Ing. Kammler unterstellt.

4.) SS-Obergruppenführer und General der Waffen-SS Dr.Ing. Kammler ist mir für die Durchführung dieses Auftrages persönlich unterstellt und hat dazu alle Vollmachten. Er bedient sich hier sämtlicher Kommandodienststellen, Behörden und Einrichtungen der Wehrmacht, der Partei und des Reiches, die seinen Weisungen Folge zu leisten haben.

(Mappe A/Meldungen Führer Nr. 14)

29.3. Vollmacht für den Generalbevollmächtigten des Reichsmarschalls für Strahlflugzeuge, General K a m m h u b e r, von SS-Obergruppenführer K a m m l e r.

(Mappe A/Meldungen Kammler Nr. 15)

Die Mitteilung im Kriegstagebuch, Chef TLR, über den Führer-Entscheid vom März 1945, daß Kammler nunmehr auch zum Verantwortlichen der Strahlflugzeugentwicklung und -produktion avancierte.

März-Tages zusammenhängen. Auch Kammler war, wie wir noch zeigen werden, an diesen Ereignissen nicht ganz unbeteiligt, hielt sich jedoch, schlau wie ein Fuchs, diskret im Hintergrund, so daß Hitler dessen Bedeutung wohl nicht oder nicht in vollem Umfang begriff.

> *»Für das FHQu wurde ab Februar 1944 durch Oberst Streve der Ober-Ing. Mühlheim eingesetzt, welcher vom Obersalzberg kam. [...] Nachdem Mühlheim im Gebiet war, waren auch Dr. Seuffert und ein Sengel im besonderen Einsatz, darüber hinaus war dann auch ein Dr. Weidemann oder Wiedemann für die Einlagerungen von Wertobjekten verantwortlich. [...]*
> *Am 8. und 9. April mußten ein Trupp SS-Leute und einige Freie Arbeiter wieder zwei Stollen aufgraben. Dabei sah ich bei den Amis auch Dr. Weidemann, welcher den Amis Angaben zu den Kisten machte. Die Amis gingen nicht in die Stollen. Bei den Arbeiten wurden von den Amis zahlreiche Leute erschossen. Dr. Weidemann war beim Transport von Bittstädt nach Wiesbaden dabei.«*

Auf die besondere Rolle von Ober-Ing. Mühlheim und Dr. Weidemann wurde bereits in unserem ersten Buch hingewiesen. Während Dr. Weidemann sich mit einem Schreiben[32] an einen thüringischen Heimatforscher wandte und darin über seine Erlebnisse bei Kriegsende berichtete, erzählte Oskar Mühlheim bei einer Zusammenkunft im Rahmen des in den 1960er Jahren in der DDR betriebenen, sogenannten »Forschungsprojektes S III« von seinem Wissen[33], wobei er beabsichtigte, einen umfangreichen schriftlichen Bericht an die Anwesenden zu übergeben. Mühlheim »erkrankte« noch während der Veranstaltung, wurde in die Sowjetunion gebracht und verstarb dort unter mysteriösen Umständen. Offenbar war er im Besitz von brisantesten Informationen.[34]

---

(32) Edgar Mayer & Thomas Mehner: Das Geheimnis der deutschen Atombombe. Gewannen Hitlers Wissenschaftler den nuklearen Wettlauf doch?, Kopp Verlag, Rottenburg 2001, S. 234–237.
(33) Ebenda, S. 212–215.

»Für meine Person gab es bei den Amis und dann bei den Russen keine Gefahr, da weder ein Häftling noch ein Freier Arbeiter etwas aussagen konnte. Ich war nur als Bauberater bekannt. Die Leute, die mich kannten, wußten von meinem Auftrag und kannten mich somit nicht. Zum anderen hatte ich Dokumente, die mich als Juden ausgaben, so konnte ich mich frei bewegen, dazu konnte ich ja auch Englisch und Russisch.«

Die noch aufzuzeigenden Informationen aus DDR-Dokumenten bestätigen eindeutig, was Hans Rittermann schreibt. Er hatte sowohl Verbindung zu Russen als auch Amerikanern. Es ist denkbar, daß beide Seiten nicht wußten, welche Rolle Rittermann wirklich spielte, bis er sich eines Tages offenbarte.

»Gemäß der Heeresdienstvorschrift 316 wurden alle Objekte bzw. Eingänge verschlossen, außer dem Bereich der Forschungsanlage, welche auch nach 1945 weiterarbeitete, wovon weder Amis noch Russen etwas wußten. Auch ich kenne die Eingänge dazu nicht. Mein Befehl endete, mit drei Helfern, 1948.«

Hans Rittermann verschwand 1948 tatsächlich über Nacht aus Arnstadt, wie wir noch zeigen werden.

Seine Angabe, daß die Objekte und Eingänge gemäß der Heeresdienstvorschrift (HDV) 316 verschlossen wurden, ist nachvollziehbar anhand der Angaben in dieser HDV.

Die Behauptung, daß der Bereich der Forschungsanlage auch noch nach 1945 arbeitete, klingt zugegebenermaßen unglaubhaft, weil dies im Klartext bedeuten würde, daß Teile der wissenschaftlichen Aktivitäten selbst nach der bedingungslosen

---

(34) Die Nachforschungen durch mehrere Mitrechercheure erbrachten unterschiedliche Ergebnisse, was für sich betrachtet schon kurios erscheint. In zwei Fällen hieß es, daß eine aus DDR-Zeit stammende Akte zur Person Oskar Mühlheim nicht existiere, während eine andere Aussage durch eine stets wohlinformierte Quelle lautet, daß die Akte vorhanden sei. Sie ist allerdings gesperrt und auch für Personen mit einer höheren Sicherheitseinstufung nicht zugänglich. Dies wiederum würde für die Bedeutung der Person Mühlheim sprechen.

Kapitulation der Wehrmacht fortgesetzt worden wären. Allerdings sind derartige Hinweise auch in anderen Aussagen aufgetaucht. Zudem wandte sich eine Person[35], die mehr zu wissen schien, schon vor Jahren an eine Behörde in Thüringen. Dabei nahm sie Bezug auf einen Artikel in der Tageszeitung »Thüringer Allgemeine«, der sich mit dem Jonastal-Stollensystem befaßt hatte. Der Verfasser des Briefes meinte, daß der Artikel zur falschen Zeit erschienen sei (es waren gerade Schulferien), so daß Kinder und Jugendliche angelockt würden, die Stollen näher zu untersuchen, was Gefahren heraufbeschwören könnte:

»Lassen Sie das bestimmte Gebiet von geeigneten Personen mit Wissen der übergeordneten Stellen zusätzlich kontrollieren. Jede Veränderung der Umwelt wurde in den vergangenen Jahrhunderten genau eingezeichnet, jedoch sind diese Unterlagen über ganz bestimmte Objekte seit dem Krieg verschwunden, das heißt geheim abgelagert (Buchenwald, Geheimdienste). Mit dem Öffnen von Hohlräumen könnten gewollt ja Altlasten zutagetreten (Kriegsmaterial), denn die Armeegruppe unter Generalfeldmarschall Kesselring ist in Thüringen regelrecht ›verschwunden‹. [...] Eine bestimmte Gruppe von Personen in Thüringen und anderswo weiß über die Altlasten [...] bestens Bescheid. Es gibt über 700 Fundpunkte, die Kirchen sind da nicht eingerechnet. Ich hoffe doch, daß Sie Kontakt zur naheliegenden Bundeswehr haben und diese Ihnen im besonderen Fall helfen kann, größeren Schaden für Personen und Umwelt zu vermeiden.

Zur politischen Wahrheit bis 1947: Eine Sondereinheit der deutschen Wehrmacht hat mit den Amerikanern in einer besonderen Aufgabe zusammengearbeitet. 1947 ist ein Geheimvertrag mit allen beteiligten Gruppierungen abgeschlossen worden (weißer Fleck in der Geschichte). Holen Sie nur Rat von wirklichen Fachleuten und überprüfen Sie die vorhandenen Unterlagen auf Vollständigkeit. Ich hoffe, daß meine Hinweise noch zur rechten Zeit kommen.«

Ein Wissender hatte offenbar Gewissensbisse bekommen. Besonders interessant ist die Erwähnung einer Zusammenarbeit

---

(35) Eine Kopie des Schreibens mit vollständiger Adresse des Verfassers S. M. liegt vor.

zwischen Amerikanern und Deutschen, die in diesem Gebiet bis 1947 andauerte – und damit Rittermanns Angabe bestätigt. Man muß sich das Ganze einmal auf der Zunge zergehen lassen: Das Gebiet gehörte zur sowjetischen Besatzungszone! Ungeachtet dessen arbeiteten deutsche und amerikanische Spezialisten im Verborgenen an einem bestimmten Projekt, bei dem es sich unserer Auffassung nach nur um eine Hochtechnologie-Angelegenheit handeln konnte. Was ging hier eigentlich vor sich? Und wer gehört zum Kreis der Eingeweihten, der über die Einlagerungspunkte und die wahre Bedeutung des Terrains Bescheid weiß?

Brief 3

> *»In Arnstadt und Ohrdruf waren zu diesem Zeitpunkt die Stäbe der Generäle: Führungsoffiziere beim Stab des Heeres, Luftfahrtministerium, Pioniere und Festungsbau, Nachrichtenaufklärung, Heeresnachrichtendienst, Infanterie, Eisenbahntruppen, Vermessungswesen, Fliegerverbindungsgeschwader 2, Festungsnachrichtenregiment 602* [601?], *Generalinspekteur der Panzertruppen, Generalquartiermeister.*
> *General Kesselring in Crawinkel, Speer auf der Wachsenburg bzw. in Wechmar, Sek. des Finanzministers in Ilmenau, Reichsdentistenführer Blumenstein in Geschwenda, Reichsbauernführer Darré in Stadtilm, Stabsärzte in Holzhausen, Ribbentrop – der Außenminister – in Wölfis. In Ohrdruf Himmler, Jodl, in Arnstadt Göring und der Reichsjugendführer.«*

Was die genannten Stäbe der Generäle angeht, so sind diese nachweisbar im Raum Ohrdruf untergekommen. Dies geht aus einem sogenannten Auflockerungsbefehl des Chefs der Führungsgruppe im Generalstab des Heeres, General Krebs, hervor, der vom 29. März 1945 stammt.[36] Allerdings ist in diesem Zu-

(36) OKH/Gen st d H, Az.: GZ (Ia) Nr. 313/45 g.Kdos. vom 29. März 1945, in: National Archives, T-77/423.

sammenhang vom Festungsnachrichtenregiment 601 die Rede, nicht vom 602. (Schreibfehler oder Irrtum Rittermanns?).

Am 31. März 1945 begannen dann allerdings neuerlich Eisenbahntransporte, mit denen innerhalb kurzer Zeit die Masse der im Thüringer Raum bei Ohrdruf untergebrachten Dienststellen des Hauptquartiers des OKH nach Süddeutschland in die sogenannte »Alpenfestung« (Deckname »Serail«) verlegt wurden. Offiziell wird das mit der zusammenbrechenden Front aufgrund des schnellen Vormarsches der Alliierten und der damit notwendigen Zurücknahme der Führungsstelle des Oberbefehlshabers West, Generalfeldmarschall Kesselring, begründet. Könnte es aber nicht sein, daß die Verlegung auch deshalb anlief, weil die ursprünglichen Ziele in bezug auf den »Schutz- und Trutzgau« Thüringen am 27. März 1945 gescheitert waren, man aber im Raum der »Alpenfestung« noch eine letzte Verteidigungsmöglichkeit sah?

> *»Wieso die Engländer zuerst vom Scheitern Hitlers in Thüringen erfahren haben, kann ich nur so erklären, daß das Ganze über Frau Röbling aus Arnstadt gelaufen ist. Ich gebe diesen Namen bekannt, damit Sie nachprüfen können, daß meine Angaben alle voll richtig sind und der Wahrheit entsprechen.«*

Frau Röbling wurde bereits von Dr. Adolf Bernd Freier als Agentin des britischen Geheimdienstes angegeben.[37] Ihre Tätigkeit war der Grund für den seltsamen Umstand, daß der Truppenübungsplatz Ohrdruf nicht angegriffen wurde. Der Sicherheitsdienst (SD) wußte über ihre Tätigkeit den Angaben Freiers zufolge bestens Bescheid.

> *»Wer ›Amt 9‹ ortet, hat keine Geheimnisse mehr zu Arnstadt, FHQu und [in bezug auf] die Objekte ›Burg‹, ›Jasmin‹, ›Olga‹. Das ›Amt 600‹ wurde zwar etwas zerstört, aber das Höhlensystem des Erfurter Steigers nicht. Das Luftwaffenministerium war zwar in Arn-*

---

(37) Vgl. hierzu: Edgar Mayer & Thomas Mehner: Das Geheimnis der deutschen Atombombe. Gewannen Hitlers Wissenschaftler den nuklearen Wettlauf doch?, Kopp Verlag, Rottenburg 2001, S. 243/244.

stadt, das Luftwaffenfernamt aber im Erfurter Steiger. Neben diesem Bunkersystem hat das MfS der DDR den Bunker der Heeresbereitstellung übernommen und darin bis 1986 aktiv gearbeitet. Allerdings waren diese Leute, die sogar noch begabt waren, nicht im Bunker des Luftwaffenfernamtes. Dort findet man auch die Bunker des Erfurter Oberbürgermeisters Kiesling und den Bunker des Kreisleiters Dr. Theine, die ebenfalls nicht von den Russen, der NVA oder vom MfS betreten wurden. Ebenso die Tiefkeller der Elmi-Häuser des Steigers. Das ›Amt 600‹ bzw. das Luftwaffenfernamt hatten direkte Kabel zum ›Amt 9‹ und zum ›Amt 8‹ und somit die Verbindung zum FHQu und zur geplanten Reichshauptstadt Arnstadt.

Die Identifizierung der unbekannten Anlagen ist bisher nicht erfolgt, es gibt jedoch erste Hinweise in bezug auf die Lage von »Amt 9«. In dem in Frage kommenden Gebiet, das durch eine Reihe unnatürlich erscheinender Senken im Wald auffällt, sind zwei Meter hohe Drahtzäune von zwei Seiten her gesetzt worden, was auffälliger nicht wirken kann. Die anderen beiden Seiten sind (noch) offen, der Zugang wird aber durch jede Menge Bäume, die man abgesägt und liegengelassen hat, erschwert.[38]

Eine Möglichkeit, die Anlagen zu finden, wäre der Einsatz von geophysikalischer Erkundungstechnik. Eine andere Möglichkeit bestünde darin, den Kabelverlauf zwischen den Objekten zu bestimmen. Es gab vor Jahren den Vorschlag einer Ingenieursgruppe, die im damals noch zugänglichen »Amt 10« befindlichen Leitungsstränge an ein Gerät anzuschließen, mit dem es möglich gewesen wäre herauszufinden, wohin die Kabel verzweigen. Selbst wenn Teile der Kabel im Boden verrottet wären, hätte das Gerät den Verlauf der Kabel bestimmen können,

---

(38) Schriftliche Mitteilung eines Heimatforschers mit Fotos vom Juli 2002. Zum Gebiet, in dem »Amt 9« liegen könnte, gibt es teils schon seit Jahrzehnten Zeugenaussagen, die u. a. von Öffnungen im Boden, Bunkern und sonstigen Betonstrukturen berichten. Recherchen unsererseits ergaben, daß in dem Areal mindestens ein Erdfall existiert, der möglicherweise der Grund für die Einzäunung ist. Nach unserem Dafürhalten sind alle Erdfälle, aber auch Steinbrüche verdächtig: In ihrem Umfeld dürften sich einige der gesuchten Strukturen befinden.

falls die defekten Teile nicht länger als fünfzehn Meter gewesen wäre. Leider wurde dieses Vorhaben nicht genehmigt und daher eine Chance zur Aufklärung des Gesamtsachverhalts vertan.[39]

»Es ist richtig, daß am 24. November 1965 ein Medikamentenröhrchen im Tal in Kinderhände gelangte (die originale Zeichnung wurde gegen Westmark zurückgekauft). Bei Sicherungs- bzw. technischen Arbeiten war einer Gruppe von uns ein Unfall zugestoßen. Da unser Außenbeobachter versagte, wurden für unseren zweiten Mann Luftballons mit Medikamentenröhrchen durch zwei Luftschächte aufgelassen. Dieser war nicht schnell genug, und so hatten die Kinder den Ballon mit dem Röhrchen. Über Nacht mußten wir handeln. Für zwei unserer Kameraden war jede Hilfe vergangen, wir konnten sie nur noch schnell bestatten, denn die Russen hatten die nicht vorgesehene Sprengung mitbekommen.«

Die Geschichte mit dem rätselhaften Medikamentenröhrchen erfuhr bis heute keine eindeutige Aufklärung, wird aber nun durch Rittermanns Angaben nachvollziehbar. Der betreffende Bericht wurde erstmals in dem Standardwerk von G. Remdt und G. Wermusch: »Rätsel Jonastal – Die Geschichte des letzten ›Führerhauptquartiers‹« (Christoph-Links-Verlag, Berlin 1992) veröffentlicht. Im Zusammenhang damit wurde das Vorhandensein von Fluchtwegen im Jonastal-Bergmassiv diskutiert:

»[...] So suchten wir an der Rückseite des Kalkberges. Aber dort war – jedenfalls bei unserer oberflächlichen Erkundung – nichts zu entdecken. Doch wir hatten da noch jene rätselhaften zwei Zeichnungen, die Schulkinder im Winter 1965 in einer auf dem Schnee liegenden Medikamentenkapsel gefunden und dem Bürgermeister von Gossel ausgehändigt hatten. Die Medikamentenkapsel stammte aus der Nachkriegsproduktion einer westdeutschen Firma. Hatte sich hier jemand einen bösen Scherz erlaubt?«

---

(39) Es verstärkt sich der Eindruck, daß die Bemühungen zur Aufklärung der örtlichen Gegebenheiten torpediert werden. Bestimmte Behörden scheinen über die Bedeutung des Gebietes informiert zu sein.

Die beiden Autoren berichteten in ihrem Buch also, wie sie anhand der Zeichnungen, von denen nur eine abgebildet wurde, versuchten, den darauf abgebildeten Eingang in einer Bergnase zu finden. Auf der auf Seite 101 veröffentlichten Zeichnung befand sich ein Turm, der einen trigonometrischen Punkt bedeckte. Dieser war jedoch nicht mehr vorhanden, dafür aber eine mit Steinen und Schutt aufgefüllte Grube, die mit dem vermuteten Bewetterungsschacht identisch sein mochte. Hätte man die Untersuchungen vor Ort bis zum Ende durchgezogen, was natürlich nur mit entsprechender Technik möglich gewesen wäre, hätte vielleicht der Eingang in ein unterirdisches System gefunden werden können – mitsamt den von Rittermann behaupteten zwei Toten!

Für denjenigen, der die Rittermann-Briefe ohne Vorkenntnisse gelesen hat, erscheinen sie möglicherweise als »Märchen aus Tausendundeiner Nacht«. Wir haben versucht, einige Teile der Briefe einer Prüfung zu unterziehen. Wer auch immer die Briefe verfaßt haben mag – Herr Rittermann, ein von ihm Beauftragter oder aber eine Person, die man aufgrund ihres Wissens als Insider bezeichnen kann –, er hat Dinge aufgezeigt, die das bisherige Wissen um die Geschehnisse bei Kriegsende im Raum von Ohrdruf und Arnstadt *glaubhaft* erweitern. Einige in den Briefen übermittelte Informationen werden vielleicht auf Dauer unüberprüfbar bleiben, es sei denn, die alliierten Geheimdienste öffnen ihre Archive.

Die Rittermann-Briefe sollten nicht die einzigen ihrer Art bleiben. Bevor wir jedoch auf weitere Schreiben eingehen, möchten wir zunächst auf jene Dokumente aus DDR-Zeit Bezug nehmen, welche die Angaben von Rittermann in großen Teilen bestätigen bzw. mit den von ihm und anderen Personen gegebenen Informationen korrelieren. In manchen Teilen ergänzen diese DDR-Dokumente, die aus den 1960er Jahren stammen, in geradezu unheimlicher Weise die uns erst ab Ende der 1990er Jahre zugegangenen Zeitzeugenaussagen. Das kann unmöglich Zufall sein. Im Gegenteil: Die Dokumente sind der Beweis dafür, daß es höchst ungewöhnliche Vorgänge bei Kriegsende im Gebiet zwischen Ohrdruf und Arnstadt gab – und daß die DDR-Behörden darüber informiert waren!

KAPITEL 2

Was wußten die DDR-Behörden?

Die Dokumente, auf die wir in diesem Kapitel Bezug nehmen, entstammen dem Nachlaß des früheren Direktors des Stadt- und Kreismuseums Arnstadt, Klaus Kästner. Nur durch einen glücklichen Umstand entgingen sie der Vernichtung.

Einige Personen, die Herrn Kästner kannten, wußten nicht nur um sein großes berufliches und privates Geschichtsinteresse, sondern berichteten uns auch über seine Kontakte zu den Sicherheitsbehörden der DDR. Eine solche Verbindung, die zunächst nicht sehr sinnreich erscheint, wird jedoch verständlich, wenn man den Inhalt der Dokumente kennt. Bevor wir diese in aller Ausführlichkeit vorstellen, muß jedoch erwähnt werden, daß diese Dokumente einmal in den 1960er Jahren Gegenstand von Nachforschungen waren, dann aber nochmals in den 1970er und 1980er Jahren hervorgeholt wurden, wie der Behördenbriefwechsel zeigt. Der in den Dokumenten behandelte Gegenstand schien demnach die DDR-Behörden bzw. einige Personen, die in ihnen leitende Funktionen hatten und Bescheid wußten, über viele Jahre hinweg interessiert zu haben.

Interessanterweise war denjenigen, welche die Recherche betrieben, der Name Hans Rittermann bestens bekannt. Auch schien man zu ahnen, daß er eine besondere Rolle gespielt hatte. Ein an die SED-Kreisleitung Arnstadt gerichtetes Antwortschreiben vom 16.08.1980, das Bezug auf eine Anfrage der SED-Kreisleitung[40] nahm, ließ folgendes wissen:

»Liebe Genossen!

Wie bereits schon 1978, gebe ich Euch heute nochmals den Bericht des Gen. Klaus Kästner über den Bürger Rittermann. Wir haben beim Rat des Kreises keine Unterlagen, auch im Archiv und im Schloßmuseum gibt es über Rittermann keine Auf-

---

(40) Das Schreiben der SED-Kreisleitung, in dem nach der Person Hans Rittermann gefragt wurde, ist bisher nicht gefunden worden. Ebenso gibt es bis jetzt keine Hinweise auf die Anfrage der SED-Kreisleitung im Jahre 1978, die im Schreiben vom 16. August 1980 erwähnt wird.

zeichnungen und Schreiben. Auch eine Nachfrage bei den sowjetischen Genossen in Weimar erbrachte nichts. Über Rittermann könnte nur Gen. Fritz Schörnig etwas sagen.

Gen. Kästner hat eine weitere Nachforschung aufgegeben, da keine Unterlagen mehr vorhanden sind.

Wir können Euch leider nicht weiterhelfen.

Mit soz. Gruß

[...]«

Dem Schreiben war der genannte Bericht von Klaus Kästner beigefügt worden, der am 14. September 1978 an eine Abteilung des Rates des Kreises Arnstadt gerichtet worden war und nun nochmals der SED-Kreisleitung Arnstadt zur Kenntnis gegeben wurde:

»[...]!

Leider kann ich erst heute eine Antwort auf Deine Anfrage geben. Dabei hatten mir die Gen. K.-H. Gutmann vom MfS, Gen. G. Schneider, SED-KL, und Gen. Öhms, sehr geholfen. Es gibt nur wenige Unterlagen aus der SBZ und vom II. Weltkrieg ebenfalls in Arnstadt.

Mit unserem Gen. Schörnig habe ich auch gesprochen, dies war ein Fehler. Gen. Schörnig sagte u. a.: ›... dieses A... war ein großer Nazi und ist 1948 mit den Möbeln von Huhn mit dem Amis verschwunden, dieser Sch... hat nur gegen uns gearbeitet ...‹

Wir konnten folgendes feststellen:

Hans Michael Rittermann wurde am 2. März 1908 in Berlin (heute Westberlin) geboren. Er war Ing. für Bauwesen, Baurat, Baubeauftragter für Sonderbauvorhaben, Reg. OSP bei der Deutschen Reichspost, dann beim Forschungsrat der Deutschen Reichspost.

Rittermann war in Arnstadt, bei der Stadt (Bauamt), Ohrdruf, Ilmenau und Bittstädt in Firmen tätig.

Wohnungen hatte er in Arnstadt: Bärwinkel-Straße 4, Feldstraße – Hotel ›Erfurter Hof‹ (bei Eschrich), Blumentalstraße 9b (Röbling) und Blumentalstraße bzw. K.-Liebknecht-Straße 17 (Baumeister Hoy).

Wie uns Koll. Markgraf und Gen. Graf berichteten, wurden im Oktober 1948 seine Möbel mit den Möbeln des Nazi-Ober-

RAT DES KREISES ARNSTADT BEZIRK ERFURT

[redacted]

Betriebs-Nr. 05269003 - Zimmer | Hausruf

Fernruf: 5 60

SED Kreisleitug Arnstadt
Arnstadt
Gothaer Straße

Bei Antworten und Rückfragen anzugeben

Ihr Zeichen | Ihr Schreiben vom | Gesch.-Zeichen | 5210 ARNSTADT, den 16.08.80

Betreff Nachfrage zum Bürger Rittermann

Liebe Genosen !

Wie bereits schon 1978, gebe ich Euch heute nochmals den Bericht des Gen. Klaus Kästner über den Bürger Rittermann. Wir haben beim Rat des Kreises keine Unterlagen, auch im Archiv und im Schloßmuseum gibt es über Rittermann keine Aufzeichnungen und Schreiben. Auch eine Nachfrage bei den sowjetischen Genosen in Weimar erbrachte nichts. Über Rittermann könnte nur Gen. Fritz Schörnig etwas sagen. Gen. Kästner hat eine weitere Nachforschung aufgegeben, da keine Unterlagen mehr vorhanden sind.
Wir können Euch leider nicht weiter helfen.

Mit soz. Gruß

[redacted]

Ra G 10-97-85 W-V-2-1

Antwort einer Abteilung des Rates des Kreises Arnstadt zur Anfrage der SED-Kreisleitung, die offenbar um weitere Informationen zur Person Hans Rittermann gebeten hatte.

RAT DES KREISES ARNSTADT BEZIRK ERFURT

[redacted]

Betriebs-Nr. 05269003 - Zimmer

Hausruf

Fernruf: 5 60

Gen.Klaus Kästner

Bei Antworten und Rückfragen anzugeben

Ihr Zeichen | Ihr Schreiben vom | Gesch.-Zeichen | 5210 ARNSTADT, den

Betreff

Lieber Klaus !

Anbei die Abschriften oder besser die Durchschläge von den Befragungen am 16.Mai 1962 von der Abt.Inneres. Die anderen Unterlagen sind nicht bei uns im Haus. Wahrscheinlich sind sie bei der SED-Kreisleitung oder der liebe Gen.Schörnig hat sie in seinen Besitz. Falls du den Artikel doch schreibst, sei vorsichtig, es gibt Dinge da kann man nicht daran glauben. Gen.Stange hat einiges erlebt, als er mit zwei Häftlingen im Gelände war. Es gibt einige Genossen die kann man nicht verstehen. Dort ums Bergbad war viel mehr, darum wollen einige alles nicht mehr haben. Also doch Kopf hoch.

Mit soz.Gruß

[redacted]

Ro G 10-07-85 W.V.-2-1

Der Rat des Kreises Arnstadt übermittelte dem Direktor des Stadt- und Kreismuseums mit diesem Anschreiben die Befragungsprotokolle vom 16. Mai 1962 zu den Ereignissen während des Zweiten Weltkrieges.

bürgermeisters Huhn, K.-Liebknecht-Straße 9, mit verladen, wobei es vor allem einige Kisten waren. Er selbst wurde von Emil Dietzel mit dem Auto zum Zug nach Berlin nach Erfurt gebracht, wozu er einen Sonderschein der sowjetischen Genossen hatte.

Von Gen. Steinbrück wissen wir, daß sich Gen. Schörnig und Rittermann nicht verstanden, aber Rittermann zu den sowjetischen Genossen sehr gute Verbindungen hatte und er oft mit den sowjetischen Genossen im Rathaus und in verschiedenen Objekten, wie Malzfabrik, Mako, Siemens-Schulte, Blaudruck, Bollde, Mitteldeutsches Werk (Deutsche durften nicht ins Werk) war.*

Rittermann konnte Russisch, Englisch, Latein und z. T. etwas Japanisch.

Er trug nie eine Uniform oder ein Parteiabzeichen der NSDAP. Er half in Arnstadt vielen Leuten, u. a. auch Halbjuden. Er hatte nach '45 vom Roten Kreuz einen jüdischen Ausweis und hatte einen Sonderausweis von den Sowjets aus Weimar.

Woher Rittermann Geld hatte, ist [nicht lesbar]. *Oft wurde er auch von den* [nicht lesbar] *fuhr mit sowjetischen Fahr* [nicht lesbar] *Gen.*«

Leider ist der letzte Absatz des Anschreibens nur bruchstückhaft erhalten, so daß wir nicht erfahren, was Klaus Kästner in bezug auf die Geldmittel Hans Rittermanns in Erfahrung bringen konnte.

Man hatte jedoch gute Recherchearbeit geleistet und herausbekommen, wer Hans Rittermann war, welche Funktionen er hatte und wo er während des Krieges wohnte. Kurios schien indes die Tatsache, daß Rittermann einerseits eine hohe Funktion im Dritten Reich bekleidete, andererseits aber einen jüdischen und sowjetischen Ausweis hatte – und über gute Beziehungen zu den Russen verfügte. Diese lassen sich nur so erklären, daß er mit ihnen kooperierte – oder ihnen gegenüber zumindest so tat. Schließlich hatte er doch geschrieben, daß er

(*) Gemeint war das Werk »Polte«, ein Rüstungsunternehmen. In schriftlichen Zeugenaussagen und in einigen amtlichen Dokumenten wird die Bezeichnung oft falsch wiedergegeben, z. B. in der Form: Bollde, Bolde, Polde.

einen Auftrag hatte, der 1948 endete. Mit hoher Wahrscheinlichkeit hatte er bis zu dieser Zeit das umgesetzt, was ihm kurz vor Kriegsende von SS-Obergruppenführer und General der Waffen-SS Hans Kammler, seinem direkten Vorgesetzten, befohlen worden war: den Gegner zu täuschen. Vielleicht hatte er den Russen in den genannten Standorten, die bewiesenermaßen eine Rolle spielten, einiges gezeigt. Doch das dürfte eher nebensächlicher oder zumindest nicht entscheidender Natur gewesen sein. Und während die Russen Rittermanns Hinweisen nachgingen, hatten sie keine Gelegenheit, sich den wirklich wichtigen Objekten vor Ort zu widmen.

Der in dem Schreiben an die SED-Kreisleitung auftauchende Fritz Schörnig war während des Dritten Reiches Mitglied der KPD und nach eigener Aussage in dieser Zeit in einem KZ inhaftiert. Nach dem Ende des Zweiten Weltkrieges betrieb er den Aufbau der KPD in Thüringen und arbeitete dabei eng mit sowjetischen Diplomaten und Militärs zusammen, als deren Vertrauter er galt. Schörnig war eine Zeitlang 1. Sekretär der SED-Kreisleitung Arnstadt, bevor er zum Oberst und Militärattaché der DDR in der damaligen ČSSR aufstieg. Seine Rolle in bezug auf Hans Rittermann ist ebenso ungeklärt wie sein Wissen bezüglich der nationalsozialistischen Geheimprojekte in dieser Region. Es steht jedoch zu vermuten, daß er und andere Personen über eine ganze Reihe von »Merkwürdigkeiten« informiert waren, ja vielleicht sogar genau wußten, daß im Areal zwischen Ohrdruf, Arnstadt und Wechmar Hochtechnologieprojekte besonderer Art realisiert wurden.

Dies läßt auch ein Schreiben vermuten, das – leider undatiert[41] – von der Abteilung Kultur beim Rat des Kreises Arnstadt an den Direktor des Stadt- und Kreismuseums Arnstadt gerichtet wurde. Hierin heißt es:

»Lieber Klaus!

Anbei die Abschriften oder besser die Durchschläge von den Befragungen am 16. Mai 1962 von der Abt. Inneres.

---

(41) Der Briefbogen entspricht jenen, die in den späten 1970er bzw. in den 1980er Jahren Verwendung fanden, wie entsprechende Vergleiche ergaben. In der DDR mußten alle Drucksachen mit einer Druckgenehmigungsnummer versehen werden, die sich auf dem Briefbogen unten links befindet.

Die anderen Unterlagen sind nicht bei uns im Haus. Wahrscheinlich sind sie bei der SED-Kreisleitung, oder der liebe Gen. Schörnig hat sie in seinem Besitz. Falls Du den Artikel doch schreibst, sei vorsichtig, es gibt Dinge, da kann man nicht daran glauben. Gen. Stange hat einiges erlebt, als er mit zwei Häftlingen im Gelände war. Es gibt einige Genossen, die kann man nicht verstehen. Dort ums Bergbad gibt es viel mehr, darum wollen einige alles nicht mehr haben. Also doch Kopf hoch.

Mit soz. Gruß

[...]«

Der Absender übergab Herrn Kästner mit diesem Schreiben eine Reihe von Befragungsprotokollen, die 1962 aufgenommen worden waren. Ob der Museumsdirektor das Material benutzte, um daraus für einen geplanten Zeitungsartikel zu zitieren, ist auszuschließen. In DDR-Veröffentlichungen gab es keine Hinweise dafür, soweit wir das recherchieren konnten. Zudem hätte eine Publikation der Aussagen schon in den 1980er Jahren zu sicherlich nicht unerheblichen Reaktionen geführt.

Wir möchten unsere geneigte Leserschaft nicht länger auf die Folter spannen und geben daher nachfolgend die Befragungsprotokolle vollständig wieder, möchten aber darauf hinweisen, daß von uns orthographische wie auch grammatikalische Fehler korrigiert wurden, da die Protokolle ein wenig nachlässig verfaßt wurden. Wir haben darüber hinaus immer dann, wenn es notwendig erschien, nach einer abgeschlossenen Zeugenaussage Kommentare einfließen lassen, um auf bestimmte Umstände hinzuweisen.

»Befragung von Bürgern zu Ereignissen zur örtlichen Geschichte im Auftrag der Abteilung Kultur des Rat des Kreises, der Arbeitsgruppe der SED-Kreisleitung und des Arbeitskreises des Schloß- und Heimatmuseums

Teilnehmer: Gen. G. Schneider, Gen. Dr. Wolf, Gen. P. Schneider, Gen. Schnerz, Gen. Hampel, Koll. Leber

Ort: Turmzimmer der Veste Wachsenburg

Datum: 16. Mai 1962

Die Fragen wurden bereits ausgearbeitet und werden nicht noch einmal niedergeschrieben.
Schriftführer: Genn. Herdegen und Kolln. Heinze

Befragung von Frau Cläre Werner

[Frage: Wortlaut unbekannt]

Ich habe zu der Frage schon alles dem Schörnig gesagt, als er mit den Herren von Berlin im Dezember 1961 hier auf der Burg war. Schörnig kennt ja die Burg gut, er hat ja 1945 mit den Russen die Burgsammlung vernichtet.

Ich hatte nichts mit Herrn Rittermann, er war ein guter Freund der Familie und war oft Sonntags zum Café bei uns. Hans war bei der Stadt im Bauamt tätig und trug nie eine Uniform, auch keine der SS. Er hatte immer einen Anzug an und war mit seinem Fahrrad hier, nie im Auto. Er hat uns auch nach 1945 geholfen, konnte uns aber nicht gegenüber von Schörnig und Querengesser helfen, als sie das Museum klein machten. Er half uns mit einigen russischen Armisten beim Neuaufbau der Restsammlung. Auch war er oft mit dem Oberstleutnant Martemjanow, Hermann Steudner, Leutnant Kajanow, Artur Kott und Seifferth zur Beratung bzw. [zum] Café bei uns auf der Burg.

Die Namen habe ich nicht dem Schörnig genannt, da er ja sagt, ich habe etwas mit den Nazis gehabt und sei mit Hans ins Bett gegangen. Ich hatte nur Freundschaften mit Männern, nichts anderes.

[Frage: Wortlaut unbekannt]

Auch dies habe ich schon alles gesagt. Ich kann mich noch gut an den Tag erinnern. Es war der 4. März 1945. Für den Tag hatten wir eine Geburtstagsfeier für den Abend, diese wurde aber kurzfristig abgesagt. Am Nachmittag war der BDM von Gotha auf der Burg. Hans war auch da und half uns noch, dann sagte er uns, daß heute auf dem Platz Weltgeschichte geschrieben wird. Es wird etwas gemacht, was es auf der Welt noch nicht gegeben hat. Wir sollen am Abend auf den Turm gehen und in Richtung Röhrensee schauen. Er wisse auch nicht, wie das neue Ding aus-

sehen wird. So waren wir ab 20 Uhr auf dem Turm. Nach 21 Uhr, gegen halb Zehn, war hinter Röhrensee mit einmal eine Helligkeit wie Hunderte von Blitzen, innen war es rot und außen war es gelb, man hätte die Zeitung lesen können. Es war alles sehr kurz, und wir konnten dann alle nichts sehen, wir merkten nur, daß es eine mächtige Sturmbö gab, aber dann alles ruhig war. Ich wie auch viele Einwohner von Röhrensee, Holzhausen, Mühlberg, Wechmar und Bittstädt hatten am anderen Tag oft Nasenbluten, Kopfschmerzen und auch einen Druck auf den Ohren. Am Nachmittag, gegen 14 Uhr, waren so zwischen 100 und 150 SS-Leute auf einmal auf der Burg, sie fragten wo die Leichen seien, wo sie hingebracht worden seien und wer schon da war. Wir wußten von nichts, und sie fragten uns, ob sie hier im ›Objekt Burg‹ seien. Ich sagte ihnen, sie seien hier auf der Veste Wachsenburg, die im Volk immer nur als Burg bezeichnet wird. Ein Kradfahrer gab eine Meldung ab, daß die ›Burg‹ über Ringshof [gemeint ist Ringhofen, Anm. d. A.] *zu erreichen wäre. Daraufhin fuhren die Autos von der Burg nach Mühlberg. Ich sah vom Turm, daß sie dann zum Übungsplatz fuhren.*

Bei der zweiten Explosion war Hans mit einigen Leuten auf dem Turm, wir waren nur im Turmzimmer. Es war am 12. März 1945 gegen 22.15 Uhr. Es war nicht eine so große Helligkeit wie das erste Mal. Auch hatten wir kein Nasenbluten usw.

Für die Ortschaften und auch für uns hat es damals bereits um 21 Uhr Fliegeralarm gegeben, und dieser ging bis 23.11 Uhr. Hans war mit den Leuten die ganze Nacht noch auf der Burg. Über was sie sprachen, kann ich nicht sagen. Auch hatte er uns verboten, etwas über die Blitze zu sagen.

Woher die Leute kamen, kann ich nicht sagen, da sie aber alle Hans kannten, müssen sie von der Reichspost und dem Reichsforschungsrat gewesen sein. Sie hatten keine Uniformen an, und nur wenige hatten das Parteiabzeichen am Rock. Was mich sehr gewundert hat, war: Am Morgen haben Hans und ein Freund alle Gläser selbst abgewaschen, und die Raucherreste nahmen sie in Tüten mit. Hans sagte, man kann ja nicht wissen …

Am 16. März 1945 war ein weiteres Ereignis. Auch hier gab es gegen 21 Uhr Fliegeralarm für unser Gebiet. Hans war dazu wieder mit einigen Freunden auf dem großen Turm, auch wir konnten mit hoch. Diesmal hatten die Leute Ferngläser mit, und es wurde nicht in Richtung des Übungsplatzes gesehen, sondern in Richtung Ichtershausen. Dort wurde es gegen 23 Uhr sehr hell, es war aber nicht so wie die beiden ersten Male davor, sondern es stieg etwas gegen den Himmel mit einem großen Feuerschweif, es ging immer höher, aber es entfernte sich von uns in Richtung Norden. Die Leute fielen sich in die Arme, wir haben es, hurra, wir sind die Größten, wir sind unbesiegbar usw. Die ca. 15 Leute feierten bis zum Morgen. Hans verbot uns wieder alles Gesehene und sagte nur: Wir waren bei einer weiteren Sache dabei, die in der Welt einmalig ist und in jedem Geschichtsbuch stehen wird.

[Frage: Wortlaut unbekannt]

Wir hatten außer Herrn Rittermann keinen anderen Gesprächspartner, nur Pfarrer Lämmerhirt hat ab und zu mit uns gesprochen, er hat auch oft mit Hans gesprochen.

[Frage: Wortlaut unbekannt]

Wo die Punkte genau waren, kann ich heute nicht mehr sagen, es war ja immer dunkel gewesen. Auch von den anderen Leuten habe ich keinen mehr in meinem Leben gesehen. Auch habe ich keine Ahnung, wo heute Herr Rittermann ist, ob er noch lebt usw. Er war Anfang Oktober 1947, es kann aber auch 1948 gewesen sein, nochmal auf der Burg und gab mir ein russisches Schreiben von Leutnant Kajanow, das ein Schutzschreiben für uns und die Burg war.

vorgelesen und mit Unterschrift beglaubigt:
gez. Werner«

Man wird unschwer feststellen können, daß die Aussage der früheren Burgwartin der Wachsenburg, Frau Cläre Werner, mit den schriftlichen Aussagen von Adolf Bernd Freier wie auch Hans Rittermann korreliert. Zudem war Hans Rittermann Frau Werner kein Unbekannter, vielmehr kannte sie ihn persönlich und sprach ihn sogar mit Vornamen an!

Es gab nach Frau Werners Schilderungen Tests neuartiger Waffensysteme am 4., 12. und 16. März 1945, wobei es sich um zwei Detonationen auf dem Übungsplatz sowie um den Start einer neuen (Groß-)Rakete nordnordöstlich von Arnstadt handelte, wofür nur das Gebiet der Munitionsfabrik Polte 2 (Rudisleben/ Ichtershausen) in Betracht kommt.

Wenn Frau Werner die beiden Detonationen auf dem Truppenübungsplatz beobachtete, dann konnte sie hierbei nur in jenen Bereich gesehen haben, den Freier als »unterhalb von Röhrensee« angab – ins Dreieck! Blickt man vom Turmzimmer der Wachsenburg über den Ort Röhrensee hinweg, schaut man genau ins »Zielgebiet«, auch wenn die Oberfläche des als »Dreieck« bezeichneten Geländes nicht komplett sichtbar ist. Eine sich dort ereignende größere Detonation, Lichtblitze usw. sind aber auf jeden Fall sichtbar. Das Areal ist übrigens bestens geeignet für ein Testgebiet, denn es handelt sich um eine baumlose Senke.

Wie wir bereits in »Das Geheimnis der deutschen Atombombe« aufzeigten, bestätigen auch Luftbilder die Zeugenaussagen. Die US-Luftwaffe überflog den Truppenübungsplatz Ohrdruf in regelmäßigen Abständen, wenn auch oft in großer Höhe, um Aufklärung zu betreiben. Auch unmittelbar nach dem Krieg wurde das Gebiet aus der Luft fotografiert. Ein Vergleich der Luftbilder vom November 1944 und vom Juli 1945 zeigte signifikante Unterschiede im Gebiet des Dreiecks. Während das Luftbild vom November 1944 noch eine intakte Oberfläche im Gebiet des Dreiecks ausweist, läßt die im Juni 1945 entstandene Aufnahme deutlich den Unterschied erkennen: Das betreffende Terrain erweckt den Eindruck, als sei es durch eine gewaltige Kraft verwüstet worden. Teilweise sieht die Oberfläche aus wie »abrasiert«: die Vegetation fehlt, und das Bodenmaterial tritt zutage.

Eine solche Wirkung mit der Verwendung normaler Artilleriemunition oder dergleichen erklären zu wollen, wie das in den vergangenen Monaten hin und wieder versucht wurde, erscheint einerseits angesichts der betroffenen Fläche als absurd. Andererseits verstehen wir die Argumente unserer Gegner nur zu gut: Man *muß* eine Erklärung liefern, koste es, was es wolle. Denn eine kleine deutsche A-Waffe *darf* hier nicht detoniert sein …

Die Wachsenburg bei Holzhausen.

Der Hohenlohe-Turm der Wachsenburg mit dem Turmzimmer.

Blick von der Wachsenburg in Richtung Röhrensee und Truppenübungsplatz.

Das Gebiet des »Dreiecks« im nördlichen Bereich des Truppenübungsplatzes Ohrdruf und südöstlich von Röhrensee im November 1944 (Luftbild auf der gegenüberliegenden Seite und im Juli 1945; Bildarchiv LUFTBILD-DATENBANK, Ing.-Büro H. G. Carls, Würzburg).
Das kleine Rechteck zeigt den zerstörten Bereich im Vergleich zu dem auf auf Seite 112 markierten intakten Gebiet. Das große Rechteck dokumentiert den von der Verwüstung betroffenen Gesamtbereich, der immerhin etwa 2,5 km Länge aufweist!
Die Ortschaft Röhrensee befindet sich hinter einer Geländeerhöhung in etwa 1,8 km Entfernung, die Wachsenburg ist ca. 3,7 km entfernt.
Bei der Explosion einer 100-g-Kleinst-Atomwaffe erscheinen die angerichteten Beschädigungen der Umwelt (wie sie das Luftbild zeigt) sowie eine leichte Verstrahlung von im Umfeld befindlichen Personen (von denen Augenzeugenberichte sprechen) realistisch. Der Versuch hatte größenordnungsmäßig nichts mit der Wirkung der auf Hiroshima und Nagasaki abgeworfenen Atomwaffen gemeinsam.

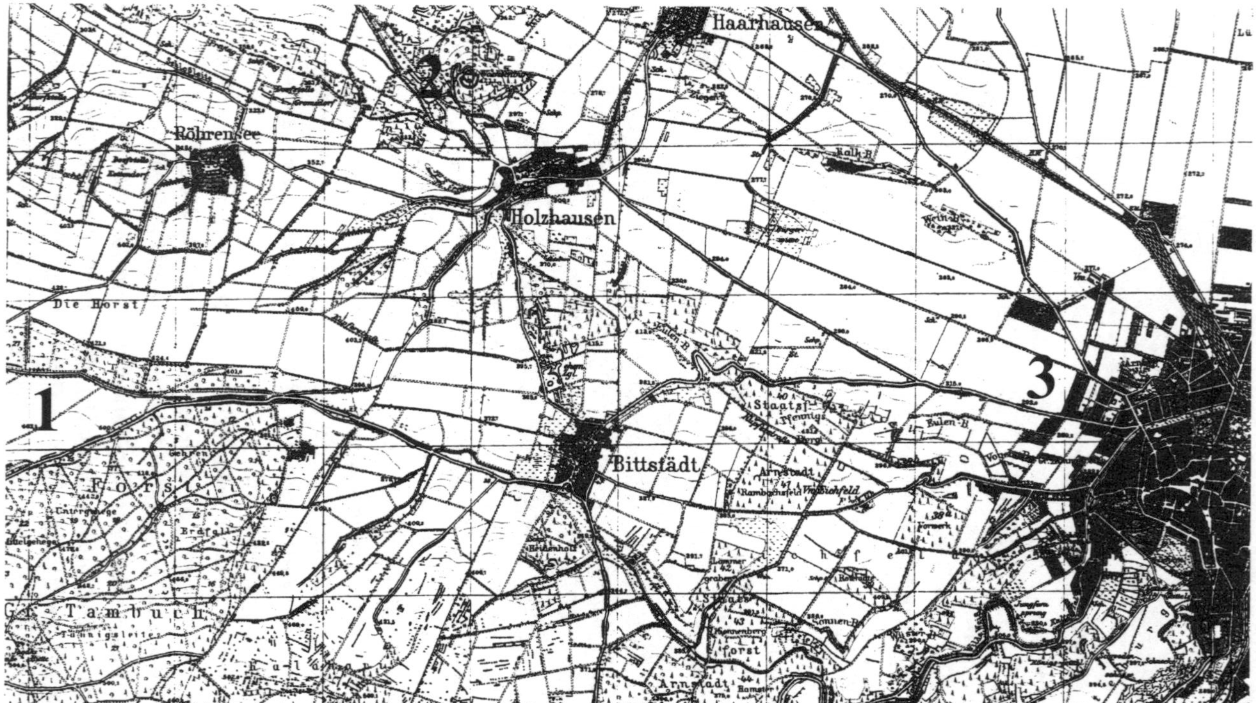

Die Karte zeigt das Gebiet zwischen dem westlichen Bereich des »Dreiecks« auf dem Truppenübungsplatz (1), der Wachsenburg (2) und dem Westeil von Arnstadt (3).

Daß diese Erklärung auf keinen Fall konventioneller Natur sein kann, wird anhand einer weiteren Zeugeneinvernehmung ersichtlich:

»*Befragung von Koll. Heinz Wachsmut*

[Fragen: Wortlaut unbekannt]

Die Fragen 1 und 2 beantworte ich nicht, dies habe ich bereits den Gen. Schneider und Hampel schriftlich übergeben. Gen. Hampel und ich kennen uns ab 1934, nach einer Straftat – Gen. Hampel kennt diese – wurde ich zwangsverpflichtet, und durch Beziehungen zum Schachtbau Brüx gelangte ich 1944 im März erst nach Ohrdruf und dann nach Bittstädt. Teilweise waren wir auch auf dem Eichfeld untergebracht beim Feldflugplatz oder in der Bollde [Polte 2, Anm. d. A.] *in Rudisleben, ebenfalls beim Feldflugplatz. Wir waren sechs Deutsche und hatten zur Hilfe 18 Häftlinge, darunter sieben Ungarn, fünf Polen und vier Russen; es waren alles Techniker, sie trugen keine Häftlingsanzüge, sondern Felddienst, und wurden auch mit uns verpflegt.*

Unsere Hauptaufgabe war, Tarnungsarbeiten durchzuführen. An gelandeten Flugzeugen, an Objekten, an Transportgut, das nicht immer sofort eingelagert werden konnte, und auch zu Hilfsarbeiten [wurden wir eingesetzt], wenn zuviele Häftlinge verstorben waren. Dazu mußten wir dann oft Holzhaufen errichten, wo die Leichen dann daraufgelegt und angezündet wurden. Es gab keine Listen über die verstorbenen Häftlinge.

Ein Tag, der mir immer in meinem Leben Bilder vor den Augen macht, war der Nachmittag des 5. März 1945. Wir mußten in der Bollde [Polte 2, Anm. d. A.] *Rudisleben Gerüste errichten für einen Versuch, der in wenigen Tagen stattfinden sollte.*

Am Nachmittag fuhr die SS mit LKWs vor, eigentlich hatte uns die SS nichts zu sagen, da wir ja immer mit Sonderbefehlen arbeiteten, die immer die Stempel der Reichspost bzw. des Forschungsrates trugen und nach dem Lesen sofort vernichtet werden mußten. Es war ein Befehl, der die Unterschrift von Kammler trug. Wir mußten alles Holz, das verfügbar war, aufladen. Die Fahrt ging nach Röhrensee, dort waren einige SS-Ärzte tätig, da eine große Anzahl von Bewohnern Kopfschmerzen hatte und Blut spuckte. Wir waren dort falsch und wurden sofort nach Gut Ringhofen bei Mühlberg gebracht. Dort wurde uns gesagt, wir müssen Holzhaufen am Waldrand errichten, ca. 12 x 12 m und nur höchstens 1 m hoch, dazu mußten wir Vollschutz tragen, auch unsere Häftlinge.

Am Waldrand sahen wir schon einige Haufen von Menschenleichen, die wohl ehemalige Häftlinge waren. Die Menschen hatten alle absolut keine Haare mehr, teils fehlten Kleidungsteile, sie hatten aber auch zum Teil Hautblasen, Feuerblasen, nacktes rohes Fleisch, teilweise waren einige Teile nicht mehr vorhanden. SS und Häftlinge brachten die Leichen an.

Als wir die ersten sechs Haufen fertig hatten, wurden die Leichen darauf gelegt, je Haufen ca. 50 Stück, und Feuer gelegt. Wir wurden zurückgefahren. Im Gut mußten wir den Schutz und unsere gesamte Kleidung ausziehen. Diese wurde ebenfalls sofort von der SS angezündet, wir mußten uns waschen und erhielten neue Kleidung und neuen Schutz, dazu jeder eine Flasche Schnaps, auch unsere Häftlinge.

Ein hoher SS-Mann sagte mir, es habe da oben eine große Stichflamme gegeben gestern, man hat etwas Neues gemacht, davon wird die ganze Welt sprechen, und wir Deutschen sind die ersten. Leider sei dabei einiges nicht so gelaufen wie geplant und einige Nichtsnutze habe man weniger.

Beim 2. Einsatz wurden nochmals drei Haufen errichtet. Dabei sahen wir, wie aus dem Wald einige völlig unmenschliche Lebewesen angekrochen kamen. Wahrscheinlich konnten einige nichts mehr sehen. – Pause – Ich kann es auch heute nicht beschreiben. Von zwei SS-Leuten wurden diese ca. zwölf bis fünfzehn Menschen sofort erschossen. Ob sie wirklich schon erschossen waren, kann ich nicht sagen, da einige doch noch den Mund bewegten. Sie wurden bzw. mußten von anderen Häftlingen auf die in Flammen stehenden Haufen getragen werden.

Wir wurden wieder zum Gut gebracht, und es wiederholte sich alles. Gegen 23 Uhr fuhren wir zurück zur Bollde [Polte 2, Anm. d. A.] *Am Waldrand waren 14 Feuerstellen zu sehen. Wir konnten an diesem und den nächsten Tagen nichts essen, es gab für uns und die Häftlinge immer wieder Schnaps. Einer unserer russischen Häftlinge sagte uns, er habe einen der Erschossenen noch verstanden, ›... großer Blitz – Feuer, viele sofort tot, von der Erde weg, einfach nicht mehr da, viele mit großen Feuerwunden, viele blind, Gruß an Mutter von Olek Barto nach Gurjew ...‹ Unser Häftling hat mir 1952 geschrieben, daß er wirklich den Gruß konnte an die Mutter geben.*

Soviel zur Beantwortung dieser Frage. Dazu: Ich habe auch heute noch zu vier ehemaligen Häftlingen Verbindung.

Vorgelesen und mit Unterschrift beglaubigt:
gez. Wachsmut«

Wir glauben, daß dieser Zeugenbericht keiner näheren Erläuterung bedarf – er ist eindeutig! Das, was am 4. März 1945 im Dreieck explodierte, ließ Menschen spurlos verschwinden und führte zu grauenhaften Verstümmelungen und schlimmsten Verletzungen. Liest man den Bericht, ist man sofort an die Schrekkensszenarien von Hiroshima und Nagasaki erinnert, auf deren detaillierte Beschreibung wir an dieser Stelle verzichten wollen. Es gibt sonst nichts Vergleichbares! Auch der Zeuge konnte die am 5. März 1945 erlebten Szenen nicht vergessen, obwohl er sicherlich »abgehärtet« war angesichts des Umstandes, daß er immer wieder an der Verbrennung von Häftlingsleichen im Gebiet der Polte 2 beteiligt war.

Selbst das Tragen von Vollschutzanzügen und die Ausgabe von Alkohol sind eindeutige Zeichen dafür, daß hier etwas detonierte, was angeblich erst die Amerikaner einige Monate später testeten! Beides dient nämlich der Minderung der Folgen der Verstrahlung, die man sich zwangsläufig zuzieht, wenn man in einem Atomwaffentest-Gebiet unmittelbar nach einem Versuch eingesetzt wird, auch wenn die Waffe nur sehr klein war.

Natürlich wußte der Zeuge nicht, was genau dort am Vortag geschehen war. Er erfuhr nur, daß etwas neues getestet worden war, das schreckliche Folgen für die im Gebiet befindlichen Menschen hatte – wovon er sich selbst überzeugen mußte. Doch nach dem Krieg, und vor allem nach dem Bekanntwerden der US-Atombombenabwürfe auf Japan und ihrer Folgen, dürfte er geahnt haben, welche Neuentwicklung auf dem Truppenübungsplatz Ohrdruf versuchsweise ausprobiert worden war. Und daß man ihn ohne Rücksicht auf gesundheitliche Folgen eingesetzt hatte, um die schrecklichen Spuren des Waffentests zu beseitigen.

Doch nicht nur eine Wunderwaffe mit bisher nicht gekannter Sprengkraft war in diesem Teil Thüringens erprobt worden – nein: Auch ein neues Trägersystem wurde hier getestet. Das scheint zunächst unglaublich, doch wir werden aufzeigen, daß unsere Behauptung den Tatsachen entspricht.

»Befragung von Gen. Albin Kummer aus Weimar

[Fragen: Wortlaut unbekannt]

Die erhaltenen Fragen kann ich so nicht beantworten, da ich nach 1945 nichts mit der KPD oder SPD in Arnstadt zu tun hatte und ich auch die Namen nicht kenne. Eine Befragung wurde von den sowjetischen Genossen in Weimar gegenüber dem Gen. Schörnig abgelehnt, da sie dazu und zur Arbeit des Gen. Schörnig laut Angabe des Gen. Oberst Kajanow eine eigene Meinung haben. Gen. Oberst Kajanow kennt Gen. Schörnig persönlich aus seiner Arnstädter Zeit. Meine Aussage ist mit den sowjetischen Genossen abgesprochen.

In das Gebiet Arnstadt gelangte ich 1944 als Techniker. Mein Arbeitgeber war die Reichspost und der Forschungsrat, die in der Umgebung von Arnstadt und Ohrdruf mehrere Objekte mit verschiedenen Bezeichnungen hatten. Dazu war noch eine enge Forschungsarbeit mit der Forschungsgruppe der SS und mit einigen Ausländern [vorhanden]. So gab es ab ca. März 1944 einen Versuchsaufbau zum Abschuß von Flugobjekten auf dem Gelände der Bollde in Rudisleben [Polte 2, Anm. d. A.]. *Dieses [Objekt] hatte die Bezeichnung ›Weiße Hütte‹ und befand sich rechts am Ende der Anlage, d. h. von Rudisleben am KP vorbei, gerade über die beiden Kreuzungen, gerade am linken Tanklager vorbei, da war dann das Abschußgelände linkerhand. Die Straße endet links an den vier Tanklagern, und rechts geht sie zu verschiedenen Bunkeranlagen. Zur Abschußanlage ging keine direkte, befestigte Straße, nur vom Bunker an der Straße ging ein direkter Weg. Die Anfahrten gingen durchs Gelände und mußten immer sofort immer wieder unkenntlich gemacht werden. Um den Punkt war in Richtung Arnstadt eine Schutzmauer, die gleiche in Richtung Rudisleben – damit wurde der Lärm zu den Orten hin abgeschwächt. Zuerst wurden pro Monat zwei bis drei Versuche durchgeführt. Teilweise wurden die Flugobjekte mit Flugzeugen gebracht, dazu war neben dem Bollde-Gelände eine Landebahn errichtet [worden].*

Das größte Flugobjekt wurde am 16. März 1945 in der Nacht abgeschossen. Dieses Flugobjekt wurde als Wunderwaffe bezeichnet. Es war über 30 m hoch und hatte unten einen Durchmesser von über 4 m. Zum Betanken dieser Waffe wurden zwei Tage benötigt.

Es war einmalig, wie das große Ding gegen den Nachthimmel ging. Die großen Herren von SS und Forschungsrat feierten bis zum Mittag am anderen Tag. Es war wohl ein großer Erfolg der Wissenschaft und der Forschung. Ein zweites Flugobjekt wurde vorbereitet, doch dann waren einige ganz hohe Tiere im Objekt, ich glaube sogar, daß Speer dabei war. Doch dann war auf einmal alles ruhig, das Objekt wurde sogar abgebaut.

Auf einmal war die Nachricht da, die Amis sind in Ohrdruf, doch unsere Herren machten ruhig weiter. Am 8. [April, Anm. d. A.] *hatten unsere SS-Leute keine Uniformen mehr an, und wir erhielten auch blaue bzw. schwarze Schlosseranzüge mit blauen Armbinden. Auf der Straße bei der 2. Kreuzung wurde Stacheldraht gezogen und Schilder aufgestellt mit englischem und deutschem Text: ›Lebensgefahr! Minen!‹ Gleichzeitig wurde ein KP* [Kontrollpunkt] *auf der langen Geraden eingerichtet, wo einige von unseren Herren des Forschungsrates, die Englisch sprechen konnten, Dienst machten.*

Was mit dem Rudislebener Teil der Bollde [Polte 2] *geschah, kann ich nicht sagen. Am 16. [April] waren dann drei Jeeps der Amis da, die sprachen am KP und fuhren wieder weg, weitere Amis haben wir nicht gesehen.*

Uns wurde gesagt, wir werden es noch sehr gut bei den Russen haben, und der große Stalin wird uns Orden in Moskau geben.

Am 6. August wurden die blauen in rote Armbinden umgetauscht, und die ersten Russen waren da, am Eingang waren russische Schilder angebracht, und am 19. waren dann hohe sowjetische Herren aus Moskau da. Dann ging alles doch schnell, bis Mai [1945] waren alle Teile in die Sowjetunion gebracht, und wir flogen auch von Leipzig in die SU [Sowjetunion].

1948 wurden wir dann wirklich von Gen. Stalin in Moskau empfangen und erhielten die höchsten sowjetischen Orden. Wir konnten nach Deutschland zurück, oder wir konnten auch bleiben bzw. bei der sowjetischen Armee arbeiten, bei der ich auch heute noch bin.

Vorgelesen und mit Unterschrift beglaubigt:
gez. Kummer«

Sollte innerhalb des Geländes der Polte 2 bei Rudisleben, das sich nordnordöstlich von Arnstadt erstreckt, wirklich eine deutsche Großrakete abgeschossen worden sein? Wie ist so etwas möglich, wenn es doch in der einschlägigen Literatur überall heißt, die V-2 sei die größte deutsche Rakete gewesen, und alle Nachfolgeprojekte seien nur auf dem Papier entstanden?!

Wir sagen es ganz offen: Man hat die Öffentlichkeit jahrzehntelang in bezug auf die wahre Dimension deutscher Technologieentwicklungen *belogen*. Vor allem Amerikaner und Russen wollten nach dem Krieg auf keinen Fall zugeben, wie weit die deutsche Wissenschaft und Ingenieurskunst wirklich entwickelt war. Statt dessen trachtete man danach, die erbeuteten Technologien zum Nulltarif selbst zu nutzen und als Eigenerfindungen auszugeben – starker Tobak! Was immer auch die Deutschen im Zweiten Weltkrieg an Verbrechen begangen haben, es rechtfertigt auf gar keinen Fall das Verschweigen der wahren Urheberschaft von wissenschaftlich-technologischen Entwicklungen. Wie sehr mußten die Alliierten »die deutschen Jungs in den Hinterzimmern«, womit man ein wenig abfällig die Ingenieure und Wissenschaftler während der Zeit des Nationalsozialismus meinte, und deren Erfindergeist fürchten, wenn man zu solchen Mitteln griff? Wie groß war der technologische Vorsprung der Deutschen auf einigen Gebieten? Nur zehn Jahre? Oder realistischerweise 20 bis 25 Jahre?! Wollten die Alliierten mit ihrer Geheimhaltung in bezug auf die deutschen Wunderwaffen ihr technologisches Unvermögen kaschieren oder verschleiern, daß sie um Haaresbreite – und vor allem in einem Moment, in dem sie sich bereits in bezug auf den Kriegsausgang sicher wähnten – hätten komplett vernichtet werden können?

Sicherlich, der Zweite Weltkrieg ist lange vorbei, und mancher Zeitgenosse mag der Meinung sein, daß das, was damals war, mit dem Hier und Heute nichts mehr zu tun habe. Diese Auffassung können wir nicht teilen. Wir meinen, daß eine korrekte Betrachtung der Geschichte des 20. Jahrhunderts nur dann möglich ist, wenn *alle* Fakten bekannt sind. Wie will man die Gegenwart und Zukunft gestalten, wenn wesentliche Teile der Historie verborgen und manipuliert werden? Davon abgesehen mögen wir es nicht, wenn man die Öffentlichkeit für dumm verkauft, was heutzutage leider immer öfter der Fall ist.[42] Wir mögen es auch nicht, wenn sich einzelne Personen oder aber auch ganze Nationen »mit fremden Federn schmücken«, aus welchen Gründen auch immer.

Das Schlimmste aber ist bei der ganzen Angelegenheit die öffentlich zur Schau gestellte Heuchelei und die selektive Geschichtsbetrachtung. Bei geheimen Bau- und Forschungsprojekten des Dritten Reiches in Thüringen kamen Tausende und Abertausende von Häftlingen ums Leben. Dort, wo es nützlich erscheint, werden die Toten genannt und heute geehrt. Diejenigen allerdings, die im Großraum Jonastal ums Leben kamen, sind so gut wie vergessen. Weder zu DDR-Zeiten noch zu Zeiten des wiedervereinigten Deutschlands hat man das Projekt »S III« einer wissenschaftlichen Aufarbeitung unterzogen. Mancher hat sich deshalb gewundert. Wir wundern uns nicht, denn uns ist klar, daß man das Thema *nicht erörtern will*, weil dann Dinge hochkommen werden, die das Geschichtsbild auf den Kopf stellen (oder besser gesagt auf die Füße, weil es zur Zeit auf dem Kopf steht). In unseren Augen ist es eine Schande, daß man sich der wahrheitsgemäßen Aufklärung der Umstände, die zum Tod von vielleicht 25 000 Menschen (nach Rittermann) geführt haben, bisher entzogen hat! Es handelt sich dabei, das müssen wir ausdrücklich betonen, um ein unaufgeklärtes Kriegsverbrechen, das nicht verjährt! Doch niemand fühlt sich zuständig, etwas zu unternehmen.

Wir können uns manchmal des Eindrucks nicht erwehren, daß

---

(42) Der Herausgeber der Zeitschrift »raum & zeit« forderte in der Ausgabe 118/2002 in Abwandlung eines alten Sozialisten-Liedes: »Wacht auf, Verdummte dieser Erde.« Dieser Forderung können wir uns nur anschließen.

das Nichtstun in bezug auf die Erforschung des Schicksals der vielen Toten wie auch die nach wie vor anhaltende Geheimhaltung in bezug auf den wahren Stand der deutschen Hochtechnologie besondere Gründe haben muß. Genaugenommen müßte doch anzunehmen sein, daß die Entwicklung der Atombombe wie auch einer Interkontinentalrakete so lange her ist, daß man dies hätte längst alles offenlegen können. Da das aber nicht der Fall ist, ist davon auszugehen, daß da noch mehr war. Freilich, heutzutage wird man die Geheimhaltung mit der Drohung durch den internationalen Terrorismus begründen. Aber das ist nicht stichhaltig. Wir glauben vielmehr, daß die Alliierten einen Teil der Technologien, die im Umfeld der deutschen Nuklearwaffe entwickelt wurden, nicht in ihre Hände bekamen bzw. einiges, was sie erbeuteten, nicht verstanden. Weshalb sonst sind die Mitarbeiter verschiedener Dienste mit drei Buchstaben in Thüringen vor Ort? Sicherlich nicht, um die Landschaft zu genießen!

Zurück zur deutschen Großrakete. Daß es sie gab, steht außer Zweifel. Wir sind auf dieses Thema bereits an anderer Stelle[43] anhand von alliierten Dokumenten ausführlich eingegangen, so daß wir uns hier auf die Bedeutung der Polte II bei Rudisleben beschränken können.

In diesem Falle liegen uns, wie wir zeigten, nicht nur dokumentierte Zeugenaussagen vor, sondern es gelang uns auch, die dazugehörigen, aus dieser Zeit stammenden Luftbilder ausfindig zu machen. Bemerkenswerterweise sind diese schon vor Jahren durch US-Behörden freigegeben worden, befinden sich in Deutschland und sind für Interessenten jederzeit zugänglich. Sie bestätigen die Aussagen der Zeugen in vollem Umfang.

Hatte man seitens der für die Klassifizierung Zuständigen in den USA diese Luftbilder in ihrer Bedeutung übersehen? Oder glaubte man allen Ernstes, daß sich über 50 Jahre nach Kriegsende niemand für das »alte Zeug« interessieren würde? Wir sind den Amerikanern jedenfalls sehr dankbar, daß sie uns den Beweis für die Existenz einer Abschußrampe bei Rudisleben im

(43) Vgl. hierzu: Edgar Mayer & Thomas Mehner: Hitler und die »Bombe« – Welchen Stand erreichte die deutsche Atomforschung und Geheimwaffenentwicklung wirklich?, Kopp Verlag, Rottenburg 2002, Kapitel »Die Raketenfrage«, S. 179–208.

Areal der Polte 2 geliefert haben – auch wenn das sicherlich nicht beabsichtigt gewesen sein mag.

Die Luftbilder, auf die wir uns beziehen, wurden im Zeitraum März und August 1945 aufgenommen. Sie wurden uns freundlicherweise vom »Bildarchiv LUFTBILDDATENBANK, Ing.-Büro H. G. Carls, Würzburg« in hoher Auflösung zur Verfügung gestellt, so daß auch Bildausschnitte genauer untersucht werden konnten. Die Bilder bzw. Ausschnittsvergrößerungen finden Sie mit entsprechenden Erläuterungen nachfolgend. Sie sind der Beweis für die Authentizität der Zeugenaussagen.

Das Terrain der bei Rudisleben liegenden Munitionsfabrik »Polte 2«, fotografiert von der 7. US Photo Group am 16. März 1945. Das Bild wurde genau an dem Tag aufgenommen, an dem gegen 23 Uhr der Probeabschuß einer neuen deutschen Wunderwaffe erfolgte – einer 30 m hohen Rakete. Die Startanlage befand sich in Form einer fünfeckigen Struktur am Rand der »Polte 2« (schwarzer Kreis).
(Bildarchiv LUFTBILDDATENBANK, Ing.-Büro H. G. Carls, Würzburg).

Das Gebiet der Startanlage in einer ersten Vergrößerung. (Bildarchiv LUFTBILDDATENBANK, Ing.-Büro H. G. Carls, Würzburg).

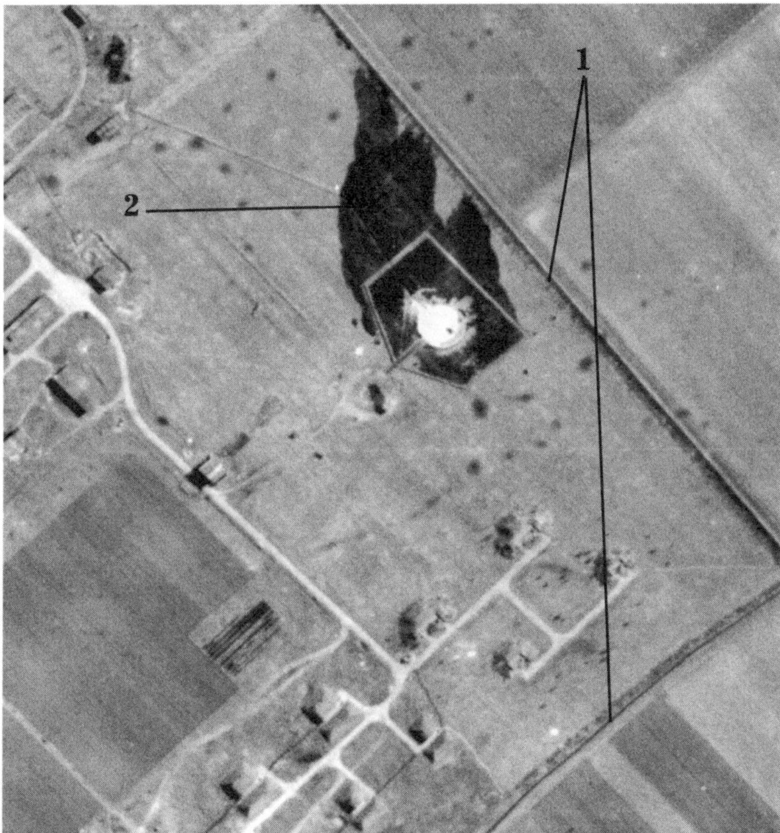

Vergrößert man den Luftbildausschnitt weiter, werden Details sichtbar, die der Zeuge Albin Kummer aus Weimar berichtete, wie beispielsweise die Mauern, die aus Lärmschutzgründen errichtet worden waren (1). Die fünfeckige Struktur ist nunmehr deutlich erkennbar. In ihrem Umfeld befindet sich ein schwarzer Fleck (2), bei dem es sich wahrscheinlich um Bodenbereiche handelt, die bei einem vorhergehenden Test oder Unfall verbrannt wurden.
(Bildarchiv LUFTBILDDATENBANK, Ing.-Büro H. G. Carls, Würzburg).

Der Zeuge Albin Kummer erwähnte in seiner Aussage, daß man nach dem Probeabschuß vom 16. März 1945 begonnen habe, die Anlage zu demontieren. Tatsächlich kann man in einem US-Luftbild vom 28. März 1945, das ausschnittsweise vergrößert wurde, bereits erste Veränderungen im Bodenbereich erkennen.
(Bildarchiv LUFTBILDDATENBANK, Ing.-Büro H. G. Carls, Würzburg).

Eine nochmalige Überfliegung des Areals durch die US-Luftaufklärung fand am 19. Juli 1945 statt. An diesem Tag wurden große Teile des Gebietes um Arnstadt und Ohrdruf in Luftbildern festgehalten.
Der oben abgebildete Ausschnitt des Terrains der Polte 2 zeigt, daß die Demontagearbeiten abgeschlossen waren. Die fünfeckige Struktur existiert nicht mehr, es sind lediglich noch Reste von Betonflächen zu erkennen, die jedoch mit den von den Russen nach dem Krieg organisierten Abbrucharbeiten der oberirdischen Gebäude im Laufe der Jahre ebenfalls verschwanden.
(Bildarchiv LUFTBILDDATENBANK, Ing.-Büro H. G. Carls, Würzburg).

[redacted]

know locn 1st Co; Bn have had no contact with this (Armd Rcn) Co for several days. He has seen men fr 110 and 111 PGR vic OHRDRUF. Str and mission unknown. Mission of Bn was to collect any stragglers around its posn and attempt reorganization; at the same time, it was to def rd vic J1146.

f. PW's Name on Radio: In transmitting on CW or Voice radio PW's name will not be given in the clear, particularly names of officers and NCO's. PW's state many do not surrender because of retaliation against their families.

g. OHRDRUF-NORD Concentration Camp: On a hill overlooking the town of OHRDRUF (J 1152) is loctd one of the lesser known German concentration camps overrun by swift advance of the 4th Armd Div. In the vic of a row of wooden buildings lie 30 dead men shot by the fleeing Germans because the civilian PWs were too weak to be taken with them. In another wooden building on one side of the camp 30 more corpses are stacked sprinkled with lime awaiting burial in the nearby forest.

h. Murdercamp, vic OHRDRUF: A PW, NCO, rpts that a Concentration Camp of political prisoners, existed in the vic of OHRDRUF. According to stories told him by members of the guards, several thousand persons were killed during this winter at the camp. The PW himself happened onto an open mass grave some weeks ago, and he states that he saw nude bodies laying in lakes of blood. The PW further rpts that many, or perhaps all, of the bodies were exhumed lately and burned in the woods, vic J 115565. On 28 Mar 45, PW believes, several hundred of the political prisoners were still alive. He further states that guards in part belonged to the SS Das REICH and in part to SS LEIBSTANDARTE Adolph Hitler.

The entire area btwn OHRDRUF - SCHWABHAUSEN - WOLFIS - WECHMAR (J 1156) was a tk troop drill and maneuver ground. PW was told by an ordnance man stationed at OHRDRUF that from here a new secret wpn will shortly rise (wird steigen). It is believed that the entire area should be very thoroughly examined for new materiel. If any of the above mentioned political prisoners can be found alive, interesting evidence should also be forthcoming. (Source: 89 Inf Div Per Rpt No. 27).

i. Annex No. 1: "Special Interrogation Report".

j. Annex No. 2: "Classification of German Civilian and Military Bridges".

k. Annex No. 3: "Supplies for Nazi Redoubt".

l. Annex No. 4: "Deception, German Style".

Nicht nur Zeugenaussagen und Luftbilder dokumentieren, daß der Einsatz einer neuartigen Wunderwaffe von Thüringen aus unmittelbar bevorstand. Das Journal des amerikanischen G-2-Militärgeheimdienstes meldete u. a., daß beim Vormarsch auf Ohrdruf ein deutscher Kriegsgefangener berichtete, daß von Ohrdruf aus bald eine neue Wunderwaffe eingesetzt würde. Das G-2-Journal wörtlich: »... that from here a new secret wpn will shortly rise (wird steigen).« Andere amerikanische Berichte sprachen von einer unterirdischen V-1-Fertigung im Gebiet, aber auch vom Test an einer sogenannten V-3.

Doch damit nicht genug. Auf Betreiben des Autors Friedrich Georg, der sich in seiner Buchreihe »Hitlers Siegeswaffen« ebenfalls dem Thema geheimgehaltener Hochtechnologie-Projekte des Dritten Reiches zugewandt hat, wurde eine der vorseitig abgebildeten Luftaufnahmen einer genauen Analyse durch einen britischen Militär-Luftbildauswerter unterzogen. Herr Georg gestattete uns freundlicherweise, die Analyse zu studieren. Der britische Luftbildauswerter gelangte eindeutig zu dem Schluß, daß eine Reihe von Gebäuden im Bereich der Polte 2 bei Rudisleben für die Entwicklung und Herstellung einer Rakete verwendet wurde, die größer als die V-2 war! Die fünfeckige Struktur beinhalte, so heißt es, eine Starteinrichtung für sogenannte »Freiflugraketen«. Darüber hinaus, so die Analyse[44], seien bei der Auswertung der Luftbilder eindeutige Hinweise auf unter der Erde liegende Bunker gefunden worden, die mit der Raketenfertigung zu tun hatten, in dieser Form aber bisher nirgendwo in Deutschland aufgetaucht seien. Insgesamt gesehen, so das Ergebnis des Gutachtens, unterscheide sich das in Frage kommende Gebiet der Polte 2 in mehrfacher Hinsicht von anderen bekannten deutschen Raketenfertigungen.

Als letztes starkes Indiz für die besondere Rolle der Polte 2 möchten wir abschließend nochmals auf die bereits am Anfang unseres Buches genannten G2-Berichte verweisen. In ihnen fanden wir einen Hinweis, der uns aufhorchen ließ: Im Gebiet von Ichtershausen, womit aus unserer Sicht nur die Munitionsfabrik Polte 2 gemeint sein kann, wurden zwölf Tonnen deutscher Dokumente von »äußerst wichtiger Natur« gefunden, für die sich sofort die Technologiejäger der *T-Force* interessierten. Das Material wurde umgehend klassifiziert und nach Wiesbaden überstellt.[45] Das ist insofern merkwürdig, als die G2-Reports an an-

---

(44) Die Analyse datiert vom 6. Februar 2002 und wurde vom britischen Luftbildauswerter Nigel Wylde erstellt. Sie liegt im englischen Original ebenso vor wie in einer deutschen Übersetzung. Wir danken an dieser Stelle Herrn Friedrich Georg für die Einsichtnahme. Die Analyse wird komplett veröffentlicht in: Friedrich Georg: Hitlers Siegeswaffen, Band 2, Teilband B: Von der Amerika-Rakete zur Orbitalstation – Deutschlands Streben nach Interkontinentalwaffen und das erste Weltraumprogramm, Amun-Verlag (Neuerscheinung Ende 2002).

(45) G-2 Journal, 102D Infantery Division, GSGS 4416, Sheet R5, June 1945, National Archives.

C O N F I D E N T I A L From: 131431B June 45

102D INFANTRY DIVISION To : 141430B June 1945

G-2 JOURNAL J077656, Gotha, Germany.

GSGS 4416, Sheet R5, Scale 1/100,000

Time In	Time Out	Serial No.	Time Dated	Incidents, Messages, Orders, Etc.	Action
131415B		218		Recd fr Ninth A: Ch #1 to Sta & Asgmt List #28 da ted 111200B Jun e 45, & Ch #2 to Sta & Asgmt List #28 da ted 121200B June 45 - Bucked through.	
131420B		219		Tp fr VIII Corps: Weather Rpt: Scattered showers during rest of afternoon becoming very scattered tomorrow. Vis good except moderate at dawn & in shower area. Broken very low clouds with base 1000-2000 ft except 700-1000 ft in shower area & over hills. Clouds will decrease becoming scattered to ~~broken~~ tomorrow. Max temp 68°; min temp 47°.	#1
131445B		220		Recd 406th PR #195 - 12/131000B June 45.	
131450B		221		Recd fr 407th: (1) PR #181 - 12/131000B; (2) Wkly Rpt, Conditions in Germany, dated 13 June.	
1[illegible]51B		222		Recd 405th PR #207 - 12/131000B June.	
131452B		223		Recd fr Ninth A: Ch 7 to Adm o #12 bucked thru.	
140940B		224 ?		Tp fr Lt Campbell: There will be a Court Martial (General) Meeting tomorrow at 151000B in the Court Room in Hq Bldg.	#2
	140950B	225		Tp to 405th: Asked for additional info on status rpt of "T" Force Targets. Will call back on whether or not these targets are being guarded.	
141000B		226		Recd fr Ninth A: Sta & Asgmt List #28 dated 101200B June - Bucked thru.	
141015B		227		Tp fr 405th: Called back & gave us info on "T" Force Targets which are & are not being guarded.	
141025B		228		Tps fr 406, 405, 407: Incoming ISUMS: 406 Inf: Have 1 man. Automatic arrestee who had been in the SD since 1938. 1 Hauptscharfuhrer of the Allgemeine SS, 1 Oberscharfuhrer of the Waffen SS and 54 PWs who had improper papers or no papers at all. 405 Inf: NTR. 407 Inf: NTR.	#3
141125B		229		Recd TWX fr G-3 VIII Corps: Seventh Army takes over Ninth Army responsibility at 150001B. All administrative papers to Seventh Army, APO 758, after 132400B.	
141127B		230		Recd fr G-2 VIII Corps: TWX: Discharge policy on German PWs.	To G-1
	141130B	231		Tp to VIII Corps: ISUM: 54 PWs picked up without proper passes or no passes at all.	
141140B		232		British Maj R Kaye, Control Commission for Germany: Came up with Lt Hill, IPW Team, to rpt on 12 tons of German Documents of a highly important nature at ICHTERHAUSEN. Wants SHAEF and T Force at WASBADEN notified to remove documents immediately. They are State Top Secret documents. Now under guard.	
	141415B	233		Tp to VIII Corps: Col Parsons discussed disposal of German Documents found in this area.	
	141430B	234		Tp to Lt Fleischmann at Camp 94: Col Parsons gave instructions for disposal of bodies of people who died there.	

C O N F I D E N T I A L

Das G-2-Dokument, das über den Abtransport wichtiger Dokumente berichtet, die bei Ichtershausen gefunden wurden.

				without proper passes or no passes at all.
141140B		232		British Maj R Kaye, Control Commission for Germany: Came up with Lt Hill, IPW Team, to rpt on 12 tons of German Documents of a highly important nature at ICHTERHAUSEN. Wants SHAEF and T Force at WASBADEN notified to remove documents immediately. They are State Top Secret documents. Now under guard.
	141415B	233		Tp to VIII Corps: Col Parsons discussed

derer Stelle wissen lassen, daß z. B. Dokumente des OKH, die man fand, oft wochenlang in Kisten verpackt lagerten, bevor sie abtransportiert wurden. Wenn aber die *T-Force* ihre Finger im Spiel hatte, konnte es sich nur um Unterlagen handeln, welche die deutsche Hochtechnologie betrafen. Wir vermuten, daß die Amerikaner diejenigen Dokumente fanden, die das Großraketenprojekt angingen. Und dieses Material mußte aus nachvollziehbaren Gründen schnellstens in Sicherheit gebracht werden.

Für uns ist aufgrund der Übereinstimmungen von Zeugenaussagen, Luftbildern, G2-Berichten und Analyseangaben der *Beweis* erbracht, daß der Bereich der Orte Rudisleben – Ichtershausen mit der dort befindlichen Munitionsfabrik Polte 2 eine besondere Rolle spielte, die im Zusammenhang mit einer deutschen Großrakete stand.

Besonders interessant ist, daß selbst die ortsansässige Bevölkerung im März 1945 gerüchteweise von besonderen Vorgängen im Gebiet erfuhr. So schrieb eine Zeugin in ihrem Tagebuch:[46]

»... 27.02.1945: Tiefflieger beschossen mit Bordwaffen wieder unsere ganze Umgebung, Jonastal, Bittstädt, Ohrdruf und es brannte auch. Im steten Wechsel gehen wir in den Keller, hinauf, hinunter.

07.03.1945: Über das Jonastal und Ohrdruf gehen viele Gerüchte, es soll unbedingt alles geheim bleiben, wer davon redet, wird bestraft. Die Gerüchte verdichten sich, wonach ab 15. März um Arnstadt etwas vorgehen soll, was die Wut der Amerikaner auf die Stadt noch größer macht. Viele, die es können, rücken ab.

15.03.1945: Luftkämpfe über dem Jonastal, den ganzen Tag Sirenengeheul, wechselnd in allen Alarmstufen.«

---

(46) Tagebuch der Margarethe Behr, veröffentlicht in: »Arnstädter Stadtecho«, Ausgabe Juni 2002.

Was hätte die Wut der Amerikaner auf Arnstadt vergrößern können, wenn doch da nach offizieller Lesart »gar nichts war«? Und warum die Luftkämpfe und die Fotoaufklärung? Stand das Ganze mit dem Start der Rakete bei Rudisleben in Verbindung? Glaubten die Alliierten, daß von dort aus die »Wunderwaffe« eingesetzt werden sollte, die New York erreichen sollte?

Wir möchten, bevor wir die weiteren Zeugenaussagen vorstellen, noch kurz darauf hinweisen, daß dieser Raketentechnologie-Standort nicht der einzige seiner Art im Gebiet zwischen und um Arnstadt – Ohrdruf gewesen sein soll, sondern daß noch weitere existierten, wie ein Zeuge behauptet. Es ist durchaus denkbar, daß mehrere Großraketen an verschiedenen Standorten erprobt wurden, aber auch, daß sich hinter dem Begriff der A9/A10 bzw. V-3 mehrere verschiedene Systeme verbargen. Die genannten Bezeichnungen sollte man daher besser nur als Sammelbegriffe für das Großraketenprogramm interpretieren.

»Befragung von Kollege Werner Kasper

Frage: Kollege Werner Kasper, auch Du hast die Fragen erhalten. [Deren Wortlaut ist unbekannt, Anm. d. A.] *Wir bitten Dich, uns zu den Fragen jeweils eine Antwort zu geben. Noch eine Zusatzfrage: Du bist nicht in der Chema tätig und hast nichts mit Gleichnamigen dort zu tun?*

Es ist richtig. Ich war bis 1948 in der Mako, nie in der Chema. Bin bei der SED im Bezirk tätig.

1943 wurde ich als Obermeister zum Bau von Tankanlagen nach Arnstadt ins Mitteldeutsche Werk befohlen. Wir waren zuerst im ›Erfurter Hof‹, dann in der ›Rosenau‹ in Arnstadt untergebracht. Allerdings hatten wir nie etwas mit dem Mitteldeutschen Werk zu tun. Wir arbeiteten für die Bollde [Polte 2] *und wurden auch von dort bezahlt.*

Ab September 1945 arbeiteten wir für die sowjetische Armee. Von den Namen ist mir nur bekannt ein Dr. Seuffert und ein Dr. Weidemann, alle anderen Namen kenne ich nicht.

Mit dem Sonderlager und den anderen Einrichtungen hatten wir nichts zu tun. Ich war auch erst nach 1945 mit einigen Sowjets in einer Anlage, wir kannten diese überhaupt nicht. Unse-

re Aufgabe war es, Tanks zu fertigen, die für Sauer- bzw. Stickstoff waren. Dabei wurden Versuche mit verschiedenen Stahlsorten, Nietverbindungen und Schweißarten [gemacht].

Es wurden Tanks für das Mitteldeutsche Werk und für die Bollde in Rudisleben gebaut.

Die Tanks im Mitteldeutschen Werk waren am Ende der Hallen in Richtung Holzhausen: Es gab dort drei Gruppen: 1. Sauerstoff, 2. Stickstoff, 3. Treibstoff und eine Tankmischanlage. Beim Bau halfen uns Häftlinge, die aber keine KZ-Kleidung trugen, sondern Felddienst, sie wurden mit uns gleich versorgt (Mittagessen). Es gab keine SS-Aufsicht, sondern eine Aufsicht, die der Reichspost gehörte. Wir hatten für das Werksgelände besondere Ausweise, in die Hallen durften wir nicht und mit dortigen Häftlingen auch nicht sprechen.

Diese Tankanlagen wurden nach 1945 mit einigen Arbeitern aus der Mako und anderen sowjetischen Freunden abgebaut und in die Sowjetunion gebracht und dort wieder aufgebaut.

Auf dem Gelände der Polte Rudisleben gab es ebenfalls eine Versuchsanlage und einen Nachbau für Raketenabschüsse, so wie in Peenemünde. Auch dafür mußten wir verschiedene Tanks aus verschiedenem Stahl errichten, die im Gelände jeweils zu Sechsergruppen gebracht wurden. Auch hier waren Sauerstoff, Stickstoff, verschiedene Treibstoffe und auch verschiedene Gase als Füllungen in den Tanks bzw. Behältern in der Größe von 1000 bis 20 000 Liter.

Es wurden verschiedene Abschüsse in Rudisleben durchgeführt. Höhepunkt war der 16. März 1945 in der Nacht gegen 11 Uhr. So einen Feuerschein bei einem Abschuß habe ich nie wieder gesehen. Wir hatten Bereitschaft und waren vor dem Bunker 4 nahe am Eingang, wo wir auch all unsere Werkzeuge hatten. Einige Wochen zuvor hatten wir viel zu tun, vor allem mußten wir eine Menge von Treibstofftanks errichten. Es lagerten ca. 100 Tonnen Treibstoff im Gelände. Von Nordhausen wurden immer nachts Teile gebracht, und Fachleute von Peenemünde und Berlin waren ständig da. Die Wachmannschaft wurde durch SS ersetzt, nur in unserem Bereich war noch die normale Wachmannschaft.

Am 13. März war eine Kupferleitung verstopft, und ich mußte mit einem Kupferschmied ins Objekt. Wir wurden in einem geschlossenen LKW mit SS-Leuten hingefahren. Was wir dort sahen, war einmalig: Diese Aggregate und dieses riesige Ding. Es muß über 30 m hoch gewesen sein und über 4 m im Durchmesser. Unten waren große Flügel und oben kleine Flügel. Darum waren ein großer Holzverschlag und eine Krananlage.

Uns wurde sofort die Arbeit gegeben, und es war für uns nicht einfach, die Kupferleitung in Gang zu bringen. Nach unserer Arbeit wurden wir nicht wieder zu unserem Bunker, sondern in ein Stollensystem im Bereich des Steigers nach Erfurt gebracht. Dieses war so groß, daß darin LKWs fahren konnten. Von einigen hohen SS-Leuten wurden wir belehrt und mußten einige Unterschriften geben, daß wir nichts gesehen haben; falls wir etwas sagen oder erzählen würden, würden wir sofort von der SS erschossen.

Daher nehme ich an, daß am 16. März dieses riesige Ding in die Luft ging, Flugrichtung Norden. Es war einmalig.

Zwei Tage danach mußten wir mit einigen Häftlingen viele Leitungen, die keine mehr waren, auf LKWs bringen. Wohin diese gingen, kann ich nicht mehr sagen. Ich kann nur noch sagen, daß unsere sowjetischen Freunde mit Dr. Schulz von der Forschergruppe aus Stadtilm viele Tage dort gearbeitet haben, es wurde sogar Erde auf sowjetische LKWs verladen, erst dann konnten wir die Tanks abbauen. Auch diese Tanks wurden alle in die Sowjetunion gebracht. Für unsere Arbeit wurden wir mit einem sowjetischen Orden geehrt und erhielten die Wismut-Lebensmittelkarte [diese Karte beinhaltete Sonderverpflegung, wie sie die Bergleute der Wismut AG erhielten, Anm. d. A.].

Einen Herrn Rittermann, Baumgart und Weidenhammer kenne ich nicht. Mit dem Gen. Schörnig habe und will ich nichts zu tun haben.

Mit dem Gen. Leutnant Kajanow und dem Gen. Seifferth hatte ich Verbindung, wobei ich den Gen. Leutnant erst vor zwei Wochen in Weimar gesprochen habe.

Ich wurde zu den Ereignissen vom Sowjetischen Rat in Weimar befragt, sonst von keinem.

Vorgelesen und mit Unterschrift beglaubigt:
gez. Kasper«

Diese Aussage bedarf keines weiteren Kommentars in bezug auf das vom Zeitzeugen Gesagte. Schade ist nur, daß die Fragestellungen seitens der Kommission, welche die Befragung durchführte, bisher nicht aufzufinden gewesen sind. Anhand dieser hätte man genauer ablesen können, was den Verantwortlichen in der DDR seinerzeit bekannt war und was nicht. Es scheint allerdings, daß man einige Namen von Verantwortlichen zu Kriegszeiten kannte (Rittermann, Baumgart, Weidenhammer), über die man mehr herauszufinden gedachte, weshalb dann auch die Zeitzeugen entsprechend befragt wurden.

»Befragung von Kollege Wilhelm Kaper

Ja, die Fragen habe ich erhalten, aber zu den Fragen 3, 5 und 6 kann ich nichts sagen, da ich zu diesem Zeitpunkt auf den Bahnhöfen in Plaue und Gräfenroda tätig war.

Erstmal muß man bedenken, daß es verschiedene Sonderzüge bei der Reichsbahn gab. So die Züge, die mit Häftlingen fuhren, die Züge, die Güter für das U-Boot-Magazin brachten, die Züge mit Baugütern und Wertbestand, die Züge, die Waren brachten und besonders bewacht wurden, und die Sonderreichszüge der Hitlermacht oder der SS.

Die Sonderzüge der Häftlinge waren eigentlich für Arnstadt sehr wenige Waggons, die Waggons wurden in die Firma Linn am Schwarzen Weg gefahren und dort ausgeladen.

Die Züge mit den Lebensmitteln und Ausrüstungssachen für das U-Boot-Magazin wurden direkt auf das Gelände der Malzfabrik am Rehestädter Weg gefahren.

Die Züge mit Baugütern und Wertsachen wurden z.T. in Haarhausen, in Plaue und am Nordbahnhof ausgeladen, wobei bei dem Wertbestand die SS stets dabei war.

Die Sonderzüge, sogenannte Reichssonderzüge, waren immer nur zum Zwischenaufenthalt in Arnstadt.

Anders war es mit den Sonderwaren-Zügen. Hier waren Züge vor allem von Nordhausen für die Polte in Rudisleben unterwegs, Züge, die Güter vom Mitteldeutschen Werk nach Dessau brachten bzw. von Dessau, Celle und Kahla Waren hierher transportierten. Diese Züge wurden besonders bewacht.

Besonders schwer war es für uns Reichsbahner, als Waggons

Kollege Werner Kasper, auch du hast die Fragen erhalten. Wir bitten dich uns zu den Fagen jeweils ein Antwort zugeben. Noch eine Zusatzfrage: Du bist nicht in der Chema tätig und hast nichts mit Gleichnamigen dort zu tun.

Es ist richtig. Ich war bis 1948 in der Mako, nie in der Chema. Bin bei der SED im Bezik tätig.

1943 wurde ich als Obermeister zum Bau von Tankanlagen nach Arnstadt ins Mittel-Deutsche-Werk befohlen. Wir waren zuerst im Erfurter Hof, dann in der Rosenau in Arnstadt untergebracht. Allerdings hatten wir nie etwas mit dem Mittel-Deutschen-Werk zu tun. Wir arbeiteten für die Bollde und wurden von dort auch bezahlt. Ab September 1945 arbeiteten wir für die sowjetische Armee. Von den Namen ist mir nur bekannt ein Dr. Seuffert und ein Dr. Weidemann, alle anderen Namen kenne ich nicht. Mit dem Sonderlager und den anderen Einrichtungen hatten wir nichts zu tun. Ich war auch erst nach 1945 mit einigen Sowjets in einer Anlage, wir kannten diese überhaupt nicht. Unsere Aufgabe war es Tanks zu fertigen, welche für Sauer- bzw. Stickstoff waren. Dabei wurden Versuche mit verschiedenen Stahlsorten, Nietverbindungen und Schweißarten.

Es wurden Tanks für das Mittel-Deutsche-Werk und für die Bolide in Rudisleben gebaut.

Die Tanks im Mittel-Deutschen-Werk waren am Ende der Hallen in Richtung Holzhausen. Es gab dort drei Gruppen: 1. Sauerstoff, 2. Stickstoff, 3. Treibstoff und eine Tankmischanlage. Beim Bau halfen uns Häftlinge, welche aber keine Kz-Kleidung trugen, sondern Felddienst, sie wurden mit uns gleich Versorgt (Mittagessen). Es gab keine SS-Aufsicht, sondern eine Aufsicht welche der Reichspost gehörte. Wir hatten für das Werksgelände besondere Ausweise, in den Hallen durften wir nicht und mit dortigen Beschäftigten auch nicht sprechen.

Diese und gegenüberliegende Seite: zwei Auszüge aus den Befragungsprotokollen vom 16. Mai 1962.

Befragung von Lehrer Gülland

Vom 15.April 1945 an mußte ich mit weiteren ca.20 Arnstädtern im ehemaligem Mitteldeutschem Werk arbeiten. Wir mußten auf LKws der Amis aus den Hallen zwei und drei die Güter verladen, in den anderen Hallen durfeten wir nicht die wurden strng von den Amis bewacht. Natürlich wurden auch wir von den Amis überwacht und die sagten uns was sie brauchen aus den Hallen. Jedoch waren diese Amis immer sehr gut zu uns und am Abend war immer eine Verpflegung da, sogar mit Rauchwaren. Unsere arbeiten waren am 12.Mai 1945 beendet.

Was wir machen mußten, es waren Verladearbeiten. so mußten wir Flugzeugteile, das waren vorallem Flügelteile wo verschiedene Aufhängungen daran waren und es waren Flugzeugrumpfteile, aber es waren keine Schwazteile dabei. Neben der Halle war ein fast fertiger Flugzeugrumpf, den sahen die Amis nicht. Als ich fragte ob erauch auf einem LKw soll sagte der Ami nicht zu gebrauchen, wir brauchen nur Forschungsergebnisse der Nazis. Vorallem waren die Amis auf Alutafeln, die mit einer fast schwarzen Farbe bestrichen waren , diese Tafeln mußten wir extra gut in Kisten mit Holzwolle lagern. Diese wurden dann auf dem Eichfeld gebracht und mit Flugzeugen weggeflogen. Von den sieben Flugzeugen welche am Fuß des Weinberges standen wurden von den Amis nur einige Teile ausgebaut. Auch das Materiallager in den Hallen war nichts für die Amis. Eines Abend fragte uns ein Ami ob wir nicht jeder eine Bohrmaschine (Handbohrmaschine elkt.) mitnehmen wollen, sie würden das Zeug nicht brauchen. Für uns waren die Maschinen Gold wert. Ab da gab uns bzw. durften wir auch jeden Abend Material mitnehmen, Nägel,Schläuche, Feilen,Locher, Meßschieber usw. Im Materiallager fand einer von uns einige Eimer mit schwarzer Farbe, er fragte ob er diese mitnehmen könne, der Ami war plötzlich Kopflos - nix arbeiten - ins freie - schnell schnell. So standen wir vor der Halle und er war mit einigen hohen Amis aus den anderen Hallen da und *aus Pilsen, Brüx und dann auch noch aus dem Bereich Karlshagen auf Usedom hier waren, da uns die Technik zum Entladen fehlte.*

Es ist richtig, daß zwei komplette Züge aus Norwegen länger als zwei Monate in Arnstadt standen. Die Loks mußten ständig unter Dampf stehen. Jeden vierten Tag wurden die Züge nach Plaue und zurück gefahren. Dann waren einige hohe Tiere von der Reichspost und von einem Forschungsrat da – die Güter bzw. Züge sollten nach Stadtilm. Doch zwei Tage danach wurden sie von der Reichspost entladen und die Waren bzw. Maschinen mit LKW über Bismarckstraße, Blumentalstraße, Kesselbrunn zum Mitteldeutschen Werk gebracht.

Die leeren Waggons aus Norwegen wurden von Gefangenen aus Ichtershausen auf dem Gelände des Nordbahnhofs als Waggons der Deutschen Reichsbahn neu gestrichen.

Uns wurde nur gesagt, z. B. bei den Waggons nach Dessau, der Inhalt seien Flugzeugteile. Auch die Ladepapiere waren nur als Maschinenteile beschrieben.

Andere Angaben kann ich nicht machen.

Vorgelesen und mit Unterschrift beglaubigt:
gez. Kaper«

Die Aussage des Reichsbahners Kaper, der mit hoher Wahrscheinlichkeit in einer leitenden Funktion tätig war, ist sehr wichtig, bestätigt sie doch, daß umfangreiche Transportaktivitäten zu verzeichnen waren, die nicht nur die übliche Verlagerung von Waren, sondern auch Sondereinsätze aller Art betrafen. Besonders hervorzuheben sind dabei jene Transporte, die von Nordhausen in das Gebiet der Polte 2 gingen, aber auch die Ankunft von Sonderzügen aus Pilsen, Brüx und Karlshagen. Was wurde von diesen Standorten nach Thüringen gebracht? Ausrüstungen für Hochtechnologie? Ja, mit hoher Wahrscheinlichkeit war genau das der Fall, denn bereits vorher war auch die demontierte Schwerwasseranlage von Norsk Hydro, Norwegen, in zwei Zügen nach Arnstadt gebracht worden und hier scheinbar spurlos verschwunden.

Das Ganze ist nicht nur ein Beweis dafür, daß zwischen Arnstadt und Ohrdruf bzw. im Umfeld der beiden Städte eine unterirdisch angelegte Hochtechnologiezone besonderer Art existierte. Es ist auch eine Bestätigung des Zeitzeugen Adolf Bernd Freier, hatte dieser doch in einem seiner Briefe[47] darauf hingewiesen, daß die von Norwegen nach Arnstadt transportierten Teile der Schwerwasseranlage wegen Fehlens geeigneter Transporttechnik zwei Monate lang auf dem Bahnhof der Stadt herumstanden, bevor sie abtransportiert und für die Ergänzung einer bereits bestehenden Anlage untertage verwendet werden konnten!

Es ist schon merkwürdig, daß die Angaben von Wilhelm Kaper, der Reichsbahner war und in der DDR lebte, mit den Angaben eines in Argentinien beheimateten Insiders übereinstimmen. Beide haben sich nie gesehen und berichten doch dasselbe! Zufall kann das wohl kaum sein!

Sei es, wie es sei: Die Verlagerungsaktionen fanden statt und waren so geheim, daß selbst die Transportpapiere gefälscht wurden, um den Erfolg der Mission nicht zu gefährden. Dies entspricht typisch der Kammlerschen Denk- und Handlungsweise, macht es aber heute so unendlich schwierig, den Dokumentenbeweis für derartige Aktivitäten erbringen zu wollen. Es entspringt heutiger naiver Denkmentalität vieler Experten, wenn sie glauben, daß man z. B. noch einen Lieferschein finden könnte, auf dem der Transport der deutschen Wunderwaffen der zweiten Generation oder irgendwelcher dazu nötiger Ausrüstungen oder Zubehörteile vermerkt sei. Solche Dokumente in Klarschrift wird man unseres Erachtens nirgends finden können, weil sie einfach den Geheimhaltungsgrundsätzen eines Hans Kammlers widersprachen, der stets darauf bedacht war, Personen, die nicht unmittelbar in von ihm kontrollierte Projekte involviert waren, zu täuschen. So war auf den Transportpapieren dann die lapidare Bezeichnung »Maschinenteile« zu finden, was niemanden neugierig werden ließ. Wieviele Lieferscheine mit »Maschinenteilen« mögen sich die Experten schon angesehen haben ohne zu ahnen, daß hier in Wirklichkeit ganz andere Dinge transportiert wurden?!

---

(47) Edgar Mayer & Thomas Mehner: Das Geheimnis der deutschen Atombombe. Gewannen Hitlers Wissenschaftler den nuklearen Wettlauf doch? Kopp Verlag, Rottenburg 2001, S. 242.

»Befragung von Lehrer Gülland

Vom 15. April 1945 an mußte ich mit weiteren ca. 20 Arnstädtern im ehemaligen Mitteldeutschen Werk arbeiten. Wir mußten auf LKWs der Amis aus den Hallen zwei und drei die Güter verladen. In die anderen Hallen durften wir nicht, die wurden streng von den Amis bewacht. Natürlich wurden auch wir von den Amis überwacht, und die sagten uns, was sie brauchen aus den Hallen. Jedoch waren diese Amis immer sehr gut zu uns, und am Abend war immer eine Verpflegung da, sogar mit Rauchwaren. Unsere Arbeiten waren am 12. Mai 1945 beendet.

Was wir machen mußten? Es waren Verladearbeiten. So mußten wir Flugzeugteile, das waren vor allem Flügelteile, wo verschiedene Aufhängungen daran waren, und Flugzeugrumpfteile verladen. Aber es waren keine Schwanzteile dabei. Neben der Halle war ein fast fertiger Flugzeugrumpf, den sahen die Amis nicht. Als ich fragte, ob er auch auf einen LKW solle, sagte der Ami: ›Nicht zu gebrauchen, wir brauchen nur Forschungsergebnisse der Nazis.‹ Vor allem waren die Amis auf Alutafeln, die mit einer fast schwarzen Farbe bestrichen waren, aus. Diese Tafeln mußten wir extra gut in Kisten mit Holzwolle lagern. Diese wurden dann auf das Eichfeld gebracht und mit Flugzeugen weggeflogen. Von den sieben Flugzeugen, die am Fuß des Weinberges standen, wurden von den Amis nur einige Teile ausgebaut. Auch das Materiallager in den Hallen war nichts für die Amis. Eines Abends fragte uns ein Ami, ob wir nicht jeder eine Bohrmaschine (Handbohrmaschine elektrisch) mitnehmen wollen, sie würden das Zeug nicht brauchen. Für uns waren die Maschinen Gold wert. Ab da gab man uns jeden Abend Material mit bzw. wir durften es mitnehmen: Nägel, Schläuche, Feilen, Locher, Meßschieber usw.

Im Materiallager fand einer von uns einige Eimer mit schwarzer Farbe, er fragte, ob er diese mitnehmen könne. Der Ami war plötzlich kopflos: ›Nix arbeiten – ins Freie – schnell, schnell.‹ So standen wir vor der Halle, und er war mit einigen hohen Amis aus den anderen Hallen da, und eine halbe Stunde danach waren ca. acht Jeeps da mit Amis in Zivil. Nach zwei Stunden durften wir alle heimgehen.

Am anderen Tag waren wieder einige hohe Amis da, auch ei-

nige in Zivil. Hans Wege erhielt von einem hohen Ami eine echt goldene Armbanduhr mit einem Eigentumsschreiben in Englisch und Deutsch, von einem General unterschrieben, er wurde vor allen belobigt und brauchte nicht mehr mitarbeiten. Er habe einen großen Schatz der deutschen Nazis gefunden, der noch eine große Rolle in der Geschichte haben werde.

Hans Wege wurde einige Tage danach mit seiner Frau und dem Sohn Werner mit ihren Möbeln auf einem LKW der Amis von Arnstadt weggebracht. Er sagte uns noch, er ziehe erst nach Wiesbaden und dann in die USA, er brauche nie wieder zu arbeiten, das hätten ihm die Amis versprochen. Ich möchte heute gern wissen, welche Art von Farbe in den Eimern war.

Am 12. Mai 1945 war unsere Arbeit vorbei, aus den zwei Hallen brauchten die Amis nichts mehr. Wir mußten die Fensterscheiben zerstören, Regale umwerfen, Kisten mit Schrauben und Muttern ausschütten usw. Am Nachmittag sagte ein Ami, jetzt kann hier jeder etwas nehmen; allerdings wurden die anderen Hallen noch von den Amis bewacht. Am Nachmittag, so um vier Uhr, fand eine Volkswanderung der Arnstädter zu den beiden Hallen statt. Soweit die Beantwortung der Frage zu meiner Arbeit bei den Amis.

Vorgelesen und durch Unterschrift beglaubigt:
gez. Gülland«

Zeitzeuge Gülland erfuhr von einem Amerikaner, worum es diesen ging: Sie suchten nach den Forschungsergebnissen der Nazis. Genau das ist seit langem unsere Meinung: Die Amerikaner nutzten den Umstand, als erste in Thüringen eingetroffen zu sein, schamlos aus, um den Russen wichtige deutsche Entwicklungen vor der Nase wegzuschnappen.

Besonders hellhörig wurden wir, als wir lasen, daß mit schwarzer Farbe beschichtete Aluminiumtafeln wie auch zwei Eimer mit wahrscheinlich derselben Farbe das Interesse der US-Spezialisten erregten. Lehrer Gülland fragte sich, worum es sich dabei gehandelt haben könnte. Die Antwort ist nicht schwer: Es war ein Antiradar-Anstrichstoff für Flugzeuge. Wie wir bereits in unserem Buch »Hitler und die ›Bombe‹« ab Seite 219 aufzeigten, wußte die amerikanische Technologieaufspürgruppe CIOS von der Existenz sogenannter Schwarzflugzeuge, die mit radarabsorbierenden Anstrichen versehen und damit »unsichtbar« für die Luftaufklärung waren.

Normale schwarze Farbe hätte auch kaum die Reaktion der verantwortlichen US-Spezialisten erklären können, dem Arnstädter Hans Wege eine goldene Armbanduhr zu schenken und ihn anschließend mitsamt seiner Familie in die USA zu bringen. Wege hatte etwas von unbezahlbarem Wert entdeckt, wovon sich die Amerikaner einen technologischen Vorteil versprachen und vom dem sie behaupten, es sei ihre Entwicklung: die Stealth-Technologie. In Wirklichkeit ist das Ganze seit Mitte der Vierziger Jahre des 20. Jahrhunderts bekannt – und deutscher Herkunft!

»Befragung von Gen. Worms

Es ist richtig, die Malzfabrik war ein Verpflegungslager der Marine speziell für U-Boot-Ausrüstung. Der BDM, die NS-Frauenschaft und Freie Arbeiter mußten öfters zur Umlagerung der Waren ins Magazin.

Was in den Kelleräumen war, kann ich nicht sagen. Auf jeden Fall hatte es nichts mit Verpflegung zu tun. Die SS und die Waffen-SS fuhren vom 5. bis 8. April 1945 jeden Tag mit ca. 15 bis 20 LKW viele Kisten weg. Wie ich von einem Fahrer hörte, wurden die Kisten nach Erfurt in den Steiger gebracht.

Warum überhaupt ein U-Boot-Lager in Arnstadt war, frage ich mich heute auch. Ich mußte immer die Waggons mit einer Zugmaschine vom Güterbahnhof zur Malzbude bringen. Es durften dabei höchstens zwei Waggons sein; diese wurden immer gleich ausgeladen. Die Waggons mußten sofort zum Güterbahnhof zurückgebracht werden.

Am 8. April 1945 mußte ich Waggons zu Linns am Schwarzen Weg bringen, immer drei Stück. Diese wurden mit Dingen vom Mitteldeutschen Werk beladen. Da ein LKW festsaß, wurde ich ins Werk befohlen, um diesen wieder auf die Straße zu bringen. Dabei sah ich, daß im Werk und am Eingang neben der Ohrdrufer Straße viele Akten und Zeichnungen verbrannt wurden. Mein Beifahrer war mittags einmal kurz daheim, dabei sah er, daß die Nazis neben dem Adolf-Hitler-Haus in der Lindenallee (Adolf-Hitler-Allee), dem heutigen Haus des Volkes, ebenfalls all ihre Unterlagen verbrannten.

Am 10. April 1945 waren die Amis da. Warum die Amis die Häuser am Himmelreich und in der Gehrenerstraße beschlagnahmten, war unklar. Besonders in den Häusern am Himmelreich waren hohe Amis und auch viele Amis in Zivil. Teilweise sahen die Amis aus wie hohe Herren, in Anzügen mit Hüten. Mit den Jeeps und mit Bürgermeister Elbracht, nicht mit Oberbürgermeister Huhn, fuhren sie ins Werk, zum Bergbad, auf das Eichfeld und in den Wald bei Bittstädt.

Vorgelesen und mit Unterschrift beglaubigt:
gez. Worms«

Auch diese letzte Aussage paßt genau ins Bild! Einige Standorte in Arnstadt schienen nach außen hin rein zivilen Charakter zu haben, spielten aber in bezug auf die hier absolvierten geheimen Unternehmungen der Nationalsozialisten eine große Rolle, die bis heute nicht aufgeklärt worden ist. Die Doppelnutzung der betreffenden Objekte war raffiniert eingefädelt worden: Nach dem Zweiten Weltkrieg behaupteten alle Zeugen, welche z. B. die Malzfabrik betreten hatten, daß sie ein Verpflegungslager der Marine gewesen sei, was durchaus den Tatsachen entsprach. Man hatte jedoch übersehen, daß sie einem weiteren, geheimen Zweck diente, von dem Normalsterbliche nichts mitbekommen hatten. Und dieser Zweck hatte etwas mit dem Untergrund der Malzfabrik zu tun, der nur für ausgesuchte Personen zugänglich war.

Wir sind uns der Tatsache bewußt, daß es einen großen Glücksfall darstellt, in den Besitz dieser Befragungsprotokolle gelangt zu sein. Sie bestätigen in bestimmten Teilen die Aussagen in den Freier- und Rittermann-Briefen, sind aber auch der eindeutige Beweis dafür, daß die DDR-Behörden über das, was bei Kriegsende in und um Arnstadt geschah, zumindest einigermaßen unterrichtet waren. Ob man aus diesen Informationen die richtigen Schlüsse zog, läßt sich beim gegenwärtigen Stand der

Recherchen nicht mit Sicherheit behaupten. Dazu müßte man über weitergehende Informationen verfügen, vor allem über weitere Dokumente, die mit Sicherheit dereinst vorhanden waren und es vielleicht sogar noch sind.

Daß die DDR-Behörden die ihnen vorliegenden Informationen nicht veröffentlichten, versteht sich von selbst, denn einerseits hätte das den »großen Bruder«, die damalige Sowjetunion, kompromittiert, andererseits verfolgte man mit der in aller Heimlichkeit stattfindenden Geschichtsaufarbeitung möglicherweise eigene Ziele, die bisher nicht offensichtlich geworden sind. Nicht alle Verantwortungsträger, die beispielsweise im Sicherheitsapparat der DDR arbeiteten, waren die vielgerühmten Internationalisten. Das wurde nur nach außen hin behauptet. Einige waren vielmehr rote Nationalisten und hätten viel dafür gegeben, in den Besitz von Dingen zu gelangen, die ihnen eine gewisse Unabhängigkeit gegeben hätten. Und dabei meinen wir nicht nur Wertsachen, die während der Zeit des Dritten Reiches in Thüringen gleich haufenweise eingelagert wurden. Nein, bei allem, was gesucht wurde, waren immer die technologischen Geheimnisse der Nazis im Spiel, auch wenn man vordergründig gern behauptete, man suche die Kochsche Kunstsammlung oder das legendäre Bernsteinzimmer …

Kapitel 3

Arnstadt, die deutsche Atomforschung und andere Hochtechnologieprojekte – gibt es einen Zusammenhang?

Bevor wir uns in weiteren Abschnitten Informationen zuwenden, welche die Besonderheit der Region zwischen Arnstadt, Wechmar und Ohrdruf dokumentieren, soll auf ein grundsätzliches Problem eingegangen werden.

Tatsache ist, daß in der zugänglichen zeit- und militärgeschichtlichen Literatur bisher kein einziger Hinweis aufgetaucht zu sein scheint, wonach es zwischen der uns interessierenden Region und der deutschen Atomforschung einen direkten Zusammenhang geben könnte, sieht man einmal von den bekannten Aktivitäten des Teams um Dr. Diebner in Stadtilm ab.

Aus diesem Grunde wurde uns immer wieder vorgeworfen, es sei undenkbar, daß Arnstadt oder Ohrdruf etwas mit der Nukleartechnologie der Nazis zu tun gehabt haben könnten.

Dieses Argument steht allerdings auf tönernen Füßen, die wir nachfolgend vollständig zu zerschlagen gedenken. Tatsache ist nämlich, daß es sehr wohl Hinweise dieser Art gibt, die schon vor Jahrzehnten publiziert worden sind und die das, was aktuelle Zeugenaussagen wissen lassen, vollauf unterstützen.

Im Jahre 1952 erschien die Biographie des kurz nach dem Zweiten Weltkrieg im Rang eines Major Dienst tuenden sowjetischen Offiziers Gregory Klimow unter dem Titel »Berliner Kreml«[48]. Klimow hatte dieses Buch geschrieben, nachdem er in den Westen übergelaufen war, und kein Geringerer als der damalige Regierende Bürgermeister von Berlin, Ernst Reuter, hatte das Vorwort geschrieben. Klimow berichtete über seine Erlebnisse während seiner Zeit bei der *Sowjetischen Militär-Administration in Deutschland* (SMAD), wobei er auch in Thüringen tätig war.

---

(48) Gregory Klimow: Berliner Kreml, einmalige vom Verlag Kiepenheuer, Witsch & Co. GmbH, Köln/Berlin, genehmigte Ausgabe, 1952 (hier Kapitel XI).

Klimow behauptet zwar, weder Mitglied der KPdSU (der Kommunistischen Partei der Sowjetunion) noch im Geheimdienst tätig gewesen zu sein, aber angesichts dessen, was er erlebte und wofür er zuständig zeichnete, muß von einer Sonderrolle seiner Person ausgegangen werden. Zumindest stand er dem Geheimdienst nahe, vielleicht war er auch, wie noch zu zeigen sein wird, auf spezielle Projekte deutscher Hochtechnologie angesetzt.

Doch alles der Reihe nach. Lassen wir Klimow erst einmal selbst zu Wort kommen. Er schreibt in seinem Buch:

»›*Siemens in Arnstadt – untersteht das Werk Ihnen?*‹

›*Ja.*‹

Der Chef der Verwaltung für Industrie reicht mir ein durch einen roten Querstreifen als geheim gekennzeichnetes Chiffre-Telegramm. Darin heißt es: ›Elektronen-Meßgeräte entdeckt. Verwendungszweck unbekannt. Vermute Atomforschung. Erwarte Instruktionen. Wassiljew.‹

Oberst Wassiljew ist der SMA-Bevollmächtigte bei den Siemenswerken in Arnstadt und gleichzeitig Direktor des wissenschaftlichen Forschungsinstitutes für Fernsehtechnik, das diesen Werken angeschlossen ist. Wassiljew ist ein erfahrener und zuverlässiger Mann. Wenn er das Wort ›Atom‹ erwähnt, tut er es sicher nicht ohne Veranlassung.

Ich halte das Telegramm in der Hand und warte, was Alexandrow dazu sagen wird.

›Wir müssen jemanden hinschicken. Da die Fabrik Ihnen untersteht, wird es das Beste sein, Sie fahren selbst‹, erklärt er.«

Das ganze Unternehmen schien keinen Aufschub zu dulden. Major Klimow fuhr nur eine halbe Stunde nach dieser kurzen Unterredung mit dem stellvertretenden Chef der Abteilung Wissenschaft und Technik, Major Popow, nach Thüringen. Nach mehrstündiger Fahrt, es war schon kurz vor Mitternacht, erreichten sie Arnstadt, wo Oberst Wassiljew bereits wartete:

»›*Was ist das für eine Entdeckung, die Sie da gemacht haben, Genosse Oberst?*‹, *fragt Major Popow.*

›Gehen wir gleich in die Fabrik – sehen Sie selbst‹, sagt Wassiljew kurz und fordert uns auf, ihm zu folgen.

Wir gehen, begleitet vom Kommandoführer der Fabrikwache,

in der Dunkelheit, die nur vom Schein unserer Taschenlampen durchbrochen wird, an ausgedehnten Werksanlagen vorbei. Am anderen Ende des Fabrikhofes, wo sich die Rohstofflager und die Lagerräume für die Fertigproduktion befinden, hält uns der Anruf eines Postens auf. Im Gebäude selbst stoßen wir vor einer versiegelten Tür auf einen zweiten, mit einer Maschinenpistole ausgerüsteten Posten.

Nachdem das Siegel entfernt ist, betreten wir ein riesiges Packhaus, […]. Oberst Wassiljew bleibt vor einigen großen länglichen Holzkisten stehen. Sorgfältig verpackt und von Spezialklammern gehalten, blitzen uns aus diesen Kisten große Glasgeräte mit kugelförmigen Ausbuchtungen im Mittelteil entgegen. Sie erinnern an gewöhnliche Kathodenröhren von Oszillographen, sind aber um ein Vielfaches größer. Es ist nicht schwer zu erraten, daß die rätselhaften Geräte elektrischen Messungen dienen. Die Isolierung läßt erkennen, daß sie für Hochspannungen von kolossalen Ausmaßen berechnet sind. Solche Spannungen und Magnetfelder werden bei den Experimenten zur Spaltung des Atomkerns in den Zyklotronen verwendet.

An einem Gerät ist eine besondere Vorrichtung angebracht, die eine Fotogramm-Aufnahme dieses Prozesses ermöglichen soll. Was für sagenhafte elektromagnetische Felder soll dieses Gerät registrieren? Nach der Konstruktion zu urteilen, sind diese Geräte nicht für eine dauernd gleichmäßige, sondern für eine schlagartig erfolgende Belastung bestimmt. Eine Entladung des Zyklotrons?!«

Die Offiziere sahen sich an und diskutierten den Fund. Klimow wollte wissen, woher diese Kisten gekommen waren. Wassiljew zuckte nur mit den Schultern, es gab keine Begleitpapiere. Und aus den auf den Kisten aufgemalten Zahlen- und Buchstabenkolonnen wurde man nicht schlau.

Am nächsten Tag wurde Dutzende Personen einvernommen, von denen man sich erhoffte, daß sie Aussagen zu den geheimnisvollen Kisten machen könnten. Doch das Ergebnis war eher mager: Das Lagerpersonal wußte nichts, und die technischen Leiter konnten nur erklären, daß die in den Kisten verpackten Geräte nicht in Arnstadt hergestellt worden waren, sondern vielmehr zusammen mit anderem ausgelagerten Material der Telefunken- und Siemens-Hauptwerke aus der früheren Reichshauptstadt Berlin gekommen wären.

Klimow entschloß sich zu einem besonderen Schritt:

»Ohne die SMA Thüringen in die Sache einzuschalten, schickten wir ein Chiffre-Telegramm direkt nach Karlshorst und erbaten Unterstützung durch Fachleute der Sondergruppe. Die Sondergruppe ist die höchste sowjetische Instanz für wissenschaftliche Forschungen in Deutschland und gehört der Abteilung Wissenschaft und Technik des MWD [Ministerium des Innern, Anm. d. A.] *in Potsdam an. Sie hat Vollmacht, sich nötigenfalls augenblicklich mit sämtlichen wissenschaftlichen Forschungsinstituten der Sowjetunion in Verbindung zu setzen.«*

Klimows Vorhaben war klar: Er wollte wissen, wer die im Siemens-Werk von Arnstadt gefundenen Geräte bestellt und produziert hatte und wohin sie geliefert werden sollten. Aufgrund seiner bisherigen Erfahrungen wußte er, daß nur eine bestimmte Zahl von deutschen Betrieben für die Produktion solcher Systeme in Frage kam, wie z. B. Siemensstadt, das sich jetzt allerdings im britischen Besatzungssektor befand. Eine weitere Möglichkeit waren die Telefunken-Werke in Erfurt, denen Major Klimow und Major Popow umgehend einen Besuch abstatteten. Diese Werke standen ebenfalls unter sowjetischer Kontrolle, so daß die Befragung der dortigen Ingenieure kein Problem war:

»Wir verhören nacheinander alle Ingenieure, die in der Abteilung für Senderöhren arbeiten. Und hier stoßen wir auf einige wesentliche Spuren. Ja, kurz vor der Kapitulation wurden hier Spezialaufträge, deren Zweck unbekannt war, ausgeführt – riesige Elektroden und Einzelteile völlig neuartiger Konstruktion. Die Konstruktionspläne kamen aus Berlin. Die hier fabrizierten Teile wurden wiederum nach Berlin verfrachtet, wo offenbar die Montage erfolgte. Die Arbeiten wurden streng geheimgehalten. Als wir immer wieder hartnäckig nach der Herkunft der Konstruktionsskizzen und dem Auftraggeber forschen, sagt der technische Leiter der Abteilung für Senderöhren schließlich unsicher: ›Berlin-Dahlem … nehme ich an …‹

Das genügt uns. In Berlin-Dahlem befanden sich während des Krieges die Geheimlaboratorien für Atomphysik, die auf besondere Verfügung an der Spaltung des Atomkerns arbeiteten.«

Klimow und Popow machten sich nach dem Besuch der Telefunken-Werke in Erfurt auf den Rückweg nach Arnstadt. Zwischenzeitlich war nämlich die Sondergruppe eingetroffen, bestehend aus Ingenieuren, Wissenschaftlern – und Geheimdienstleuten.

Die eigentliche Arbeit sollte nun erst beginnen. Nachdem die Mitglieder der Sondergruppe die in den Kisten gefundenen Geräte genauer untersucht hatten und den Zusammenhang mit Atomforschung und Zyklotronen bestätigten, wurden fieberhaft Verhöre realisiert, sowohl bei Telefunken in Erfurt als auch bei Siemens in Arnstadt. Major Klimow mußte selbst unangenehme Fragen beantworten, die Geheimdienstvertreter schienen auch sowjetischen Offizieren nicht zu trauen.

Klimow erklärt im Verlauf seiner weiteren Darstellungen eher nebenbei, warum nach dem Krieg niemand über die im Zusammenhang mit der deutschen Atomforschung geführten Recherchen seitens der Sowjets gesprochen hat:

»Den ganzen Tag über gehen die eingehenden Verhöre der technischen Siemens-Angestellten weiter. Jeder Vernommene muß sich schriftlich zu strengstem Stillschweigen verpflichten; Verletzung der Schweigepflicht zieht schwerste Strafen nach sich.«

Man arbeitete also mit denselben Methoden, mit denen auch die Verantwortlichen des deutschen Atomforschungsprogramms gegenüber den ihnen unterstellten Wissenschaftlern und Ingenieuren vorgegangen sein dürften!

Wir haben immer wieder darauf hingewiesen, daß die Recherchen in bezug auf die deutsche Hochtechnologie äußerst kompliziert sind, weil viele, die in die Dinge involviert waren, nie gesprochen haben. Kein Wunder, hatten sie doch entweder einen Eid gegenüber Dienststellen des Dritten Reiches geleistet oder sich nach dem Krieg dem Diktat der Sieger unterworfen. Uns Heutigen scheint das alles schwer verständlich, doch waren die Zeiten damals andere – und die Strafen natürlich auch!

Major Klimow berichtet weiter, daß die wissenschaftliche Sondergruppe noch Monate nach dem Fund von Arnstadt damit beschäftigt war, Recherchen zu betreiben. Alle Personen, die irgendwie mit der Entdeckung in Arnstadt zu tun hatten, wurden noch einige Male nach Potsdam-Babelsberg, dem Sitz der Sondergruppe, geladen. Man habe bei den Nachforschungen eine Vielzahl weiterer wertvoller Informationen erhalten, die jedoch meist geheim blieben, zumindest aber soviel offenbarten, daß Berlin-Dahlem und das *Kaiser-Wilhelm-Institut* bei der deutschen Atomforschung eine besondere Rolle spielten.

Viele Hinweise, so Klimow, seien von deutschen Spezialisten gekommen, die bereits auf sowjetischem Territorium arbeiteten, andere Informationen habe man von Experten erhalten, die in den westlichen Sektoren tätig waren.

Während man mit der Lösung des Arnstädter Rätsels befaßt war, machte die SMA eine zweite wichtige Entdeckung:

»Oberst Kondakow erhielt aus Weimar ein Telegramm folgenden Inhalts: ›Die Gruppe Lewkowitsch hat ein Geheimlager von Geräten entdeckt, deren Bestimmung unbekannt ist. Erbitte umgehende Abstellung von Experten Ihrer Abteilung. Susslow.‹

Ähnliche Entdeckungen gehörten nicht zu den Seltenheiten. Die Demonteure stießen mehr als einmal auf Doppelwände, zwischen denen Spezialmaschinen eingemauert waren. Daraufhin wurde ein Rundschreiben mit dem Befehl in Umlauf gesetzt, alle Wände zu demontierender Betriebe abzuklopfen. Überdies machten sich die Demonteure systematisch auf die Suche nach Einrichtungen, die unmittelbar vor der Kapitulation aus den Fabriken evakuiert worden waren.

Oberst Lewkowitsch ist der Chef der in Thüringen operierenden Demontage-Gruppe. Hauptmann Susslow – der SMA-Bevollmächtigte der Abteilung Wissenschaft und Technik für Thüringen.«

Oberst Kondakow beauftragte innerhalb kürzester Zeit zwei seiner Mitarbeiter, von Karlshorst nach Thüringen zu fahren. Diese fanden in den – leider nicht näher benannten – verlassenen Stollen eines im Walde versteckten, unvollendet gebliebenen unterirdischen Werkes gewissenhaft verpackte Apparaturen. Ihrem Aussehen nach glichen sie gewaltigen Spannungstransformatoren oder voltstarken Entladern, wie sie in Laboratorien zur Untersuchung von Hochspannungen benutzt werden:

»Besonders auffallend waren die überdimensionalen Ausmaße der Apparate und insbesondere der für hohe Voltspannungen bestimmten Isolationen. Die Geräte waren für Arbeitsbedingun-

gen unter so hohen Stromspannungen berechnet, wie sie bisher in der Industrie nicht zur Anwendung kamen. Das ließ darauf schließen, daß die Apparatur für Laboratorien bestimmt war. Für welche Untersuchungen? Obwohl die Experten von Karlshorst noch niemals mit Zyklotronen zu tun hatten, kamen sie sofort auf den Gedanken – Atom!«

Es dauerte nur wenige Stunden, bis am Ort des Geschehens Einsatzkräfte der Sondergruppe eintrafen. Ihnen folgten auf dem Fuße Spezialeinheiten des Innenministeriums.

»Ein Chiffretelegramm, adressiert an General Paschtschin im Ministerium für Sonderwaffen, flog nach Moskau. Am folgenden Tage traf aus Moskau eine Gruppe von MWD-Experten ein, die die weitere Sorge um die aufgefundenen Geräte übernahm.

Sobald die Leute aus Moskau eintrafen, wurde der Fundort mehrere Kilometer im Umkreis von MWD-Wachen abgesperrt. Weder die SMA-Leute aus Karlshorst noch die Sondergruppe aus Babelsberg durften von da ab dieses abgesperrte Gebiet betreten, bis die ganze Apparatur nach der Sowjetunion abtransportiert war.

Später wurden Einzelheiten über die in Thüringen aufgefundene Atomapparatur und deren wissenschaftliche Bedeutung bekannt. Technisch stellte der Fund für die sowjetischen Wissenschaftler nichts Neues dar. Ähnliche Geräte wurden in den Leningrader Laboratorien des Akademiemitgliedes Professor Kapiza bereits kurz vor Ausbruch des Krieges konstruiert.

Aus den Erklärungen des Chefs der SMA-Abteilung Wissenschaft und Technik, Oberst Kondakow, ging hervor, daß wir keinerlei wichtige Neuerungen auf dem Gebiet der Atomforschung in Deutschland entdeckt hatten. Während des Krieges hatte Deutschland mangels technischer Voraussetzungen nicht die Möglichkeit, diese Forschungen in großem Maßstab weiterzuführen. Sogar für ein technisch so hochentwickeltes Land wie Deutschland war diese Aufgabe unter den gegebenen Umständen einfach nicht zu lösen.«

Klimows Bericht ist hochinteressant, weil er deutlich den Zusammenhang zwischen deutscher Atomforschungstechnologie und dem uns interessierenden Raum, insbesondere Arnstadt, aufzeigt. Seine Behauptungen in den letzten beiden zitierten Absätzen sind aber unseres Erachtens nur der damaligen politischen Situation geschuldet und dürften wenig mit den wirklichen Tatsachen zu tun gehabt haben. Wozu solch ein monatelanger Rechercheaufwand und geheime Bergungsaktionen, wenn man nur das fand, was man ohnehin schon kannte?

Der hier zutagetretende Widerspruch ist genauso offensichtlich wie im Hinblick auf die deutschen Wissenschaftler, die in die Sowjetunion übersiedelten bzw. dorthin verschleppt wurden: Wenn ein Gustav Hertz, ein Manfred von Ardenne oder ein Professor Riehl nur die zweite Garnitur der Atomphysik waren, weshalb, um alles in der Welt, bediente man sich ihrer?

Daß Major Gregory Klimows Resümee so nicht stimmen kann, zeigt ein spezieller Teil einer Reihe von Zeitungsberichten[50] auf,

---

(50) »WERNHER VON BRAUN Y LA AMÉRICA DEL FUTURO«. Die Serie wurde in zehn Teilen veröffentlicht:
- TEIL I: »Aquí están las llaves para los secretos del porvenir« (Hier befinden sich die Schlüssel fuer die Geheimnisse der Zukunft), *Las Provincias*, Valencia, Sonntag, 8. März 1959, Seite 7.
- TEIL II: »Las V-2 y la base secreta alemana de Peenemunde« (Die V-2 und der geheime deutsche Stützpunkt in Peenemünde), *Las Provincias*, 10. März 1959, Seite 18.
- TEIL III: »Visita a la ›zona prohibida‹ del Arsenal de Redstone« (Besuch des verbotenen Teils des Redstone-Arsenals), *Las Provincias*, 11. März 1959, Seite 16.
- Teil IV: »Técnicos y secretos científicos alemanes, en poder de los rusos« (Deutsche Techniker und wissenschaftliche Geheimnisse in russischen Händen), *Las Provincias*, 12. März 1959, Seite 18.
- TEIL V: »Cabo Cañaveral, estación de partida hacia el espacio« (Kap Canaveral, Abreise-Bahnhof zum Weltall), *Las Provincias*, 13. März 1959, Seite 16.
- TEIL VI: »Crónica del lanzamiento de un proyectil en Cabo Cañaveral« (Chronik vom Abschuß einer Rakete in Kap Canaveral), *Las Provincias*, 14. März 1959, Seite 22.
- TEIL VII: »Aspectos de la competencia espacial entre americanos y soviéticos« (Verschiedenes über das Weltraum-Wettrennen zwischen den Amerikanern und den Sowjets), *Las Provincias*, 15. März 1959, Seite 15.
- TEIL VIII: »Reacción norteamericana ante el lanzamiento del ›sputnik‹ ruso« (Amerikanische Antwort auf den Abschuß des russischen Sputniks), *Las Provincias*, 17. März 1959, Seiten 15 und 28.
- TEIL IX: »La terrible perspectiva de una guerra termonuclear« (Die furchtbare Möglichkeit eines thermonuklearen Krieges), *Las Provincias*, 18. März 1959, Seite 15.
- TEIL X: »El teléfono rojo de la guerra atómica« (Das rote Telefon für den Atom-Krieg), Las Provincias, 19. Maerz 1959, Seiten 22 und 30.

die im Jahre 1959 in *Las Provincias*, der wichtigsten Tageszeitung Valencias (Spanien), erschienen. Und welch ein Zufall, Autor dieser zehnteiligen Reihe, die unter dem Titel »Wernher von Braun y la América del Futuro« (»Werner von Braun und das Amerika der Zukunft«) publiziert wurde und sich mit der Person von Brauns, der Raketentechnologie und Amerikas Entwicklung befaßte, war Luigi Romersa! Jener Luigi Romersa, der als Sonderbeauftragter des italienischen Duce im Oktober 1944 die Explosion einer deutschen Atombombe auf einer Ostseeinsel beobachtet haben wollte.[51]

Beim Studium der Zeitungsberichte verschlug es uns die Sprache. Warum? Nun, Romersa war nicht irgend jemand, sondern dereinst enger Vertrauter von Mussolini. Seine politischen Ambitionen und seine enge Verbindung zum italienischen wie auch deutschen Faschismus hätten normalerweise ausgereicht, um ihn nach dem Krieg mindestens suspekt erscheinen zu lassen. Doch das, was einst war, schien nach dem Krieg niemanden zu kümmern, am allerwenigsten die Amerikaner, denn Romersa war, wie die Berichte in der *Las Provincias* beweisen, eine der wenigen ausländischen Personen, die wichtige Sicherheitseinrichtungen der USA besuchen durften und dort sogar hofiert wurden.

Wir hielten Romersa immer für eine schillernde Persönlichkeit, aber das, was hier offenbar wird, schlägt dem Faß den Boden aus. War Romersa wirklich nur »Kriegsberichterstatter«? Oder besaß er Informationen und Verbindungen, die seine Person unantastbar werden ließen?

Auch ein befreundeteter spanischer Mitrechercheur verlieh seiner Verwunderung Ausdruck:[52]

»Ich muß unterstreichen, daß sich Romersa weiter als zuverlässiger Zeuge bestätigt hat. Ich war eher skeptisch, als er mir 1999 sagte, daß er Wernher von Braun gegen Ende der fünfziger

---

(51) Edgar Mayer & Thomas Mehner: Das Geheimnis der deutschen Atombombe. Gewannen Hitlers Wissenschaftler den nuklearen Wettlauf doch?, Kopp Verlag, Rottenburg 2001, hier besonders Kapitel 6. Edgar Mayer & Thomas Mehner: Hitler und die »Bombe«. Welchen Stand erreichte die deutsche Atomforschung und Geheimwaffenentwicklung wirklich?, Kopp Verlag, Rottenburg 2002, S. 87–89.

(52) Persönliche Mitteilung N. Lahuertas an die Verfasser vom 5. August 2002.

Jahre in Amerika wiedergesehen hätte; das klang unglaublich. Wie hätte so ein Treffen stattfinden können? Von Braun realisierte GERADE in diesen Jahren Arbeiten von größter historischer und militärischer Bedeutung für die USA (von denen viele natürlich mehr als ›top secret‹ waren). Ich konnte einfach nicht glauben, daß man einen bekannten Anhänger von Mussolini, der außerdem noch viel über die deutsche Bombe geschrieben hatte, an eine derart wichtige Figur herangelassen hätte. Aber Romersa hat die Wahrheit gesagt.«

Auf Basis der guten Beziehungen, die Romersa einst zu Mussolini und auch der deutschen Führung hatte, sowie aufgrund der Kontakte, die es ihm ermöglichten, einen Wernher von Braun zu besuchen, kann davon ausgegangen werden, daß er über tiefgehende Informationen verfügte und in seinen zahlreichen Darstellungen zur Geschichte der deutschen Geheimwaffen die Wahrheit publiziert hat.

In der Artikelserie, die er für *Las Provincias* schrieb, taucht nun auch ein Hinweis auf, der sich mit Siemens, Arnstadt und den Russen beschäftigt und uns zu Gregory Klimow zurückführt. Die *Las Provincias* berichtete am 12. März 1959 auf Seite 18 unter dem Titel »Técnicos y secretos científicos alemanes, en poder de los rusos« (»Deutsche Techniker und wissenschaftliche Geheimnisse in russischen Händen«) folgende Details, die allerdings nicht nur Siemens in Arnstadt betrafen:

»Über die Eile, mit der die Russen die Geheimnisse und Namen im besetzten Deutschland schnappten, gibt es eine Geschichte, die den Geschmack eines Romans hat.

Diese Geschichte beginnt in der Nacht jenes Tages, an dem die erste Atombombe auf Japan geworfen wurde, und die Hauptfigur ist ein Oberst namens Klimow. Dieser war der erste, der in Moskau verkündete, in der Siemens-Fabrik bei Arnstadt einige Kisten mit ungewöhnlichen Apparaten gefunden zu haben. Er verlangte daraufhin die Überstellung von Technikern der Ingenieur-Abteilung der Armee und ließ die Kisten in einem unterirdischen Raum verstecken, der von bewaffneten Soldaten bewacht wurde.

Als Stalin den Bericht des Oberst' enthielt, sandte er eine Gruppe von Wissenschaftlern, die den Inhalt der Kisten aus Arn-

stadt untersuchten. Sie behaupteten, es seien ›Atom-Geräte‹ und Teile von Motoren für ferngesteuerte Flugzeuge mit Reaktionsantrieb.

Der Plan, den politische und militärische Agenten vorbereiteten, um die Techniker und die Geheimwaffen-Projekte zu schnappen, wurde ›Moskau 4‹ genannt und sofort in Gang gesetzt. Auch die Amerikaner und die Engländer beschäftigten sich mit dieser Sache, aber die Geschwindigkeit der Russen hat sie überrascht.

Die Geheimagenten des Projekts ›Moskau 4‹ durchquerten Deutschland in allen Richtungen, verhörten Tausende von Personen und durchwühlten in allen Ecken die deutschen Fabriken, auch die, die man in Trümmerhaufen verwandelt hatte. Die Ergebnisse waren hervorragend, und die sensationellsten Entdeckungen kamen aus Karlshorst, Thüringen, Erfurt, den Büros der Telefunken, aus Jena, aus Lauta und aus den chemischen Anlagen in Leuna sowie aus den Junkers-Werken in Dessau und Staßfurt.

[...]

In der Nähe von Heringen, in einem Bergwerk[53]*, 100 Meter tief, wurden 70 Projekte gefunden, die kurz vor dem deutschen Zusammenbruch Himmler persönlich übergeben worden waren; in Berlin-Dahlem wurden aus dem Keller eines Hauses einige Kisten voll mit Projekten von ferngesteuerten Projektilen und Atomwaffen herausgeholt, und in Radeberg, in der Nähe von Dresden, wurden Blaupausen von Flugzeugen mit Düsenantrieb, von Flugzeugen mit Raketenantrieb und von ferngesteuerten Flugzeugen entdeckt.*

Wegen der Potsdamer Verträge haben die Alliierten den Sowjets das Gebiet von Peenemünde überlassen, und gerade in

(53) Dieses Bergwerk wurde auch in einem anderen interessanten Bericht erwähnt: »The German Patent Office put some of its most secret patents down a sixteen-hundred-foot mine shaft at Heringen, then piled liquid oxygen, in cylinders, on top of them. When the American Joint Intelligence Objectives team found them, it was doubtful that they could be saved. They were legible, but in such bad shape that a trip to the surface would make them desintegrate. Photo equipment and a crew were therefore lowered into the shaft and a complete microfilm record made of the patents there.«
Siehe hierzu: »Harper's Magazine«: Secret by the Thousands, October 1946.

LAS PROVINCIAS

WERNHER VON BRAUN
Y LA AMERICA DEL FUTURO

"Aquí están las llaves para los secretos del porvenir"

"Quien sea dueño del espacio llegará a ser el dueño del universo"

"Nosotros sólo empezamos a trabajar en serio después de la guerra de Corea"

Por Luigi Romersa

Einer der von Luigi Romersa verfaßten Artikel, die im März 1959 in der spanischen Tageszeitung »Las Provincias« erschienen. Das Bild zeigt Wernher von Braun (rechts) und Luigi Romersa.

Peenemünde haben die Männer von Stalin viele Waffen gefunden, die sie nach Rußland transportierten, dort vorsichtig studierten, um sie dann auf dem Stützpunkt von Gusev, beim Kaspischen Meer, wieder aufzubauen.

Die Agenten des Plans ›Moskau‹ machten in Zossen und Gutengorf die sensationellste Entdeckung: Sie fanden das Projekt einer Rakete, um New York zu bombardieren. Die kolossale Flugbombe hatte eine Reichweite von fast 6000 Kilometern, enthielt sechs Tonnen Sprengstoff und 84 Tonnen Treibstoff bei einem totalen Leergewicht von 16 Tonnen. Die Geschwindigkeit des Projektils wurde auf 23 000 Kilometer pro Stunde geschätzt.

Nach Berechnungen, die vor kurzer Zeit veröffentlicht wurden, hat die Rakete, mit der die Sowjets die ›Sputniks‹ ins Weltall brachten, genau diese Geschwindigkeit erreicht.

[...]

Nach gewissen Angaben wurden mehr als 7000 Ingenieure,

Projektleiter, Techniker, Spezialisten und Direktoren von großen Fabriken gestellt, verschleppt und in die Sowjetunion transportiert, wo schon der Aufbau von Atomstädten und Anlagen für ferngesteuerte Flugkörper begonnen hatte. Unter den wichtigsten Namen findet man die von [...] Professor Hertz sowie Doktor Arden [gemeint ist Manfred von Ardenne, Anm. d. A.] *und Doktor von Leibnitz, Spezialist für ferngesteuerte Waffen. Weitere Namen sind die der Ingenieure Lanche, Studel, Brandle, Falkenberg – ein Spezialist für künstliche Treibstoffe –, Smeykal* [Smeykal war Chemiker im Leuna-Werk, Anm. d. A.], *Bohbe, Fischer usw.*

Die fünf, deren Photographie von Braun General Medaris zeigte, als er aus Washington zurückkam (kurz nach dem Abschuß des russischen Satelliten) waren Kurt Happke, Putzer, Gudde, Mehnert und Ochsen, alles Angestellte von Peenemünde und enge Mitarbeiter des ›Zauberers der Raketen‹ während der Entwicklungsarbeiten, die zur V-2 führten. Alle konnten eine gewisse Zeit untertauchen, aber ihre Anonymität dauerte nicht lang. Durch die Männer Berias entdeckt, wurden sie am Anfang zur Kollaboration ›eingeladen«, aber nach deren Weigerung wurden sie sofort verhaftet. Von einem Militärgericht wurden sie als ›Saboteure‹ zu je 26 Jahren Zwangsarbeit verurteilt und zum Lager in Workuta geschickt.

Nach nur vier Monaten hatte sich ihr Widerstand geschwächt. Von Workuta wurden sie sofort zu einer geheimen wissenschaftlichen Anlage auf der Insel Gordomilja [Gorodmilja] *geschickt, wo sie einigen Kollegen begegneten, unter ihnen Albring, einem aeronautischen Spezialisten; auch Gröttrup, Elektronik- und Fernsteuerungsfachmann, sowie Schierhorn, den man in Peenemünde als ›Zauberer der metallischen Legierungen und der Aluminium-Lötung‹ bezeichnete.«*

Demnach war es den Russen nicht nur um die in Arnstadt entdeckten Apparaturen und Konstruktionen gegangen, zu denen, wie Romersa berichtet, auch Antriebsteile für ferngelenkte Waffen gehörten, sondern auch um die Raketentechnologie. Merkwürdig ist, daß hier Namen von beteiligten deutschen Ingenieuren genannt werden, die weder Werner von Braun noch irgendjemand anders späterhin erwähnte. Das muß Gründe haben.

Da wir nun schon einmal bei der Raketentechnik sind, möchten wir unserer Leserschaft abschließend noch einige Informationen zur Kenntnis bringen, die uns vor kurzem durch den Rechercheur N. Lahuerta übermittelt wurden. Die nachfolgenden Hinweise sind einerseits eine wertvolle Ergänzung dessen, was wir bereits in bezug auf das Vorhandensein der Großraketentechnik innerhalb des Geländes der Polte 2 bei Rudisleben vorgestellt haben, andererseits aber auch eine Richtigstellung von Auffassungen, die bisher im Zusammenhang mit dem A9/A10-Projekt in der Literatur herumgeisterten:

»Ich habe etwas interessantes gefunden, das mit der A9/A10 zu tun hat. Viele Autoren [...] behaupten nicht nur, daß die Deutschen nie ernsthaft an der A9/A10 gearbeitet haben, sondern auch, daß, wenn es diese Rakete gegeben hätte, man sie nie mit ausreichender Genauigkeit zum Ziel hätte bringen können. Und das aus zwei Gründen:

I) Die Elektronik sei damals viel zu primitiv gewesen. Es gab nur Glasröhren, und die waren zu groß, zu empfindlich (und zerbrechlich) und verbrauchten zu viel Strom. Es wäre unmöglich gewesen, einen richtigen elektronischen Suchkopf zu konstruieren.

II) Die inertiellen (elektromechanischen) Leitsysteme waren zu ungenau für 3000 Meilen entfernte Ziele.

In den letzten Wochen habe ich noch weitere Hinweise gefunden, die deutlich erkennen lassen, daß diese Behauptungen hundertprozentig falsch sind.

Zu I): Hierbei wird völlig vergessen, daß man gerade in Deutschland schon im Jahre 1940 sogenannte ›Stahlröhren‹[54] *entwickelte, die sehr klein und robust waren, mit niedrigen Spannungen funktionierten und auch eine unglaublich niedrige Stromaufnahme hatten. Besonders interessant ist das Modell ›DL-11‹*[55] *von 1940 (!), das mit einer Leistung von nur 60 Milliwatt (also 0,06 Watt) und einer Spannung von nur 1,2 Volt funktionierte. (Heizungsstrom: 1,2 V und 50 mA. Die Leistung ist*

---

(54) Siehe hierzu: http://www.hts-homepage.de/Dstahl/DSDL11.html
http://www.hts-homepage.de/DStahl/DStahl.html
http://www.hts-homepage.de/Herstellung/Herstellung.html
hhtp://www.hts-homepage.de/DStahl/DSFertigung.html

(55) http://www.hts-homepage.de/Dstahl/DSDL11.html

*natürlich ›Spannung x Intensität‹. In diesem Fall: 1,2 V x 50 mA = 60 mW!)**

Man muß sich so etwas vorstellen: 1000 Stück der ›DL-11‹ verbrauchten gerade so viel Strom wie eine normale Glühlampe! Und diese Stahlröhren arbeiteten mit einer Spannung (1,2 V), die ohne Probleme jede normale Batterie erreichen konnte! Und das alles schon im Jahre 1940. Mit diesen Röhren konnte man auch ohne Schwierigkeiten kleine tragbare Radiogeräte herstellen – was man auch tatsächlich getan hat. Ich habe in einem deutschen Buch aus dem Jahre 1941 (Titel: ›Fortschritte der Funktechnik‹, Band 9, erschienen im September 1941) entsprechende Fotos gesehen: Diese Radioempfänger waren so klein wie die Transistorradios der Fünfziger und funktionierten auch mit Batterien.

Ich weiß nicht, ob so etwas tatsächlich realisiert wurde, aber es wäre durchaus möglich gewesen, relativ komplizierte elektronische Leitsysteme mit Hilfe von Stahlröhren zu bauen. Und da diese Röhren klein und robust waren und sehr niedrige elektrische Spannungen und Leistungen brauchten, hätte man sie auch in Raketen und Marschflugkörper einbauen können.

Zu II): Es stimmt, daß die ersten Kreiselgeräte (›Vertikant‹ usw.) nicht gut genug für Raketen mit großen Reichweiten waren. Aber es wird vergessen, daß:

A) Schon an weit besseren Modellen gearbeitet wurde (›Sg 66‹ und ›Sg 70‹).

B) Man die Kreiselgeräte mit Hilfe von Radio- oder Radar-Signalen unterstützen konnte (die Abweichung der inertialen Steuerung wurde mit geeigneten Radioimpulsen ausgeglichen).

Insbesondere die Option ›B‹ ist sehr wichtig; wir haben handfeste Beweise, daß gerade hier deutliche Fortschritte in Deutschland gemacht wurden. Nur ein beeindruckendes Beispiel, das gefunden wurde:

---

* Durch Dr. R. Füßl, Ilmenau, wurde uns freundlicherweise in einer E-Mail vom 11. Juni 2003 mitgeteilt, daß bei dieser Darstellung nur die Heizleistung berücksichtigt wurde: »... Sie benötigen noch eine Anodenspannung von 120V mit maximalem Anodenstrom von 4,7 mA und eine Schirmgitterspannung von 120 V mit einem Schirmgitterstrom von 0,8 mA. Macht alles in allem eine Leistung von 0,725 Watt. *Nichtsdestotrotz war auch unter diesen Voraussetzungen eine Steuerelektronik machbar.*«

›IN 42 MINUTEN ÜBER DEN ATLANTIK.

[...] Der deutsche Zwangsrückkehrer war über das Wiedersehen [von Peenemünde] verblüfft. Die einstige deutsche Raketen-Forschungsanstalt war voll in Betrieb. Alle Kriegsschäden waren verschwunden. Tellmann entdeckte wohl an die 150 deutsche Wissenschaftler, die für die Sowjets Raketengeschosse und Raketenjäger weiterentwickelten. Alle deutschen Unterlagen für die V-2-Typen jeder Serie standen den Russen zur Verfügung. Besonders weit entwickelt schien ihm die Serie A-8 zu sein, deren V-2-Geschosse eine Reichweite bis zu 8000 km haben und den Atlantik in 42 Minuten überqueren können.

Tellmann sah einige **Versuche mit gesteuerten Raketen***. Von Abschußbahnen aus dem Raume Leningrad – Kronstadt wurden Raketen abgeschossen. Nachdem die Geschosse 12 000 Meter Höhe erreicht hatten, wurde durch Funksignal der Raketentreibsatz in Tätigkeit gesetzt. Die Rakete setzte dann schnurgerade ihre Fahrt fort, während der sie durch auf der Ostsee liegende* **Steuerschiffe mit Funk- und Radarsignalen** *gelenkt wurde. Über dem Ziel wurde der Flug durch eine Meßzentrale aufgefangen und abgebrochen. Senkrecht ging dann die Rakete fast genau auf den vorherbestimmten Raum herunter. Die Versuche wurden mehrfach wiederholt. Alle zeitigten die gleiche Zielgenauigkeit. [...]*

Später im Gespräch mit deutschen Kollegen erfuhr er, daß die Zielgenauigkeit, die auf der 1100 km langen Strecke zwischen Leningrad und Usedom erreicht worden war, auch schon über eine Entfernung von 2500 Kilometer erzielt wurde. Bei diesen größeren Versuchen lag der Schußbereich zwischen dem Raum Kronstadt – Leningrad und dem großen Raketenübungsfeld bei Omsk in Sibirien. Nach den Ergebnissen bei diesen Versuchen dürfte es möglich sein, vom Innern Rußlands aus jedes Ziel in Europa und Amerika mit **großer Treffsicherheit** *zu erreichen.‹*[56]

Alles, was die Russen in den Jahren 1947 oder 1948 ausprobierten, waren mit hundertprozentiger Sicherheit deutsche Modelle, die im Jahre 1945 schon fertig oder fast fertig gewesen

---

(56) Hervorhebungen durch N. Lahuerta, der Bezug auf folgende Quelle nimmt: »Der Spiegel« (Nr. 42) vom 13. Oktober 1949, Artikel: »Dritter russischer Atomversuch«.

sein müssen. Und das wichtigste: Diese Raketen und Marschflugkörper hatten eine für die damalige Zeit zufriedenstellende Treffsicherheit.

Es ist also kaum überraschend, daß Radio- und Radar-Masten während des Zweiten Weltkrieges in Norwegen und vielleicht auch in Grönland errichtet wurden, um diese Waffen über den Atlantik nach Amerika zu leiten. Und es gibt so viele Hinweise und Beweise, die diese Tatsache bestätigen, daß sogar Leute wie Hoelsken und Neufeld nichts dagegen werden sagen können. [...] Erst vor einigen Wochen habe ich entdeckt, daß auch die Amerikaner in ihren ersten Interkontinentalraketen (und Marschflugkörpern) die Radioleitung angewendet haben! Hier nur einige Internet-Adressen (es gibt noch viele andere), wo Sie die Bestätigung finden können:

1) http://www.losangeles.af.mil/SMC/HO/Bmfactsh.htm
2) https://www.patrick.af.mil/45OG/3sls/TITAN_I.htm
3) http://www.fas.org/nuke/guide/usa/icbm/sm-65.htm
4) http://www.designation-systems.net/dusrm/m-25.html

Die Seite unter 1) (eine offizielle Adresse der amerikanischen Air Force) bestätigt, daß die ›Atlas‹-A, -B und -C sowie die ›Titan‹-I ›Radio-Inertial Guidance‹- oder ›Radio-Guidance‹-Leitsysteme hatten, während bei den ›Jupiter‹-IRBM-Raketen mehrere Systeme erprobt wurden (auch radio-inertielle und reine Radio-Leitsysteme). Die ›Atlas‹-A, -B und -C waren nur Versuchsraketen (auch wenn die Modelle B und C schon fast operationelle Eigenschaften hatten).

Die Web-Seite unter 3) (von der Federation of American Scientists*) bestätigt, daß auch die ›Atlas‹-D (eigentlich die ERSTE voll operative interkontinentale Rakete der Amerikaner, mit einer 10 000 km großen Reichweite und einem drei Megatonnen starken Sprengkopf) eine ›radio-inertial guidance‹ hatte!*

Die Treffsicherheit dieser Rakete war in keinem Fall schlecht: sie hatte einen CEP (›Circular Error Probability‹) von nur zwei Kilometer! Die nächsten Modelle (z. B. die ›Atlas‹-F), die schon vollautomatische inertiale Leitsysteme hatten, waren nur leicht besser (beim Modell F betrug der CEP, bei einer Reichweite von ca. 14 500 km, auch etwa zwei Kilometer).

Die ZWEITE voll einsatzfähige amerikanische ICBM-Rakete

Eine amerikanische Rakete vom Typ »Titan«-II als bemannte Version mit einer »Gemini«-Raumkapsel beim Start. Ihr Vorgängermodell, die »Titan«-I, war zweistufig ausgelegt und wies bei einer Höhe von 30 m eine Startmasse von max. 110 t auf. Sie glich damit annähernd den Leistungsdaten der deutschen A9/A10 (zweistufige Auslegung, Höhe: ca. 26 m, Startmasse: 100 t). Für die »Titan«-I kam das Zielannäherungsverfahren der sogenannten »Radio-Inertial Guidance« zum Einsatz, das mit großer Wahrscheinlichkeit bereits für die deutsche A9/A10 vorgesehen war.

war die ›Titan‹-I; und die Internet-Seiten unter 2) (von der Patrick Air Force Base *bei Cape Canaveral, wo die ersten ›Titan‹-I stationiert wurden) und unter 4) bestätigen, daß auch diese Waffe von einem ›radio-command/inertial guidance‹-Leitsystem zum Ziel gebracht wurde.*

Die ›Titan‹-I konnte eine 4-Megatonnen-Wasserstoffbombe zu einem 12 000 km entfernten Ziel bringen und hatte eine CEP von ebenfalls 2 km (ihr Nachfolger, die vollautomatische ›Titan‹-II, war auch in diesem Fall nur leicht besser: mit einer Reichweite von 15 000 km hatte sie ein CEP von ca. 1,5 km).

Die Radio-Leitsysteme, welche die Russen in den Jahren 1947 und 1948 ausprobierten, waren ohne Zweifel deutsche Technik, und man kann nichts anderes als vermuten, daß dasselbe auch für die amerikanische ›radio-inertial guidance‹ der ersten ›Atlas‹ und ›Titan‹ stimmt. Anderslautende Behauptungen sind völlig unglaubhaft. Die Deutschen verfügten schon in den Jahren 1944 und 1945 über **mindestens** *eine Technologie, mit der man eine Rakete mit guter Treffsicherheit zu einem 5000 bis 5500 km entfernten Ziel steuern konnte!*

Natürlich hat die Radio-Steuerung einige wichtige Nachteile, da der Feind am Ende entdecken könnte, wie man das Leitsignal stören kann; aber bei einer Waffe, die in höchstens einem Monat den Feind zu einem Waffenstillstand gezwungen hätte, ist diese Gefahr gering. […]«

Kapitel 4

Ein großes Zyklotron im Untergrund des AWO-Gebietes?

Die im dritten Kapitel veröffentlichten Hinweise, die einen Zusammenhang zwischen Arnstadt und der Atomforschung erkennen lassen, waren notwendig, um die nachfolgenden Informationen besser verstehen zu können. Die Auffindung von Apparaturen im Siemens-Werk in Arnstadt, die eindeutig der Atomforschung dienten, führte bei den Russen zu hektischen Aktivitäten – wie von Gregory Klimow aufgezeigt. Ohne ins Detail zu gehen, verriet der russische Offizier, daß es sich dabei u. a. um Glasapparaturen handelte, die mit einem deutschen Zyklotron in Verbindung standen.

Daß die russischen Militär- und Geheimdienste angesichts des Fundes der Kisten mit ihrem seltsamen Inhalt nervös wurden, ist leicht nachvollziehbar, denn – man mag dies ruhig noch einmal nachlesen – die entdeckten Apparate und technischen Systeme waren für ein *großes* Zyklotron hergestellt worden, das sich ganz offensichtlich zum damaligen Zeitpunkt noch nicht im Besitz der Russen befand und schon gar nichts mit jenem zu tun hatte, das im Labor des deutschen Physikers Manfred von Ardenne stand. Nein, hierbei handelte es sich um ein System, das den Russen – aus welchen Gründen auch immer – bisher verborgen geblieben war.

Klimow zeigte auf, daß man nach den eingeleiteten Recherchen auf diverse weitere Forschungseinrichtungen stieß und auch eine große Anlage aus einem in Thüringen gelegenen Waldstück barg. Allerdings vermied es Klimow peinlich, Namen von involvierten deutschen Ingenieuren und genaue Standorte zu nennen, so daß wir an dieser Stelle nur spekulieren können, ob man im Bereich des Dreiecks AWO (Arnstadt – Wechmar – Ohrdruf) fündig wurde.

Dessen ungeachtet hat sich aber gezeigt, daß Thüringen eine ganz besondere Rolle spielte und daß die von uns postulierte Behauptung, das Grüne Herz Deutschlands habe in den Plänen der Nationalsozialisten als Forschungsstandort für Hoch- und

Höchsttechnologien einen äußerst wichtigen Rang eingenommen, den Tatsachen entspricht.

Major Klimow, der später zum Oberst avancierte, hat leider nicht verraten, ob man auch das zu den großen Glasapparaturen gehörige große Zyklotron gefunden hat. Wir meinen, daß diese Anlage nicht entdeckt wurde, obwohl die Russen fieberhaft danach suchten. Eventuell fahndeten sie am falschen Platz.

Nach unserem Dafürhalten war es kein Zufall, daß das Siemens-Werk in Arnstadt die seltsamen Kisten erhalten hatte, vielmehr war das eine logische Folge des Umstandes, daß sich das gesuchte Zyklotron in unmittelbarer Umgehung von Arnstadt befand – und zwar tief unter der Erde! Zudem ist es eine Tatsache, daß die Firma Siemens-Halske, die auch eine Arbeitsgruppe im Siemens-Werk in Arnstadt hatte, Zyklotrone herstellte.

Man mag nun meinen, daß die Behauptung, bei Arnstadt stünde ein Zyklotron im Untergrund, unserer Phantasie entsprungen sei. Dem ist allerdings nicht so, vielmehr erhielten wir in der Folge der im 1. Kapitel aufgezeigten Rittermann-Briefe weitere Informationen und Schreiben, die genau das behaupten. Diese fügen sich lückenlos in das bereits vorhandene Bild ein und sollen unserer werten Leserschaft ebenfalls zur Kenntnis gegeben werden.

Am 8. Februar 2001 wurde uns ein Brief mit einigen Unterlagen und Dokumenten zugestellt, der – so der eindeutige Hinweis – von Hans Rittermann initiiert worden war, weil sich der Absender auf diesen bezog. Darunter befand sich u. a. die Abschrift einiger Tagebuchseiten eines Ingenieurs, dessen vollen Namen wir zwar kennen, ihn aber an dieser Stelle nicht wiedergeben wollen. Wir verwenden statt dessen nur die Initialen seines Vor- und Zunamens – K. J.

Die nachfolgenden Informationen zeigen auf, wer die Arbeiten in dem uns interessierenden Areal durchführte und wie der Einsatz von Arbeitskräften, zu denen auch Häftlinge gehörten, getarnt wurde. Die geologischen Erkundungsarbeiten begannen früh und unterlagen einer strengen Geheimhaltung, die nichts dem Zufall überließ.

Unabhängig davon bestätigen die Ausführungen des Ingenieurs K. J. aber, daß in bezug auf deutsche Hochtechnologie tatsächlich eine bestimmte Forschungsanlage im Untergrund »in der Nähe« Arnstadts installiert wurde, die unseres Erachtens genau das war, was die Russen – siehe Gregory Klimow – später so hektisch suchten, unserer Auffassung nach allerdings nicht finden konnten.

Hier die Ausführungen von Ingenieur K. J.:

»Am Ortsausgang Arnstadt in Richtung Holzhausen gab es zwei Werke. Einmal das Mitteldeutsche Werk, mit sechs großen und einer kleinen Halle, einem Versuchskanal und einem kleinen Flugplatz, und zum anderen die Außenstelle der Sudetenländischen Bergbau AG Bihlschächte Haan bei Brüx. Unsere Außenstelle wurde bereits 1939 eingerichtet, damals jedoch nur mit vier Personen.

Wir waren zunächst in der ›Domäne Eichfeld‹ untergebracht, dann in der ›Rosenau‹, bis wir im ›Erfurter Hof‹ unsere Zimmer hatten. Unsere ersten Aufgaben waren, geologische Erkundungen weiter durchzuführen. Ab März 1939 hatten wir bereits eine kleine Halle am Ortsausgang Arnstadt, das Mitteldeutsche Werk wurde erst danach errichtet. Was in diesem Werk gemacht wurde, haben wir nie erfahren und [wir] durften auch nicht in das Werk.

Wir gehörten auch weiter zur Reichsknappschaft ›Sudetendeutsche Knappschaft‹, Brüx, Karlstraße 2. Meine Knappschafts-Nr.: 81217 plus Geburtsdatum. Unser Vorgesetzter vom Bergbau Haan war Herr Schubert und von der Knappschaft Herr Dingenberg.

Die Baunterlagen waren von den Firmen Rotmann & Lindemann Köln, Baubüro Dr. Ing. Fiebinger und vom WVHA. Bauaufträge wurden von der Deutschen Reichspost, dem Forschungsrat und dann von der SS [erteilt]. Zuerst waren Bauleiter Dr. Ing. Seuffert und Streve sowie ein Ober-Ing. Mühlheim [verantwortlich], ab Oktober 1944 war Kammler der Chef.

Streve war für die Rundanlage verantwortlich. Die anderen Chefs waren mit dem Baustab auf der Klipper. Von dort wurden die Arbeiten am Objekt ›Olga‹ durchgeführt. Dies waren 31 Stollen mit Ober-, Unter-, Verbindungs- und Eingangsstollen sowie einem Bahnhofstunnel. Der Chef des dortigen Baustabes war SS-Hauptsturmführer Oldeboershaig [gemeint ist Oldeboershuis, Anm. d. A.]. *In Ohrdruf war ein weiterer Baustab mit Dr. Weidemann, der für die Rüstungsfirmen, Transport der Häft-*

linge und Versorgung verantwortlich war und der SS, Rüstungswirtschaft und z. T. dem OKW unterstand.

Bei uns waren [für die Planungen und Arbeiten] zuständig: die Deutsche Reichspost, der Forschungsrat in Verbindung mit der SS und der Reichskanzlei. Ziel war es, neben dem Bau der Rund- oder auch Beschleunigungsanlage, weitere Forschungsanlagen zu errichten, dazu gehörten auch einige Verbindungsämter: Amt 8, 9, 600 und 800, [letzteres war] eine unterirdische große Zentrale, die ab November bzw. Februar 1944/45 in das FHQu umgebaut und eingerichtet wurde. Zum anderen wurden durch uns Bauplanungen für Weimar, Erfurt, Stadtilm, Gehren und Oberhof durchgeführt.

Ab Oktober 1944 waren die Gebiete Ohrdruf, Gotha, Luisental und Jonastal direkt dem OKW und der SS für Waffenproduktion und die Einlagerung von kriegswichtigen Gütern usw. unterstellt.

Unsere Arbeiten wurden von freien Arbeitern, zwangsverpflichteten Arbeitern, von Ingenieuren und Wissenschaftlern, die Häftlinge waren, durchgeführt, wobei wir die Bauplanung und Überwachung hatten. So gab es zwischen der SS und unseren Häftlingen Schwierigkeiten, bis unsere Häftlinge einfachen Felddienst tragen durften. Dies war besonders am Bielstein [Bienstein?] *bei der Beschleunigungsanlage, welche ja dreimal größer als die französische Anlage*[57] *gebaut wurde [, der Fall].*

Auch bei der Schwingungsanlage gab es große Probleme, da die SS-Wachmannschaften unsere Häftlinge von den dort zu Hunderten eingesetzten Häftlingen nicht unterscheiden konnten. So fanden leider sieben Häftlinge, die bei uns als Ingenieure tätig waren, den Tod. Auch hier konnten wir Felddienst einführen.

Von 1939–1943 hatten wir insgesamt 171 Häftlinge, und von 1944–1945 waren dazu nochmals 218 Häftlinge gekommen. Es mußte ja die gesamte Ausführung des FHQu durchgeführt werden, die im März 1945 nur zu 40% fertig war, als der Führer in der Anlage war.

---

(57) Hierbei ist unzweifelhaft das von Hans Rittermann erwähnte Zyklotron gemeint, das in dreifacher Größe des französischen Systems unterhalb des Truppenübungsplatzes installiert wurde. Aus diesem Grund kann der von K. J. so bezeichnete »Bielstein« nur der Bienstein sein.

Unsere Verpflegung im Hotel ›Erfurter Hof‹ war sehr gut, wir nahmen sogar öfters Eßwaren mit zu unseren Häftlingen, die gegenüber den [anderen] Häftlingen noch eine sehr gute Verpflegung hatten und auch eigentlich nur acht bis zehn Stunden arbeiteten. Die Häftlinge und Freien Arbeiter waren in Holzbaracken links am Forschungs- und Versuchsobjekt am Eulenberg untergebracht. Wir hatten zu diesen immer ein gutes Verhältnis, so wurden sie auch nicht 1945 auf den Märschen aufgeteilt, sondern konnten in Felddienst, mit einer Bescheinigung von uns als Firma, die Baustelle in Richtung Amis zur Autobahn hin verlassen.

Noch einiges zu unseren Bauarbeiten: Nach geologischer Erkundung wurden die Pläne von den Baubüros erarbeitet, wir mußten diese Pläne dann umsetzen, d. h. [einen] Materialplan, Zeitplan [erarbeiten]. Dieser wurde aber von der SS mit dem Einsatz der Häftlinge abgesprochen (Bauausführung).

Bei den Forschungsobjekten, wie z. B. beim Objekt ›Burg‹, mußte der Forschungsrat mit Dr. Artenne [von Ardenne, Anm. d. A.] *bzw. Dr. Diebner abzeichnen. Die SS war abzeichnend beim Ausbau des FHQu und der Einsatzzentrale sowie für die Ämter. Dies war auch gültig für die Bauarbeiten in Erfurt, Gehren und Stadtilm. Dabei mußten wir die Pläne der Baubüros umsetzen. Für die Durchführung waren die Baustäbe mit den Arbeitern und Häftlingen verantwortlich.*

Ich selbst habe an folgenden Objekten gearbeitet: ›Burg‹ ab 1944 als FHQu, Versuchsanlage rechts am Bielstein [gemeint ist höchstwahrscheinlich der Bienstein, Anm. d. A.; siehe Fn. 57], *Versuchsanlage links am Eulenberg, Beschleunigungsanlage, Fernämter, Verpflegungsbau Malzfabrik, spezieller Tunnelbau Erfurt und Ausbau des Amtes im Schloß. Unsere Arbeiten wurden ständig überwacht.*

Vom 15. bis 30. März 1945 wurden alle Arbeiten eingestellt, danach aber wurden ab 2. April 1945 nur noch Sicherungsarbeiten durchgeführt. Wir mußten alle Bauaufzeichnungen vernichten bzw. unserem Reg. OIS Rittermann übergeben.

Ein Dr. Elbracht, der einmal Bauchef und dann sogar Bürgermeister von Arnstadt war, machte uns dabei schwere Arbeit. Wir sollten Unterlagen nach Arnstadt bringen, dies war aber verboten.

Als die Amis über das Eichfeld bzw. von Holzhausen nach Arnstadt gelangten, wußten die Amis nichts mit uns anzufangen, so wurden die Unterlagen weiter vernichtet und die Eingänge unsichtbar gemacht. Die Amis waren blind auf beiden Augen, oder sie hatten solche Dinge noch nicht gesehen.

Aus dem Mitteldeutschen Werk wurden vor allem Flugzeugteile und andere Anlagen mit LKWs nach Kassel abgefahren. Von Kam. Rittermann – von der SS war keiner mehr da, und unsere Häftlinge waren auch schon weg – erhielten wir Unterlagen, die uns als kriegsverpflichtete Arbeiter bezeugten, und auch jeweils einen Schein vom Roten Kreuz. So konnten wir Arnstadt am 27. April 1945 verlassen. Ich ging nach Gera [...]«

Der Zeuge K. J. läßt uns verschiedene wichtige Dinge wissen. So verweist er auf den Standort des heute nicht mehr existierenden Mitteldeutschen Werkes am Westrand Arnstadts, von dem aus der Einsatz der untertägig arbeitenden Häftlinge, Freien Arbeiter und Spezialisten erfolgte, die sich mit hoher Wahrscheinlichkeit in Richtung des Truppenübungsplatzes Ohrdruf vorarbeiteten.

Schräg gegenüber diesem Werk, in dem offiziell Flugzeugteile produziert wurden, befand sich die Baustelle für das »Amt 800«, die jedoch aufgrund eines Wassereinbruchs aufgegeben worden war. Ingenieur K. J. meint, daß hier eine besondere Versuchsanlage installiert worden sei. Interessanterweise wird diese Aussage von dem bereits mehrfach erwähnten Zeugen Adolf Bernd Freier bestätigt, der uns wissen ließ, daß das in diesem Terrain in den Fundamenten von »Amt 800« stehende Wasser ab 1944 für die *Kühlung* bestimmter Anlagen verwendet wurde.

Auch der Autor Ulrich Brunzel, der sich bei seinen Ausführungen auf einen amerikanischen Aufklärungsbericht bezieht, geht von einer besonderen Nutzung des bei Arnstadt gelegenen Eulenberg-Areals aus, wenn er in seinem Buch »Beutezüge in Thüringen« schreibt:

»*[Als] Anhaltspunkte für das Vorhandensein von unterirdischen Bauwerken sind an der westlichen und südlichen Seite Böschungen der Baugrube auszumachen. [...] Die Luftbildaufnahmen lassen weitere Stollenmundlöcher und offensichtliche*

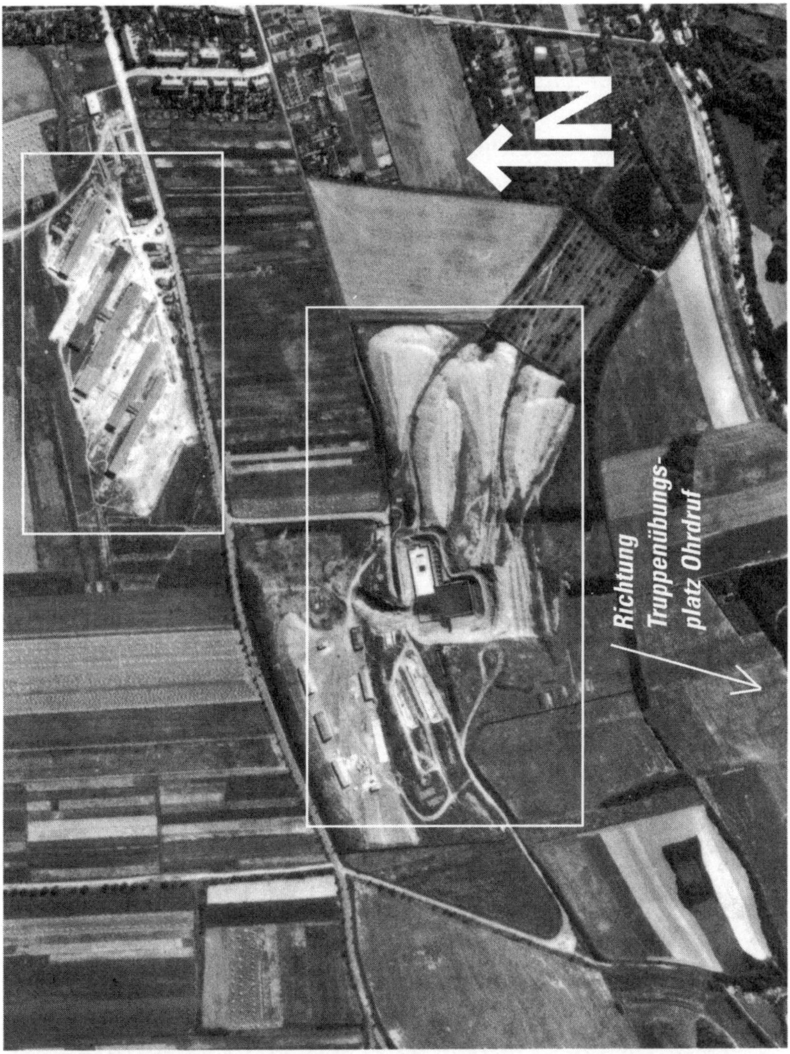

Das Areal westlich von Arnstadt, aufgenommen im Juli 1945 durch eine US-Luftbildeinheit. Das links eingerahmte Gebiet gibt das Gelände des Mitteldeutschen Werkes wieder, während das gegenüberliegende Gebiet am Arnstädter Eulenberg das »abgesoffene« Fundament des ursprünglich hier geplanten »Amt 800« zeigt. Die Hinweise verdichten sich, daß in diesem Geländeabschnitt wichtige Forschungsanlagen tief unter der Erde errichtet wurden (Bildarchiv LUFTBILDDATENBANK, Ing.-Büro H. G. Carls, Würzburg).

Scheineingänge erkennen. Im weiteren Umkreis der Anlage sind Bodeneingriffe und Verkippungen erkennbar. [...] Folgt man der Feststellung der amerikanischen Luftaufklärung, handelt es sich bei der Anlage auf dem Eulenberg um teilweise fertiggestellte unterirdische Labor- und Fertigungsräume für die Herstellung streng geheimer Waffensysteme. Hier sollten nach Auffassung der Amerikaner bis zu 5000 Arbeitskräfte beschäftigt werden [...]«[58]

K. J. behauptet, daß ein weiteres wichtiges Objekt rechterhand vom Bienstein vorhanden gewesen sei, in dem eine Ring- oder Beschleuniger-Anlage installiert war – andere Begriffe für das von uns gesuchte Zyklotron! K. J. verwendet zwar die Flur-Bezeichnung »Bielstein«, doch nach allem, was wir in Erfahrung bringen konnten, kann es sich hierbei nur um eine Verwechslung mit dem Bienstein handeln. K. J. und Hans Rittermann sprechen im Zusammenhang mit der ringförmigen Beschleunigeranlage davon, daß das betreffende System dreimal größer aufgebaut worden sei als sein in Frankreich befindliches Vorbild, und Rittermann erwähnt, daß man das deutsche Gerät unterhalb des Truppenübungsplatzes installiert habe, was im Zusammenhang mit dem Bienstein genau zutreffen würde! Geschichtliche Tatsache ist, daß die Deutschen beim Einmarsch in Frankreich das dortige, noch nicht fertiggestellte Zyklotron vorfanden und seltsamerweise (!) nicht »evakuierten«.

Der Bienstein liegt im Bereich der im Jonastal befindlichen Stollenanlage 1 bis 12 (nach alter Zählung!) und bildet rechterhand von Stollen 12 einen Vorsprung, der als Biensteinkopf bezeichnet wird. In diesem Areal wurde im Herbst 1944 mit der Errichtung der bekannten Stollenanlagen begonnen, wobei wahrscheinlich nur wenige wußten, daß dort bereits andere Dinge im Berg fix und fertig installiert waren. Zwischen den Stollenanlagen, die kurz vor Kriegsende vorgetrieben wurden, befindet sich rechterhand des Biensteinkopfes ein Abschnitt, in dem eine große Höhle vorhanden sein soll, deren Eingang vor dem

---

(59) Ulrich Brunzel: Beutezüge in Thüringen. Kunstschätzen, Wunderwaffen und Raubgold auf der Spur, Heinrich-Jung-Verlagsgesellschaft mbH, Zella-Mehlis/Meiningen, 2. Auflage, 2000, S. 72 und 73. Siehe aber auch die Abbildungen und Erklärungen auf den Seiten 77–79.

Eintreffen der Amerikaner im April 1945 durch die SS zugesprengt wurde. Über ihre Ausmaße ist nur wenig bekannt, aber es gibt Vermutungen, wonach sie die beiden Stollenkomplexe miteinander verbinden könnte – Platz genug also für einen Forschungskomplex!

In diesem Zusammenhang muß erwähnt werden, daß einer der beiden Autoren (Th. Mehner) schon vor Jahren in seinem Briefkasten einen Umschlag fand, in dem eine Zeichnung steckte. Diese zeigte die beiden Stollenanlagen 1–12 und 13–25 nach alter Zählung – und die große Höhle! Da kein Absender auf dem Briefumschlag stand, glaubte er zunächst an einen bösen Scherz, bis wir aufgrund der anderen, hier dargestellten Rechercheergebnisse feststellen mußten, daß die Existenz dieser Höhle durchaus im Bereich des Möglichen liegen könnte.

Für all jene Leser, die sich mit den örtlichen Gegebenheiten wenig oder gar nicht auskennen, haben wir die Verhältnisse auf den nachfolgenden Seiten dargestellt. Zudem veröffentlichen wir der Vollständigkeit halber die Zeichnung, deren Ursprung allerdings zweifelhaft bzw. unklar ist und die wir darüber hinaus für nicht authentisch halten.

Stollenbauingenieur K. J. nannte auch noch einen anderen wichtigen Bereich für Forschungsanlagen, der allerdings außerhalb des Truppenübungsplatzes liegt: das Gebiet des in der Nähe der Gemeinde Bittstädt befindlichen Eulenberges (II). In diesem Terrain befinden sich sowohl das vielgesuchte, zu 40 % fertiggestellte Führerhauptquartier Hitlers, das allerdings nur von nebensächlicher Bedeutung ist, als auch mindestens eine Forschungsanlage der Reichspost. Es ist allerdings festzuhalten, daß die hier vorhandenen Untergrundsysteme in bergbautechnischen Verfahren angelegt wurden. Oberflächliche Arbeiten konnten, wie wir wissen, von der einheimischen Bevölkerung nicht beobachtet werden und hätten auch den strengen Geheimhaltungsvorschriften widersprochen.

Lassen wir die Katze aus dem Sack: Das betreffende Gebiet ist mit hoher Wahrscheinlichkeit sogar ein besonders neuralgischer Punkt in der Landschaft, denn hier gab es einen Zugang zum Objekt »Burg«, dem eigentlichen Zentrum der Geheimnisse, wie auch einen Weg zu einem Nachrichtenamt mit der Be-

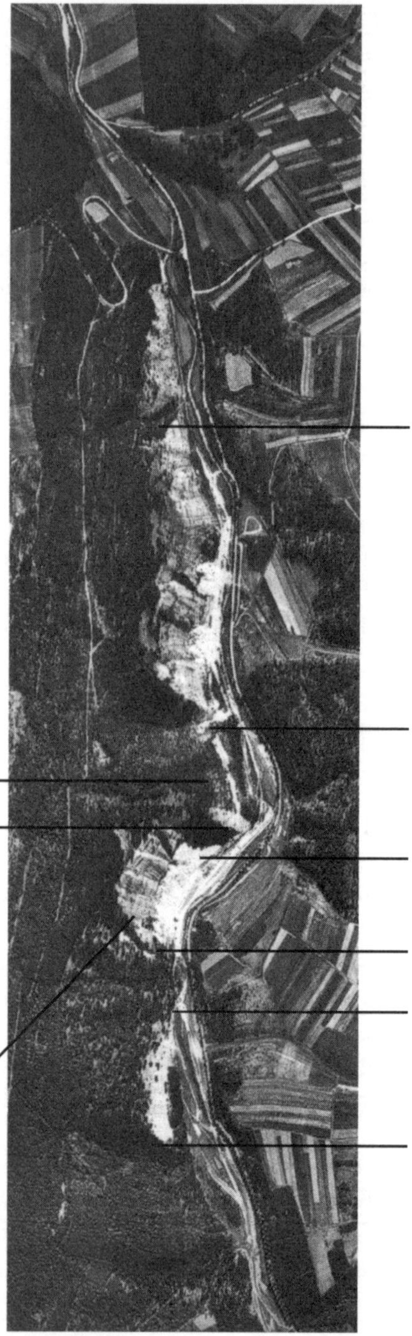
Bienstein mit dem Biensteinkopf
In diesem Bereich vermutete Höhle
Bereich der Stollen 13–25 nach alter Zählung. Neu: Stollen 1–13
Stollen 1–12 nach alter Zählung. Neu: Stollen 14–25
Bereich der »vermißten« Stollen 26–31 (Bereich X)

Erklärung zur gegenüberliegenden Darstellung:

Das im Jahre 1953 entstandene russische Luftbild zeigt das Jonastal und sein unmittelbares Umfeld.

Die Baustelle im Jonastal wurde bisher immer nur mit zwei Anlagen ausgewiesen, die angeblich zusammen 25 Stollen umfaßten. Nach der landläufigen Auffassung wurden die Stollen aufsteigend von links nach rechts (von Crawinkel nach Arnstadt) gezählt, was allerdings falsch ist.

Die korrekte Zählung erfolgt von Arnstadt in Richtung Crawinkel, weil nur so die in Richtung Crawinkel liegenden »vermißten Stollen« 26 bis 31 vernünftig in das Gesamtsystem einzuordnen sind, die im übrigen deutlich auf dem Luftbild zu erkennen sind.

Es gab insgesamt drei Bauabschnitte, wobei der Bereich X (Stollen 26 bis 31) zum Großteil bereits einige Zeit vor den anderen im Herbst 1944 begonnen beiden Baustellen fertiggestellt war. In diesem Bereich X befand sich der von verschiedenen Zeugen beschriebene 900-Meter-Stollen ebenso wie ein unterirdischer Bahnhof. Hier waren auch jene Stollen vorhanden, die mit weißen Fliesen bzw. Kacheln ausgekleidet waren und über die viele kompetente Zeugen berichteten.

Zwischen dem Stollenkomplex 1–13 und 14–25 (nach alter Zählung) befindet sich eine Höhle, deren Eingang 1945 von der SS zugesprengt wurde und die mit hoher Wahrscheinlichkeit unter das Plateau des Truppenübungsplatzes Ohrdruf reicht und Standort des Zyklotrons war bzw. ist.

Die Russen versuchten in den 1950er Jahren möglicherweise einen Vorstoß in diese Höhle, indem sie von der anderen Seite des Biensteinkopfes her einen Vortrieb unternahmen, in dessen Folge eine Rampe angelegt wurde. Das Ergebnis dieser Operation ist unbekannt.

Quelle des Luftbildes: Bildarchiv LUFTBILDDATENBANK, Ing.-Büro H. G. Carls, Würzburg.

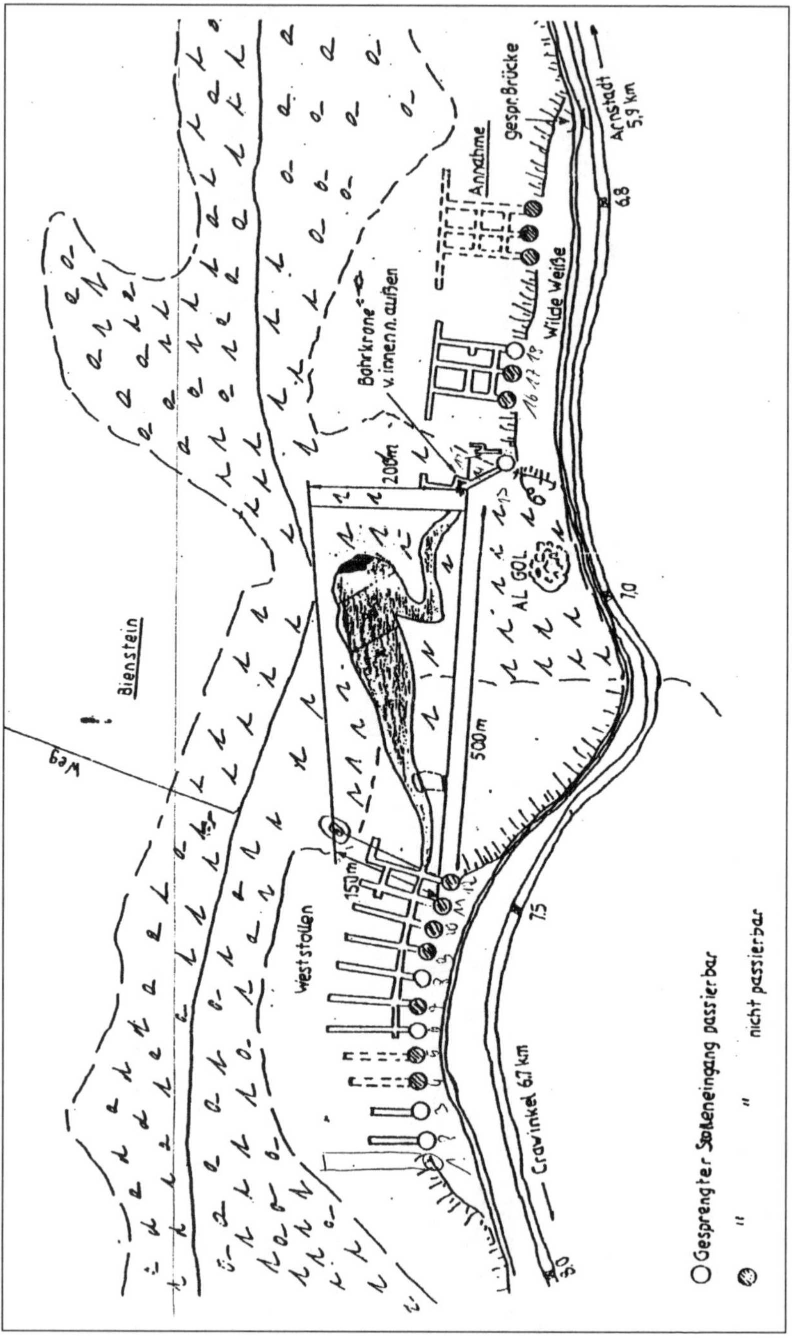
Bienstein
Weg
Weststollen
150m
200m
500m
Bohrkrone v. innen n. außen
AL GOL
Annahme
gespr. Brücke
Wilde Weiße
Arnstadt 5,9 km
6,8
7,0
7,5
Crawinkel 6,7 km
Gesprengter Stolleneingang passierbar
" " nicht passierbar

Erklärung zur gegenüberliegenden Darstellung:
Die Karte zeigt die Stollenbereiche 1–12 und 13–25 nach alter Zählung. Zwischen diesen beiden Komplexen befindet sich die zugesprengte Höhle, die in der Zeichnung beide Stollenanlagen miteinander verbindet. Inwieweit diese Darstellung den tatsächlichen Verhältnissen entspricht, ist allerdings unklar. Das Original der Karte stammt aus den 1960er Jahren und wurde zufällig 2006 gefunden.

Das Bild rechts zeigt den Abschnitt am Biensteinkopf, an den die Russen in den 1950er Jahren die Rampe legten. Diese wurde 1953 bei Luftbildaufnahmen – sicherlich unbeabsichtigterweise – auf Film gebannt und ist nur bei entsprechender Vergrößerung erkennbar. (Quelle: Bildarchiv LUFTBILDDATENBANK, Ing.-Büro H. G. Carls, Würzburg)

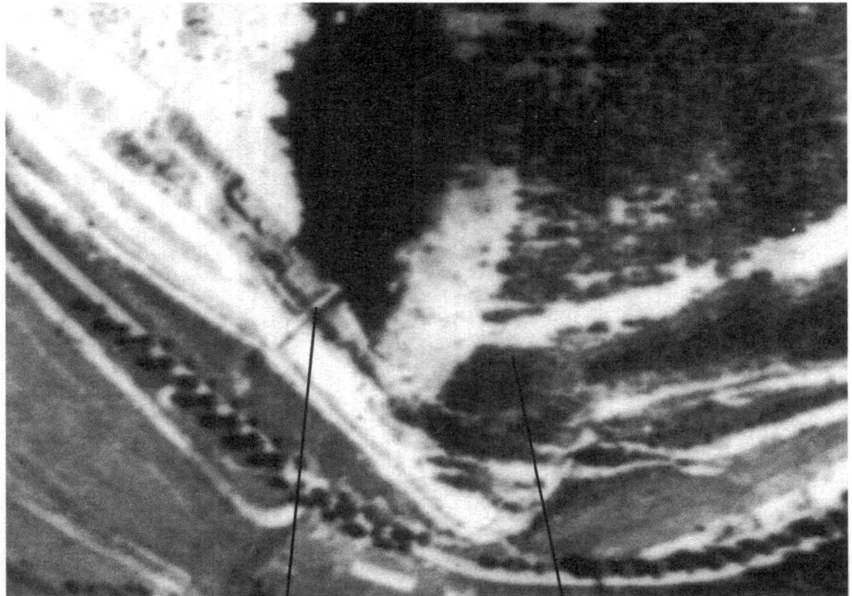

Rampe

Rechterhand des Biensteinkopfes lag der von der SS zugesprengte Höhleneingang

zeichnung »Amt 9«. Diese Informationen konnten wir nicht nur zahlreichen Augenzeugenaussagen entnehmen, sondern wir erhielten mit dem Schreiben, das den Auszug aus dem Tagebuch des Ingenieurs K. J. enthielt, auch die Beschreibung des Transportweges der bei den Baumaßnahmen eingesetzten Häftlinge, aus dem dies eindeutig hervorging. Dem Schreiben lagen auch noch andere Dokumente bei, von deren Veröffentlichung wir mit zwei Ausnahme allerdings absehen wollen, da unseres Erachtens anschließend Scharen von Schatzsuchern über Thüringen hereinbrechen würden, woran unsererseits kein Interesse besteht.

Die zwei genannten Dokumente sollen publiziert werden, weil sie die Glaubwürdigkeit dessen, was bisher dargestellt wurde, unterstreichen. Diese Dokumente stammen aus Privatbesitz und dürften auch den Alliierten niemals zugänglich gewesen sein. Eines der Schriftstücke zeigt besonders deutlich, daß die Bauarbeiten bereits *lange* vor dem Herbst 1944 realisiert wurden, während einer Phase also, in der laut der bisherigen Geschichtsschreibung »rein gar nichts« geschehen sein soll.

Bei dem ersten Dokument, das auf der nachfolgenden Seite abgedruckt ist, handelt es sich um eine Aufstellung zu den Sonderbaumaßnahmen der Deutschen Reichspost im Gebiet um Arnstadt, genauer um die Auflistung der Transportwege der Häftlinge, die mittels LKW an verschiedene Örtlichkeiten verfrachtet wurden. Dabei muß davon ausgegangen werden, daß diese Transporte vor allem in den frühen Morgenstunden oder aber auch nachts stattfanden, um von der ansässigen Bevölkerung nicht bemerkt zu werden.

Besonders interessant ist dabei die Wegbeschreibung zu »Amt 9« und dem Objekt »Burg«, weil uns diese in den Bereich des Bittstädter Eulenberges führt. Der Antransport verlief vom Arnstädter Bahnhof aus über den Rehestädter Weg, folgte dann der damals so bezeichneten Horst-Wessel-Straße und führte über die Ufer-, Gothaer- und Ohrdrufer Straße auf die Landstraße nach Holzhausen. Auf dieser zweigte man in Richtung der Straße nach Bittstädt ab, um dann schließlich über einen kleinen Weg nach links abzubiegen, von dem aus die Häftlinge über einen Eingang, der nicht groß gewesen sein muß, im Untergrund verschwanden (siehe dazu die übernächste Seite).

Sonderbau Deutsche Reichspost

A r n s t a d t

Transportweg der Häftlinge durch Arnstadt

A)Zum Mittel Deutschen Werk
Firma Linn am Schwarzen Weg
Bismarkstraße
Feldstraße
Uferstraße
Ohrdruferstraße

B)Zum Mittel Deutschen Werk
Firma Linn am Schwarzen Weg
Bismarktstraße
Bärwinkelstraße
Willibrodplatz
Ohrdruferstraße

C)Zum S-Bau
Bahnhof
Rehestädter Weg
Horst Wesselstraße
Uferstraße
Himmelreich
Eichsfelderweg

D)Zum Amt 9 und Objekt Burg
Bahnhof
Rehestädter Weg
Horst Wesselstraße
Uferstraße
Gothaerstraße
Ohrdruferstraße
Landstraße nach Holzhausen
Landstraße nach Bittstädt
Links kleiner Weg zum Objekt

Abend OLtr.
15.1.44

Dokument »Sonderbau Deutsche Reichspost« mit der Angabe des Transportweges der Häftlinge durch Arnstadt und zu den einzelnen Objekten.

Das US-Luftbild vom 19. Juli 1945 zeigt das Gebiet, in das die Häftlingstransporte erfolgten. 1: Straße nach Bittstädt, 2: nach links abzweigender Weg, 3: in diesem Waldgebiet müssen die Häftlinge unterirdisch »verschwunden« sein, 4: Areal des bei Bittstädt gelegenen Eulenberges, in dessen Tiefe Anlagen vorhanden sein dürften. Der gekennzeichnete Bereich gehört zum Objekt »Burg«. (Bildarchiv LUFTBILDDATENBANK, Ing.-Büro H. G. Carls, Würzburg)

Selbstverständlich sahen wir uns die Wegbeschreibung nicht nur auf Karten und Luftbildern an, sondern auch direkt vor Ort. Tatsächlich entdeckten wir in dem in Frage kommenden Waldgebiet zwei merkwürdige Bodensenken, die durchaus Personaleingänge darstellen können. Zu gegebener Zeit wird eine entsprechende Kontrolle stattfinden – mit offizieller Genehmigung, versteht sich.

Das zweite Dokument ist eine »Übersicht der Häftlingstransporte zum Sonderbau bei Arnstadt«. Hierin wird die Zahl der ab dem 16. Januar 1942 (!) eingesetzten KZ-Häftlinge ebenso aufgezeigt wie ihre Nationalität und Qualifikation. In dieser tabellarischen Übersicht tauchen immer wieder Bauvorhaben auf, die als »S-Bau«, »Amt 8/9«, »Amt 9«, »MDW« (Mitteldeutsches Werk) und »Burg« bezeichnet werden. Die Häftlingstransporte gelangten aus Auschwitz, Dachau, Plaszow, Sachsenhausen, Buchenwald und Natzweiler ins Gebiet. Das Dokument vermerkt, daß ab dem 18. September 1944 keine Transporte mehr über Arnstadt liefen. Aber allein zwischen dem 16. Januar 1942 und dem 17. September 1943 waren 5149 Häftlinge in den Bereich Arnstadt transportiert worden! 5149 Menschen, die für geheime Bauvorhaben zum Einsatz gelangten, die – wir müssen das nochmals betonen – laut der *veröffentlichten* Geschichtsschreibung nicht stattgefunden haben sollen! O heilige Einfalt!

Sollte weiterhin, wie in der Vergangenheit geschehen, offizielllerseits behauptet werden, vor dem Herbst 1944 seien keine KZ-Häftlinge im großen Stil für Arbeiten im AWO-Gebiet herangezogen worden und die Arbeiten im Jonastal ab Herbst 1944 seien »alles« gewesen, so werden wir künftig unter Namensnennung der betreffenden Personen bzw. Institutionen öffentlich die Frage stellen müssen, ob hier nicht einer (massiven) Vertuschung von Kriegsverbrechen Vorschub geleistet werden soll.

Das Thema kann, wir wollen das einmal klar herausstellen, schon allein aufgrund der hohen Opferzahlen kein Gegenstand von Äußerungen uninformierter Behördenvertreter oder anderer Zeitgenossen sein, denen der Durch- und Überblick fehlt!

Alles in allem muß festgestellt werden, daß genügend interessante Anhaltspunkte für die Existenz von geheimgehaltenen Forschungsobjekten im Raum Arnstadt bzw. im AWO-Gebiet vorhanden sind. Und es dürfte klar geworden sein, daß der Fund

Sonderbau Reichspost
Arnstadt

E 2034

Übersicht
über Häftlingstransporte zum Sonderbau bei Arnstadt

Datum	Anzahl/v.Standort	Nation	Bauvorhaben	Bemerkung
1942				
16.1.	140/Auschwitz	Polen	S-Bau	
2.2.	60/Dachau	vers.Nation	Amt 9	Spez.
10.2.	284//Plaszow	Polen	S-Bau	
16.2.	423/Auschwitz	Russen/Pol.	S-Bau/MDW	Facharb.
31.3.	91/Sachsenhausen		Amt	Techniker
6.4.	427/Auschwitz	Polen/Franz	MDW	Facharb.
22.4.	121/Auschwitz	Polen		Geistliche
2.5.	344/Buchenwald	Letten/Deut.	S-Bau	Schachtbau
16.5.	67/Dachau	vers.Nation	Amt 8/9	Fernamt
22.9	238/Sachsenhausen	Ungarn	MDW	Facharb.
				[illegible]itze,Leutnant
1943				
14.1	241/Auschwitz	Polen	S-Bau	
8.3.	72/Natzweiler	Polen		Geistliche
14.5.	367/Sachsenhausen	Ungarn	MDWerk	Arbeiter
3.6.	192/Auschwitz	Franzosen	S-Bau	Bergbau
4.9.	37/Buchenwald			Wasserbau
17.11	241/Sachsenhausen	Ungarn	S-Bau	
1944				
7.1.	183/Buchenwald	Letten/Rus	S-Bau	Facharb.
22.3.	342/Sachsenhausen	Ungarn	S-Bau	
18.5.	45/Natzweiler		Mit.Deut.Werk	Spezialisten
23.7.	457/Auschwitz	Franzosen	S-Bau/Burg	
4.9.	299/Plaszow	versch.	Burg	
17.9.	478/Sachsenhausen	versch.	Burg/MDW	Facharb.

Ab 18.9.1944 keine Transporte über Arnstadt

[illegible]ger,Reg.OSP.

Dokument zum »Sonderbau Deutsche Reichspost«, das eine Übersicht der Häftlingstransporte zeigt.

im Siemens-Werk von Arnstadt, der Apparaturen für einen großen Ringbeschleuniger betraf, absolut kein Zufall war, denn die Anlage, zu der die entdeckten Teile gehörten, befand sich wahrscheinlich in unmittelbarer Nähe!

Freilich sind wir uns der Tatsache bewußt, daß der Hinweis auf ein – sicher voll funktionstüchtiges – Zyklotron im Thüringer Raum, mit dem in hohem Maße Grundlagenforschung betrieben worden sein dürfte, so gar nicht in das bisher publizierte Geschichtsbild von der deutschen Atomforschung paßt, hatte Rüstungsminister Speer doch in seinen »Erinnerungen« erst von einem sehr späten Beginn dahingehender Untersuchungen geschrieben:

»In der Nachbarschaft der Universitätsklinik Heidelberg wurde mir im Sommer 1944 an unserem ersten Zyklotron die Spaltung eines Atomkerns gezeigt.«[60]

Wie wir mittlerweile erfuhren[61], war mit der Herstellung von Zyklotronen[62] insbesondere die Firma Siemens (Siemens-Halske) befaßt. Natürlich konnte die Fertigung einer solchen, wissenschaftlichen Forschungszwecken dienenden Apparatur nur in Zusammenarbeit mit anderen bedeutenden Firmen, Institutionen und Forschungs-Gremien realisiert werden, wie beispielsweise dem *Kaiser-Wilhelm-Institut*, denn mit dieser ganze Unternehmung wurde wissenschaftliches und technisches Neuland beschritten. Obwohl sich Siemens beim Bau eines Zyklotrons für federführend im damaligen Deutschland hielt, dürfte es auch bestimmte Parallelentwicklungen gegeben haben, möglicherweise durch das Heereswaffenamt und die Deutsche Reichspost. Darauf deuten auch die Aktivitäten von Dr. Kurt Diebner hin, der auch in den Briefen von Hans Rittermann eine besondere

(60) Albert Speer: Erinnerungen, Propyläen-Verlag, Berlin 1969, Kapitel 16, S. 242.

(61) Details können aufgrund urheberrechtlicher Gründe nicht genannt werden.

(62) *»Teilchenbeschleuniger, in dem geladene Teilchen wiederholt ein elektrisches Beschleunigungsfeld durchlaufen, während sie sich spiralförmig von ihrer Quelle im Zentrum der Maschine nach außen bewegen. Die Teilchen werden von einem starken Magneten in der Spiralebene gehalten. Ein Zyklotron ist nicht geeignet zur Beschleunigung von Elektronen …«* (http://www.anti-atom.de/zyklo.htm).

Rolle spielte, behauptete letzterer doch, er habe die deutsche Atomwaffe (mit-)entwickelt. Bisher hieß es in der einschlägigen Literatur, daß Diebner bis Kriegsende vor allem Reaktorexperimente betrieben habe, die allerdings nicht erfolgreich gewesen sein sollen.

Wir können beim gegenwärtigen Stand der Dinge nun jedoch ansatzweise belegen, daß Diebner und sein Team auch mit einem Betatron[63], einem speziellen Zyklotron, zu tun gehabt haben müssen. Im Zusammenhang mit der Einnahme des sich ebenfalls in Thüringen befindlichen »Atomforschungslabors« Stadtilm, in dem ja Diebner mit seiner Forschergruppe nach der Verlagerung bis Kriegsende noch gearbeitet haben soll,[64] durch Einheiten der US Army und der alliierten Technologieaufspürgruppe ALSOS, existiert ein bemerkenswertes Dokument[65] vom 30. April 1945, das sich mit dort aufgefundenen Unterlagen befaßt. Diese bestanden vorwiegend aus Sammlungen technischer Daten, Korrespondenzen, Meßprotokollen und Betriebsanleitungen für ein Betatron (!) und Ultrazentrifugen[66] (!). Darüber hinaus wurden von den amerikanischen Spezialisten Papiere zu Themen wie Schwerwasser, Uran, Reaktorexperimente und Isotopenanreicherung sichergestellt.

Das Dokument ist ein klarer Beweis, daß Diebner nicht nur mit seinem Versuchsreaktor befaßt war. Vielmehr hatte er in ir-

---

(63) Ein Betatron ist ein spezielles Zyklotron, mit dem Elektronen beschleunigt werden können. Während des Beschleunigungsvorgangs wird die Stärke des Magnetfeldes entsprechend der zunehmenden Teilchenenergie bzw. Teilchengeschwindigkeit gesteigert. Die Elektronen werden so auf einer festgelegten Kreisbahn gehalten.

(64) Nach Aussagen des in Stadtilm wohnenden Klempnermeisters Rundnagel, der von der SS für Installationsarbeiten herangezogen und zur Geheimhaltung verpflichtet worden war, wurde das »Atomforschungslabor« in den Kellerräumen der Mittelschule in Stadtilm niemals komplett fertiggestellt, so daß eine Arbeit im eigentlichen Sinne nicht möglich war. Wo arbeiteten die Wissenschaftler dann?
Siehe hierzu auch: Edgar Mayer & Thomas Mehner: Das Geheimnis der deutschen Atombombe. Gewannen Hitlers Wissenschaftler den nuklearen Wettlauf doch?, Kopp Verlag, Rottenburg 2001, S. 198–205.

(65) Headquarters European Theathre of Operations, United States Army, Alsos Mission, Apo 887, 30. April 1945, National Archives.

(66) Mittels Ultrazentrifugen ist ebenfalls eine Anreicherung von Material für eine Nuklearwaffe möglich. Angeblich gelangten derartige Geräte jedoch in Deutschland nie über das Experimental- bzw. Prototypenstadium hinaus.

SECRET

HEADQUARTERS Copy No. 1 of 5 copies
EUROPEAN THEATRE OF OPERATIONS
UNITED STATES ARMY
ALSOS MISSION
APO 887

30 April 1945

SUBJECT: Stadtilm Operation

I. Instructions have been received to forward all captured TA documents to Washington for final analysis. No further analysis of Stadtilm documents will, therefore, be made by the Alsos Mission.

II. For the benefit of Washington personnel who will study the documents, the following summary is given of classification already started on this side:

(a) The material consists of unfiled papers, mainly technical data and reports, and of correspondence files and folders. Each of these file folders has been numbered on the back. Many of them have been read and an index of the important material made on separate cards.

(b) New folders with the following general subject titles have been set up:

1. Organization
2. Financial
3. Pile experiments
4. Heavy Water
5. Uranium
6. Ultra centrifuge
7. Isotope Separation - Other
8. Betatron
9. Medical
10. Miscellaneous
11. KWI for Chemistry
12. Personnel
13. Instruments & Measurements
14. Target Data
15. Non-TA General Intelligence

(c) Some of the original files have been stripped of important material which has been put in the above folders according to subject. Cards for these folders which have been read but not yet classified are included in the envelope marked "Folders to be done." Folders for which cards appear in neither envelope have not yet been read.

F. A. C. WARDENBURG
Expert Consultant

End

SECRET

Das ALSOS-Dokument berichtet u. a. über in Stadtilm erbeutete Unterlagen zu einem Betatron (Punkt 8).

gendeiner Form auch mit einem Betatron und Ultrazentrifugen zu tun.

Wir haben absichtlich bis zu dieser Stelle unseres Buches gewartet, um darauf hinzuweisen, daß mit dem Betrieb eines für die Grundlagenforschung eingesetzten Zyklotrons oder Betatrons *allein* natürlich noch kein angereicherter »atomarer Sprengstoff« produziert werden kann. Daher stellt sich die Frage, wie all die bisher aufgezeigten Bausteine zusammenpassen könnten: die Bemühungen der Großindustrie, das Betatron, der Reaktor und die Arbeiten der Diebner-Gruppe?!

Der Zufall wollte es, daß wir auf diese Frage eine ausführliche Antwort erhalten sollten. Aufgrund eines Hinweises unseres Lesers Dr. D. L., dem wir deshalb sehr zu Dank verpflichtet sind, wurden wir auf eine polnische Internet-Seite[67] aufmerksam, die unter der Überschrift »Das Atomprogramm des Dritten Reiches« eine Reihe weitergehender Informationen enthielt. Dr. L. übersetzte freundlicherweise die interessanten Abschnitte für uns, so daß wir diese hier aufgrund ihrer Wichtigkeit ausführlich vorstellen bzw. zitieren wollen. Wir müssen allerdings darauf hinweisen, daß die folgenden Informationen beim gegenwärtigen Stand der Recherchen nur als ein weiterer Fingerzeig betrachtet werden können und daher mit der nötigen Zurückhaltung kommentiert werden müssen, auch wenn bestimmte Hinweise zugegebenermaßen durchaus ins Bild passen.

Unter der Kapitelüberschrift »Die andere Methode« ließ uns der Internet-Artikel folgendes wissen:

»Die andere Methode zeichnete sich vor den Deutschen im Sommer 1942 ab, und wahrscheinlich vollzog unter ihrem Einfluß Albert Speer und das WHVA (Spandau) eine radikale Änderung des Standpunkts, was das Schicksal des Nuklearprogramms betraf. Diese Wende vollzog sich während der Geheimkonferenz vom 4. Juni 1942 in Berlin. Sie bestand im Einsatz einer neuen Methode zur Produktion von angereichertem Uran mit Hilfe eines speziellen Teilchenbeschleunigers nach der Konstruktion von Kerst.[68]

---

(67) Siehe hierzu folgende Internetseiten: http://www.republika.pl/skarbom bzw. http://www.eksplorator.cud.pl/1.htm

(68) Der US-Amerikaner Kerst entwarf die Pläne für ein Betatron.

Donald W. Kerst veröffentlichte zusammen mit R. Serber im Herbst 1941 in der amerikanischen Zeitschrift »Physical Review« einen Artikel über Teilchenbeschleuniger. In diesem Artikel beschrieb Kerst sein erstes Betatron, in dem in einem induzierten Magnetfeld eine Beschleunigung der Teilchen auf 2,3 MeV erreicht wurde, in einem sehr kleinen zirkularen Rohr mit einem Radius von 7,5 cm. Die Amerikaner waren sehr interessiert an der Arbeit von Kerst. Eine Elektrizitätsfirma engagierte ihn und stellte Glas-Torusse für den Beschleuniger nach seinen Vorstellungen her, die Universität Illinois kaufte eines seiner ersten Betatrone. Nach den ursprünglichen Vorstellungen waren kleine und billige Beschleuniger als Ersatz für Röntgenapparaturen gedacht.

Die ersten Beschleuniger produzierten Strahlung entsprechend einem Gramm Radium, das damals in Schweden eine Million Kronen kostete.

Auf seine erste Veröffentlichung zu diesem Thema folgte noch eine zweite. Für die Sache interessierte sich auch Rolf Wiederöe[69]*, der für [die norwegische Firma] NEBB auf dem Gebiet der Hochenergie-Netze arbeitete. Er schrieb im September 1942 einen Artikel für das »Archiv für Elektrotechnik« (veröffentlicht 1943) und bald darauf einen zweiten schockierenden Artikel an die gleiche Zeitschrift in Berlin über die Möglichkeit eines zukünftigen Beschleunigers in der Größenordnung von 200 MeV. Leider wurde dieser Artikel nie im »Archiv für Elektrotechnik« gedruckt.*

Im Frühjahr 1943 erschienen zwei deutsche Beamte (in Luftwaffenuniform) bei Rolf Wiederöe an seinem Arbeitsplatz bei

---

(69) Zu seiner Biographie siehe im Internet: http://m-ww.ch/persoenlichkeiten/wiederoe.html. Hierin heißt es u. a.:
»... Während der Besetzung Norwegens durch deutsche Truppen wurde sein Bruder Viggo wegen Fluchthilfe inhaftiert und Wiederöe wurde von der deutschen Luftwaffe unter Druck gesetzt, so daß er von 1943 bis 1945 an der von der Wehrmacht geförderten Entwicklung eines deutschen Kreisbeschleunigers mitarbeitete. Mit seiner Hilfe gelang es, 1944 bei der Firma C. H. F. Müller in Hamburg das erste europäische ›Betatron‹ mit einer Leistung von 15 MeV in Betrieb zu nehmen.«
Der Hinweis ist eindeutig: das Betatron-Projekt wurde von einer weiteren interessierten Firma gebaut und vom deutschen Militär unterstützt, so daß es eine *kriegswichtige* Bedeutung gehabt haben muß.

NEBB. Hier muß daran erinnert werden, daß Norwegen vom Frühjahr an von den Deutschen besetzt war.

Wiederöe befand sich in einer schwierigen Lage, um einerseits nicht der Kollaboration verdächtigt zu werden, andererseits wollte er auch eine Einladung in ein luxuriöses Hotel nicht zurückweisen. Er sagte, er müsse erst das Problem seines Arbeitsplatzes lösen. Aber die deutschen Agenten waren perfekt vorbereitet.

Wiederöe begann in Hamburg zu arbeiten, oft führte er auch Berechnungen in Oslo aus, da ihm die Deutschen große Freiheit in der Arbeit ließen. Seine erste Aufgabe, an der er bereits im Frühjahr 1943 arbeitete, war ein Betatron für 14 MeV. Dieses Projekt war im Sommer 1943 abgeschlossen. Bis zum Ende des Krieges wurden mehrere dieser Geräte gebaut. In dieser Zeit führte er auch Arbeiten zur weiteren Entwicklung des Betatrons aus und erwarb mehrere Patente.

Das nächste leistungsstarke Betatron sollte in der Nähe von Heidelberg errichtet werden und eine Leistung von 200 MeV erreichen. Im Juli 1943 begann Wiederöe die Arbeit an diesem neuen Beschleuniger. Es muß hier erwähnt werden, daß Wiederöe nicht für den Bau dieses Betatrons verantwortlich war. Er fungierte nur als Autor des Projekts (und verschiedener damit verbundener Projekte).

Trotz der Luftangriffe auf Hamburg (25.7.–3.8.1943) projektierte Wiederöe innerhalb eines halben Jahres zwischen Hamburg und Oslo **das leistungsstärkste Betatron der damaligen Zeit***.*

Über den Bau des Betatrons hatten die Oberaufsicht Max Steenbeck (Firma Siemens, Berlin) und Prof. A. Sommerfeld (Verbindungsmann zwischen Wiederöe und den Erbauern des Betatrons).

Die Arbeit an dem neuen Beschleuniger ging zügig voran. Die Energie der Teilchen erreichte den zu dieser Zeit unglaublichen Wert von 287 MeV (maximal).

Mit Beginn des Jahres 1944 änderte das Ministerium für Bewaffnung die Entscheidung für den Aufstellungsort des Beschleunigers wegen des Vorrückens der Alliierten in Italien und der Landung in der Normandie (6. Juni 1944). Man beschloß, den Beschleuniger im Bereich **Niederschlesien** *aufzustellen,* *weil es zu dieser Zeit der sicherste Platz zu sein schien. Dafür sprachen aber auch die Beendigung der Aufgaben, die mit der (Vorbereitung der) unterirdischen Produktion von Raketen im Kohnstein-Massiv (›Dora‹) verbunden waren, sowie das Herangehen Albert Speers im April 1944, im Rahmen desselben Programms* **S III** *(ursprünglich begonnen mit der Zentrale ›Olga‹ im Gebiet von Ohrdruf) einen Komplex im Gebiet Niederschlesien auszubauen. Verantwortlich für Ausführung und Bau von seiten der SS war Hans Kammler.*

Es entstanden drei unterirdische Hauptprojekte: ›Fürstenstein‹ (Ksiaz), ›Riese‹ (Bad Charlottenbrunn, heute Walim) und ›Rüdiger‹ (Waldenburg/Schlesien, heute Walbrzych). Speziell ›Rüdiger‹, das aus mehreren unterirdischen, voneinander getrennten Höhlen bestand, war als Kernforschungs-Laboratorium ausersehen. Zu dem Objekt, das völlig autark war, gehörten Stromversorgungsaggregate, eine Ölheizung und eine Wasserversorgung. Das Objekt verfügte zudem über einen unterirdischen Eisenbahnanschluß von Waldenburg her.[70] *Jeder Raum besaß eigene Stahltüren, die sich nur mit Hilfe speziell kodierter Ausweise öffnen ließen.*

›Rüdiger‹ besaß eine unmittelbare Fernsehverbindung zu den wichtigsten Einrichtungen des Dritten Reiches, realisiert über eine Schaltzentrale, die sich unterhalb des Objektes ›Fürstenstein‹ befand[71] *(das Ganze war Bestandteil des ›Projekts Jonastal‹, das durch die Deutsche Reichspost beaufsichtigt wurde). Außerdem existierte ein unterirdisches Telefonnetz zum Objekt ›Riese‹ und anderen industriellen Einrichtungen.*

In diesem Gebiet befand sich etwa ein Dutzend anderer Untergrund-Einrichtungen, von denen ebenfalls einige im Rahmen des Nuklear-Programms arbeiteten.

Gegen Ende Juli 1944 wurde der große Beschleuniger[72] *in dem unterirdischen Werk in Betrieb genommen, bald darauf wurden*

---

(70) Die Erwähnung der Ausstattungsdetails erinnert in fataler Weise an die in Thüringen befindlichen bzw. vermuteten Anlagen. Man erinnere sich hierbei an verschiedene Augenzeugenberichte, u. a. den des amerikanischen Colonels Robert S. Allen. Und: Auch im Jonastal gab es einen unterirdischen Bahnhof!

(71) Die Übertragung von Fernsehbildern wurde im thüringischen AWO-Gebiet durch das bei Ohrdruf befindliche »Amt 10« realisiert.

(72) Welcher Art dieses System war und wer es baute, ist unklar.

hierher auch andere Atomforscher mit ihren Ausrüstungen evakuiert. Zu dieser Zeit wurde die Leitung des gesamten Kernforschungsprogramms Professor Walter Gerlach[73] *übertragen, indem man Heisenberg beiseite schob. Aus Dokumenten des Reichssicherheitshauptamtes (RSHA) geht hervor, daß aber noch eine andere Person über Gerlach stand.*

Die Hauptaufgabe des Beschleunigers war die Produktion von angereichertem Uran, wobei die Methode beträchtlich effektiver war als diesbezügliche amerikanische Versuche.

Es war im Herbst 1944, als die Deutschen, nach einem Vorschlag von Paul Harteck, zum ersten Mal den Brennstoff (des hier ebenfalls entwickelten) Reaktors in Brennstoffkassetten unterbrachten, abgeschirmt vom Torus. Als Moderator verwendeten sie Beryllium, und die Kühlung wurde mit Hilfe von flüssigem Stickstoff und Sauerstoff realisiert.

Im November 1944 schritt man zur Verwirklichung einer phantastischen Idee. Mit dem Ziel, die Produktion auch von Plutonium zu steigern, verband man die beiden Anlagen. Man stützte sich dabei auf eine Arbeit des (französischen) Ehepaars Joliot-Curie aus dem Jahre 1934 zum b+-Zerfall. Der hier gebaute Reaktor sollte diesen b+-Zerfall nutzen. Bei ihm erfolgt die Umwandlung von Protonen in Neutronen, begleitet von der Emission von Positronen e^+ *und Neutrinos. Der Prozeß kann initiiert werden, indem man das spaltbare Material mit Gammastrahlen beschießt.*

Quelle für die Strahlung war der Beschleuniger. Ein Strom kleiner Teilchen, der vom Betatron ausging, wurde durch den sogenannten ›Schornstein‹ in den Reaktor geführt. Der ›Schornstein‹ existierte bereits bei vorhergehenden Reaktoren und diente zur Einführung der Neutronenquelle. Auf diese Weise wurde eine große Menge Plutonium erhalten. Die Deutschen waren – abgesehen von einigen Schwierigkeiten beim Betrieb des Beschleunigers – sehr zufrieden.

Hitler gratulierte Anfang März 1945 persönlich folgenden Physikern: Gerlach, Harteck, Wirtz, Hahn und Steenbeck. Bedauerlicherweise mußte man Ende März die Arbeit einstellen,

---

(73) Eine bekannte geschichtliche Tatsache. Das »Atomforschungslabor« von Stadtilm stand ebenfalls unter der Aufsicht von Professor Gerlach. Dr. Diebner war lediglich Leiter der Forschungsgruppe.

und Anfang April 1945 schritt man zur Zerstörung der Anlagen. Das Zentrum wurde in den ersten Maitagen 1945 endgültig verlassen.

Wieviel Kilogramm Plutonium Deutschland besaß, ist nur schwer zu sagen. Aber vermutlich war es eine ausreichende Menge, um eine Atombombe zu bauen. Sicherlich hätte man diese herstellen können, wenn man imstande gewesen wäre, einen vernünftigen Wert für die kritische Masse zu bestimmen. Ob die Deutschen diesen mit entsprechender Genauigkeit kannten?

Am Ende des Krieges ging ein Teil derjenigen Materialien an die Amerikaner über, die von den Deutschen **für den Eigenbedarf der Atomforscher** *produziert worden waren, z. B. metallisches Uran, Schweres Wasser und Graphitwürfel, die bei der Gruppe Heisenberg verborgen waren.*

Dagegen fiel der niederschlesische Komplex in die Hände der Russen. Bedauerlicherweise wurde das Objekt ›Rüdiger‹ vom System der Gänge, die zu ihm führten und durch die ein Teil der Materialien und Dokumente, die zu den Laboratorien gehörten, heraustransportiert worden waren, abgeschnitten. Es blieb den Russen ein Teil der Infrastruktur der Produktionseinrichtungen im Bereich Waldenburg erhalten.[74] *An die Russen fielen auch Gruppen deutscher Forscher, die an dem Programm gearbeitet hatten. Die Leute wurden nach Rußland gebracht, wo sie in zwei Teams am sowjetischen Atomprogramm unter Leitung von Manfred von Ardenne und Gustav Hertz arbeiteten.«* (Hervorhebungen, fett gedruckt, durch d. A.)

Die Hinweise in diesem Artikel scheinen, für sich allein betrachtet, unmöglich stimmen zu können, ergeben aber bei Kenntnis der in diesem Buch bereits vorgestellten Erkenntnisse und anderer »Merkwürdigkeiten« einen Sinn. Der Autor des Internet-Berichtes, den wir mit Hilfe polnischer Kollegen zwischenzeitlich ausfindig machen konnten, verfügt über weitere detaillier-

(74) Ob die Russen die unterirdischen Anlage allesamt gefunden haben, scheint äußerst fraglich. Uns wurden vor kurzem die Namen einiger Objekte »im Raum Waldenburg« bekannt, worunter sich auch – wie im Falle von Thüringen – ein spezielles »Amt« mit einer vierstelligen Nummer befindet. Nach den uns zugegangenen Informationen wurden diese Einrichtungen jedoch nie gefunden, sondern harren bis heute der Entdeckung.

te Informationen, die nur aus einer Quelle stammen können, die auf irgendeine Weise mit den damaligen Ereignissen verbunden war. Ihre Identität hat der Pole uns gegenüber leider noch nicht offengelegt, doch ist das sicherlich nur eine Frage der Zeit.

Unabhängig davon wäre die »dritte Methode« eine mögliche Erklärung für das von den Deutschen angewandte Verfahren der Anreicherung des »Atomsprengstoffes« für ihre Atomwaffe.

Doch es gibt noch eine weitere Variante, bei der insbesondere der »große Beschleuniger« eine Rolle spielen könnte. War dieses Gerät wirklich ein Zyklotron oder Betatron? Oder nicht vielmehr ein sogenanntes Synchrotron?[75] Gewiß, die Wissenschaftsgeschichte weiß zu berichten, daß das Prinzip des letztgenannten Beschleunigers erst 1945, nach dem Krieg, realisiert wurde. Die geistigen Väter des Synchrotrons waren drei Experten: Veksler, McMillan und – wie seltsam – der uns schon bekannte Wideröe!

Das Synchrotron ist insofern für unsere Betrachtungen von besonderer Bedeutung, als mit ihm – im Gegensatz zur alleinigen Verwendung eines Zyklotrons oder Betatrons –, nicht nur Grundlagen(kern)forschung betrieben werden kann, sondern auch direkt die Herstellung von angereichertem Material für eine Atomwaffe möglich wird.

Freilich, der sowjetische Major Gregory Klimow sprach von Teilen eines Zyklotrons, welche die Russen fanden. Doch angesichts der Tatsache, daß er kein Physiker war, dürften ihm die entscheidenden Unterschiede zwischen beiden Gerätetypen kaum bekannt gewesen sein, zumal in diesen Dingen damals eine weitaus größere Geheimhaltung herrschte, als das heute der Fall ist. Der deutsche Ingenieur K. J. war da schon besser dran: Er bezeichnete das im Untergrund von Thüringen installierte System als Ring- bzw. Beschleunigeranlage, womit in der Interpretation der Aussage alle vorgestellten Möglichkeiten offenbleiben.

Was uns im Hinblick auf die mögliche Existenz eines deutschen Synchrotrons stutzig werden läßt, ist der Umstand, daß die ersten derartigen Beschleuniger einen so bezeichneten »Kly-

---

(75) Beschleuniger, bei dem Teilchen auf einer Kreisbahn mit einem festen Radius umlaufen. Die Beschleunigung der Teilchen erfolgt durch elektrische Felder, die Führung auf der Kreisbahn durch Magnetfelder.

stron-Sender« besaßen.[76] Nun muß man wissen, daß wir bereits vor mehreren Jahren bei unseren Nachforschungen auf die »Klystron-Röhre« aufmerksam wurden, für welche die Alliierten unmittelbar nach dem Krieg ein außergewöhnliches Interesse zeigten, das für uns nicht recht nachvollziehbar war. Diese Klystron-Röhre war vom *Flugfunk Forschungsinstitut Oberpfaffenhofen* (FFO) im Zusammenhang mit neuen Systemen für die Luftabwehr entwickelt worden.[77] Doch diese Entwicklung allein konnte nicht der Grund für die massiven Aktivitäten der Alliierten in dieser Hinsicht gewesen sein, so daß auch andere Rechercheure die Meinung vertraten, daß das Thema »Klystron« und sein Umfeld noch eine andere, besondere Bedeutung gehabt haben müsse. Ist diese vielleicht mit dem Betrieb eines Synchrotrons erklärbar?!

Auch ein anderer Umstand muß noch beleuchtet werden. Gregory Klimow erwähnte im Zusammenhang mit den Funden bei Siemens in Arnstadt u. a. große Glasapparaturen, die für einen Teilchenbeschleuniger hergestellt worden waren. Dabei dürfte es sich um sehr komplizierte Systeme gehandelt haben, die mit Sicherheit in Einzel- oder Serienfertigung hergestellt werden mußten. Doch wer realisierte diese Produktion?

Bevor man vorschnell auf diese Frage eine Antwort zu geben versucht, die den Herstellungsort womöglich weitab legt, muß erwähnt werden, daß Thüringen während der Zeit des Nationalsozialismus über eine leistungsfähige Glasindustrie verfügte, die auch spezielle Aufträge zu realisieren imstande war. Aufgrund von Aussagen der Nachkommen einiger Personen, die damals als Glasbläser arbeiteten, wurden wir davon in Kenntnis gesetzt, daß bereits ab Mitte der 1930er Jahre besonders widerstandsfähige Glassorten entwickelt, erprobt und verarbeitet werden mußten. Den Herstellern solcher Spezialgläser war der Verwendungszweck dieser Entwicklungen allerdings nur selten bekannt, oft wurde nur ganz allgemein von »Versuchs- und Laborgläsern« gesprochen.

---

(76) Siehe hierzu: http://www.e18.physik.tu-muenchen.de/~skript/Synchrotron.html, Abb. 2.13 (Schema eines Synchrotrons).

(77) Combined Intelligence Objekctives Sub-Committee (CIOS), Evaluation Report 156, 1st July 1945, Report on Flugfunk Forschungsinstitut Oberpfaffenhofen F.F.O. Establishments (Target Nos. 1/32; 6/50).

Daß es sich dabei nicht um gewöhnliche Gläser handeln konnte, dürfte jedem klar werden, wenn er weiß, daß sich nach dem Einmarsch der Amerikaner im Bereich des AWO-Gebietes die Technologieaufspürgruppe CIOS für die deutschen Glasbläser interessierte. Aus dem auf der nächsten Seite abgedruckten G2-Dokument der 102. US-Infanterie-Division geht hervor, daß sich ein Mr. Pringle von CIOS um die Evakuierung von Glasbläser-Experten bemühte, was nur dann verständlich wird, wenn man davon ausgeht, daß die betreffenden Personen an einem besonderen Projekt gearbeitet hatten.

261640B	466	Mr Pringle, CIOS, working on evacuation of glass-blowing experts, called to see Col Parsons. Will be back at 1900.

Wir können uns gut vorstellen, daß diese Spezialisten Apparaturen herstellen mußten, die vielleicht in bezug auf die deutsche Atomforschung von außerordentlicher Wichtigkeit waren. Dabei geben wir unumwunden zu, daß diese Annahme im Moment nicht mehr als eine Hypothese sein kann, denn genauso gut könnten die Glasbläser auch an Spezialgeräten für andere neuartige wissenschaftlich-technische Verfahren gearbeitet haben, die nach Kriegsende für die alliierten Technologiejäger bedeutsam waren. Wir meinen jedoch, daß der hier aufgezeigte Zusammenhang bei zukünftigen Nachforschungen nicht außer acht gelassen werden sollte, denn logischerweise benötigt selbst die geheimste Forschung Zuliefereinrichtungen in nicht unbedeutender Zahl.

Alles in allem bleibt festzuhalten, daß die Annahme, im Untergrund Thüringens sei ein Teilchenbeschleuniger (Zyklotron, Betatron oder gar Synchrotron) während der Zeit des Dritten Reiches installiert worden, aus verschiedenen Gründen wahrscheinlich ist. Allerdings ist die Frage, ob das Gerät nach wie vor an seinem Platz steht, weder mit »Ja« noch mit »Nein« zu beantworten. Es existieren Hinweise, wonach bestimmte Dinge von Amerikanern und Russen gefunden und dann sicherlich auch abtransportiert wurden. Demgegenüber haben wir aber auch Aussagen von Personen erhalten, die davon sprechen, daß viele unterirdische Objekte nicht entdeckt worden sind, so daß sich diese noch mit voller Ausrüstung versehen im Boden Thürin-

From: 261418B June 45

C O N F I D E N T I A L To : 280950B June 45

102D INFANTRY DIVISION J077656, Gotha, Germany

G-2 JOURNAL GSGS 4416, Sheet R5, Scale 1/100,000

Time In	Time Out	Serial No.	Time Dated	Incidents, Messages, Orders, Etc.	Action Taken
261448B		463		Tp fr 405: Gave us list of names we requested.	
261525 B		464		Recd fr G-3: 83rd Div G-3 PR #240 160001 222400B.	To G-3.
261530B		465		Recd fr S-2 406: S-2 PR #206 251000 261000B.	
261640B		466		Mr Pringle, CIOS, working on evacuation of glass-blowing experts, called to see Col Parsons. Will be back at 1900.	
270850B		467		Recd fr VIII Corps: Oper Memo #55 - At 272400B, XXI Corps assumes responsibility for VIII Corps area & trps.	
271004B		468		Maj G.E.C. Barton, Br-US Control Commission for Germany visited G-2 Office. re German records.	CIC
	271011B	469		Tp to CIC: Col Parsons called for Maj Barton re OKW records evacuated fr G??GENTHAL. Said they were evacuated fr here to 7th A. It was an Amer. IPW Team doing document work. Lt Owen in charge. All of the documents weren't taken. It is believed there are still some there.	
271030B		470		Recd 406th ISUM by tp: 131 PWs in last 2 days.	
271103B		471		Tp fr 405th: Inquired about naturalization of military personnel. Told this would be deferred time being.	
271230B		472		Tp fr Div Arty: Temp readings: min 50° at 270330; max 62° at 271145B.	
271[illegible]50B		403		Recd fr 102d Div: Bul #6, 25 June 45; Bul #7, 26 June 45; G-3 PR #204, 252400 262400B June 45; Gen O #90, 25 June 45; Gen Os #92, 26 June 45. [illegible]	
[illegible]50B		474		Recd fr Camp 94: Roster of Transfer of Internees, 26 June 45.	
271350B		475		Recd fr VIII Corps: G-3 PR #145, 222400 232400B June 45; Wkly Int Sum, 261200 June 45; ISUM #28, 241200 251200B June 45; ISUM #29 251200 261200B, June 45.	
271350B		476		Recd fr 407: S-2 PR #193 251000 261000B.	
271350B		477		Recd fr 30 Div: G-2 PR #41, 251201 261200B	
271350B		478		Recd fr Ninth Army: Ltr, Subj: Final Int Spot Rpt, 14 June 45. Ltr, Subj: Enemy Interception of U. S. Sig Com, 14 June 45.	
	271520B	479		Tp to Seventh Army CI: Called Col Heam but he had not arrived.	
271523B		480		Mr Pringle CIOS: Called on Col Parsons re: Evacuation of key civilian personnel. Request sent to SHAEF by TWX.	
	280950B	481		Tp to XXI Corps G-2: Called re: List of Passwords. We want to know if we have to use them. Also advised about opening a quarry where explosive are used. Unless otherwise directed by Corps we won't give permission to open it at this time since we have inadequate means of guarding and controlling. Maj from Corps advised our decision will hold. But will call back on both passwords and quarry. They require a daily rpt by 1100B. Also want a weekly rpt by noon on Tuesdays, including total arrests for the week. APO # of Cotter Key (XXI Corps) is #101, at LEIPZIG	

C O N F I D E N T I A L

Das G-2-Dokument, in dem auf die Evakuierung von Glasbläser-Spezialisten hingewiesen wird.

gens befinden müssen. Würde eine solche Anlage samt dem von uns genannten Inhalt gefunden werden, wäre dies ein unumstößlicher Beweis für die Richtigkeit unserer Hypothesen.

Was wir zu Beginn unserer Recherchearbeiten allerdings nicht ahnen konnten, ist, daß das Projekt mit der Bezeichnung »S III« *möglicherweise* weitaus größere Dimensionen erreichte, als das bisher angenommen wurde. Eventuell waren große Teile der deutschen Atomforschung nicht nur in Thüringen konzentriert, sondern liegen bisher unerkannt auch im polnischen Boden. Damit verdichten sich – wir wollen diesen Umstand nicht unerwähnt lassen – Hinweise, die wir bereits vor Jahren von polnischen Rechercheuren erhielten. Es scheint, daß die nationalsozialistischen Forschungsaktivitäten nicht nur dem Bundesland Thüringen »ein Problem besonderer Art« hinterließen, sondern auch dem polnischen Staat.

Wie dem auch sei, wir wollen zum Schluß dieses Kapitels noch auf einen weiteren Umstand aufmerksam machen, der zwar nichts mit einem Beschleuniger zu tun hat, wohl aber im Zusammenhang mit Diebners Aktivitäten gesehen werden muß. Die amerikanische ALSOS-Mission fand in Stadtilm, wir hatten bereits darauf aufmerksam gemacht, zahlreiche Unterlagen, u. a. zu Ultrazentrifugen. Könnte es sein, daß solche Systeme im Großmaßstab zur Anreicherung des nuklearen Sprengstoffes ebenfalls in Thüringen unterirdisch untergebracht waren und erfolgreich arbeiteten?

Fakt ist, daß Diebner sich schon im Herbst 1939 mit dem Physikern Wilhelm Walcher zum Thema der Isotopentrennung und den Separatoren verständigt hatte. Diebner suchte Walcher an der TH Berlin auf und wollte ihn sofort sprechen. Bevor er Walcher jedoch in seine Pläne einweihen konnte, wurde dieser zur Geheimhaltung verpflichtet (von einem uniformierten Herrn »mit roten Streifen an der Hose«). Nach dieser Prozedur wollte Diebner wissen, wie er, Walcher, dächte, daß man Uran 235 trennen könne. Der Gefragte antwortete, daß man für die erforderlichen Mengen wohl mit hundert Separatoren gleichzeitig arbeiten müsse, was für Diebner kein Problem war, handelte er doch schließlich im Auftrag des Heereswaffenamtes.[78]

---

(78) Siehe hierzu: http://www.aleph99.org/etusci/ks/t2a8.htm

Berücksichtigt man, wie früh Diebners Bemühungen begannen, die Fragen der Isotopentrennung und der dazu notwendigen Separatoren anzugehen, muß es mehr als verwundern, wenn heute in den Geschichtsbüchern steht, daß die Anwendung von Ultrazentrifugen nicht zum Erfolg geführt werden konnte.

Zum Thema Ultrazentrifugen hatten wir uns bereits vor Jahren mit einem auf diesem Gebiet Recherchierenden ausgetauscht, der meinte, daß es durchaus vorstellbar sei, daß solcherlei Systeme im Dritten Reich die Einsatzreife erlangt hätten. Diese würden dann allerdings, müßten sie im großen Maßstab produzieren, aufgrund der Strahlenbelastung unterirdisch untergebracht werden und nicht unerhebliche Mengen an Energie und Kühlwasser benötigen.

Kurios ist nun, daß der bereits mehrfach genannte Zeuge Adolf Bernd Freier behauptete, daß das vollgelaufene Fundament, auf dem ursprünglich das »Nachrichtenamt 800« am Arnstädter Eulenberg errichtet werden sollte, ab 1944 wieder genutzt wurde – und zwar als Kühlwasserspeicher. Von hier aus wurde eine Leitung in Richtung Truppenübungsplatz (zum Objekt »Burg«?) verlegt, die mit Pumpengruppen versehen war.[79]

Der Hinweis ist deutlich: Es mußte etwas gekühlt werden, das sich unterhalb des Truppenübungsplatz-Geländes befand. Nach allem, was wir wissen, kann es sich dabei nur um Anlagen gehandelt haben, die unmittelbar mit der Atomforschung und der -bombe zu tun hatten.

---

(79) Edgar Mayer & Thomas Mehner: Das Geheimnis der deutschen Atombombe. Gewannen Hitlers Wissenschaftler den nunklearen Wettlauf doch?, Kopp Verlag, Rottenburg 2001, S. 243.

Kapitel 5

Vertuschte Geschichte?

Im Laufe unserer Recherchen erhielten wir eine Reihe weiterer wichtiger Hinweise in bezug auf die Bedeutung des Gebietes Arnstadt – Wechmar – Ohrdruf (AWO) und sein Umfeld während der Zeit des Dritten Reiches.

Ohne an dieser Stelle auf Details eingehen zu wollen, soll erwähnt werden, daß wir in der Folge der Rittermann-Briefe zahlreiche weitere Zuschriften bekamen, von denen wir einige an dieser Stelle in mehr oder weniger umfangreichen Auszügen vorstellen möchten. Wir sehen uns zu diesem Schritt veranlaßt, weil in der Zeit seit dem Erscheinen unseres Buches »Das Geheimnis der deutschen Atombombe« Briefe und Hinweise auch an andere Personen gingen, die diese mitunter einfach an Dritte weitergaben. Das hat dazu geführt, daß nunmehr viele Informationen in der Öffentlichkeit kursieren, die jedoch kaum jemand in ihrer wahren Bedeutung einzuschätzen vermag. Eine derartige »Informationspolitik« ist der Erörterung des Themas eher abträglich, so daß wir uns gezwungen sehen, auf Basis der vorhergehenden drei Kapitel sowie unserer bereits veröffentlichten Bücher dieses Material im Zusammenhang darzustellen.

Wir müssen allerdings betonen, daß die in den nun folgenden Absätzen aufzuzeigenden Informationen nicht in jedem Falle beweisbar sind, jedenfalls nicht beim gegenwärtigen Stand der Recherchen. Insbesondere widersprechen die Angaben, die einen Aufenthalts Hitlers Ende März 1945 im AWO-Raum betreffen, ganz offensichtlich der offiziellen Geschichtsschreibung und dem, was Zeugen aus Hitlers nächster Nähe nach dem Krieg ausgesagt haben. Sie sind aber mitunter auch, wenn man die Briefe und Niederschriften miteinander vergleicht, untereinander nicht immer stimmig. Über die Gründe hierfür haben wir bereits weiter vorn in diesem Buch Betrachtungen angestellt.

Trotz dieses Sachverhalts möchten wir die Schreiben publizieren, um zu dokumentieren, daß die Behauptung, im AWO-Gebiet sei an Hochtechnologien besonderer Art gearbeitet worden, nicht nur auf einzelnen Zeugenaussagen basiert, sondern daß sich im Laufe der Zeit eine ganze Reihe weiterer involvierter Personen meldete, die – meist schon in hohem Alter oder krank – ihr Gewissen erleichtern wollten. Diese Leute waren während der Zeit des Zweiten Weltkrieges vorwiegend im Bereich der wissenschaftlichen und ingenieurtechnischen Entwicklungsarbeiten in dem uns interessierenden thüringischen Terrain tätig und meinten, die Zeit sei gekommen, daß die Welt erfahre, daß die deutsche Forschung der amerikanischen, russischen und britischen um Jahre, wenn nicht gar Jahrzehnte voraus gewesen sei.

Viele der mitunter recht genauen Angaben, die uns die Zeugen übermittelten, sind von uns zwischenzeitlich überprüft worden. Wir sind demzufolge in der Lage, nicht nur die Position einiger im Untergrund liegender wichtiger Anlagen aufzuzeigen, sondern konkrete Zusammenhänge darzustellen, die das Bild der damaligen Ereignisse komplettieren. Wenn wir gegenwärtig noch auf eine *Gesamtdarstellung* all dessen, was wir zusammengetragen haben, verzichten, so hat das einen einfachen Grund: Wir sind uns durchaus der Folgen bewußt, die mit der Veröffentlichung einer solchen umfassenden Analyse verbunden sind. Bereits seit Jahren wird durch verschiedene (Schatzsucher-)Gruppen illegal im Gelände gegraben, und die nachfolgenden Informationen werden wahrscheinlich diesen Trend noch verstärken. Würde eine komplette Analyse unserer Tätigkeit erscheinen, käme es möglicherweise in der Folge zu einem wahren Ansturm auf die Region, was in unseren Augen ein nicht gewollter »Nebeneffekt« unserer Untersuchungen ist.

Ungeachtet dessen, daß wichtige Anlagen in größerer Tiefe liegen, denen man sich mit herkömmlicher Technik kaum erfolgreich nähern kann, könnte es doch irgendwann geschehen, daß jemand »in ein Loch« fällt und eine Katastrophe auslöst. Das Problem sind nicht jene Personen, die recherchieren und sich um eine Zusammenarbeit mit den Behörden bemühen, sondern jene Zeitgenossen, die ohne Rücksicht auf Verluste, ohne Genehmigungen und an allen Gesetzen vorbei ihre Privatinteressen verfolgen, womit sie sich und andere nicht unerheblichen Gefahren aussetzen (können).

Uns ist klar, daß mit der Nennung von neuen Objekten bzw. Gebieten auch die ungewollten Aktivitäten bestimmter Gruppierungen in eine neue Bahn gelenkt werden. Demzufolge versuchen wir an dieser Stelle einen Drahtseilakt, um einerseits die Öffentlichkeit umfassend zu informieren und andererseits nur soviel an Informationen zu offenbaren, daß daraus kein Schaden erwachsen kann. Daher bitten wir unsere Leserschaft auch um Verständnis, wenn wir im Moment nur in einigen Fällen bereit sind, Namen zu nennen.

Apropos Namen. Der Volksmund behauptet, Namen seien Schall und Rauch. Daß diese alte Weisheit den Tatsachen entspricht, mußten auch wir immer wieder erkennen. In einigen Fällen traten Zeugen an uns heran, die mit Namen agierten, die bei späteren Recherchen nicht durch uns eruiert werden konnten. Wie wir erst vor kurzem erfuhren, lebten und leben viele der Beteiligten nach dem Krieg bis zum heutigen unter falschen Identitäten. Ursprünglich hatten wir vermutet, daß Namensänderungen nach dem Kriegsende vor allem durch alliierte Dienste organisiert worden waren, um die wahre Bedeutung verschiedener Personen, die einst wichtige Positionen innehatten und mit Hochtechnologieprojekten des Dritten Reiches zu tun hatten, zu verschleiern. Doch war das nicht die einzige mögliche Erklärung. SS-Obergruppenführer und General der Waffen-SS Dr.-Ing. Hans Kammler sorgte ebenfalls für Konfusion, als er bei Kriegsende eine nicht unbeträchtliche Zahl von wichtigen Personen mit neuen Personalpapieren ausstattete. Das geschah auf Grundlage echter Dokumente, so daß später auch die Alliierten getäuscht werden konnten.

Wir sind uns sicher, daß bestimmte Personen bis zum heutigen Tag unter den Namen leben, die Kammler für sie bestimmte. Das erklärt auch – in Verbindung mit dem obligatorischen Eid –, daß diese Menschen bis heute nicht bereit waren, ihr Wissen unter Angabe ihrer wahren Person und Funktion gegenüber der Öffentlichkeit zu offenbaren. Das ist ein zutiefst menschliches Problem, denn wenn jemand ein Alter von 85 und mehr Jahren erreicht hat und bis dahin unerkannt in Ruhe leben konnte, dürfte er wenig Lust verspüren zu sagen, wer er wirklich ist. Darüber hinaus würde eine Preisgabe der tatsächlichen Identität in bestimmten Fällen zu Untersuchungen, Vernehmungen und möglicherweise sogar zu Strafverfolgungen führen, ein Risiko, das niemand eingehen will. Bekanntlich liefern sich nur Lebensmüde selbst ans Messer. Zudem ist nicht abschätzbar, ob bei der gesamten Geheimniskrämerei nicht auch die ehemaligen Alliierten eine Rolle spielen und sich im Falle der Personen, die sie identifizieren konnten, durch das Unterschreiben entsprechender (Stillschweige-)Erklärungen »Ruhe« verschafften.

Daß viele Wissensträger bis kurz vor ihrem Tod geschwiegen haben, dürfte auch damit zusammenhängen, daß sie erleben mußten, wie andere für den Bruch ihres Eides zur Verantwortung gezogen wurden. Wir wurden mehrfach darauf hingewiesen, daß es in den vergangenen Jahrzehnten eine Reihe von Versuchen gegeben habe, die Öffentlichkeit durch Einbeziehung der Medien über die tatsächlichen Ereignisse und Entwicklungen bei Kriegsende zu informieren. Diejenigen Personen allerdings, die derartige Versuche unternahmen, starben jedoch immer eines raschen Todes. So schwiegen all jene, die ihr Leben liebten, bis heute.

Die nun folgende Wiedergabe von Niederschriften erfolgt, wir legten dies bereits dar, in auszugsweiser Form, ohne daß dabei der Sinn des von den Zeugen Berichteten verändert wird (nicht alle Informationen sind geeignet, bereits jetzt »das Licht der Welt zu erblicken«). Wir werden nicht zuletzt aufgrund der Bitte einiger Leser auf eine Kommentierung der Darstellungen verzichten und statt dessen in Fußnotenform Hinweise zu bestimmten Passagen geben, falls das aus unserer Sicht notwendig erscheint.

Im Januar 2001 erreichte uns ohne genaue Absenderangabe ein Schreiben einer gewissen Frau Maria W., die mit Herrn Hans Rittermann alias Hans Hoffmann in direktem Kontakt stand:

»... im Oktober 2000 habe ich von Herrn Hoffmann al. Rittermann einige Schreiben erhalten, welche ich durchsehen und mit einigen Daten meines Archives vergleichen soll. [...]

Nun sollte Herr Hoffmann ja von Jerusalem wieder weggebracht werden, aber seine Gesundheit ist so schlecht, daß er von Ende Oktober 2000 bis Februar 2001 in einem Krankenhaus war. Auch bei unserem Besuch Anfang März 2001 ging es ihm sehr schlecht, seinen linken Arm kann er nicht mehr benutzen, und laufen kann er auch sehr schlecht, aber sein Geist ist einmalig frisch.

Ich habe schon einmal mit […] gesprochen, am […]. Er sagte mir, daß alle Angaben die […] Herren nur in schriftlicher Form für ihre Forschungen gebrauchen können, dies hat mir auch unser Freund Herr Hoffmann bezeugt.

Mit freundlichen Grüßen

W.

Werde wahrscheinlich im Mai [20]01 nochmals nach Arnstadt fahren.

An Herrn […]

Mein Mann war bei der Deutschen Reichspost als Chef für die Bauplanung tätig und war ab 1938 in Ohrdruf und dann ab 1943 in Arnstadt. Ich selbst war erst ab 1944 im Raum Arnstadt/Erfurt/Stadtilm tätig als technische Sprachsachverständige zu den japanischen Wissenschaftlern.

Beide sind wir geborene Berliner, haben uns in Arnstadt kennengelernt und 1944 den Trauschein in Berlin ausstellen lassen. Mein Mann hatte den Titel Oberpostrat und Ober-Ing., ich habe das Diplom für [die] Sprachen: Japanisch, Englisch, Russisch und Norwegisch.

Mein Mann ist 94 Jahre alt, und ich bin 72 Jahre[80] *alt. Nach dem Krieg lebten wir bis 1979 in Japan, und jetzt leben wir am Bodensee.*

Auch wir haben ein kleines Archiv, ca. 400 m Akten über die Reichspostsachen im Raum Ohrdruf – Arnstadt. Es ist nur sehr klein gegen das Archiv von Freund Hoffmann.

Nun zu einigen Bestätigungen:

Der Führer war vom 22. bis 29. März 1945 im FHQu ›Burg‹ bei Arnstadt. Die Führerberatungen fanden vom 22.–28. März statt. Richtig ist die Beratung von Speer am 23. März vormittags in Wechmar. Die zweite Beratung sollte am 26. Wechmar in

---

(80) Hierbei handelt es sich um einen Fehler, der beim Tippen des Briefes entstand. Es muß »82 Jahre« heißen. Die Zeugin nannte ihr korrektes Alter von 82 Jahren in einem anderen Zusammenhang.

Wechmar am Vormittag sein. Fritsche war aber zum Führer befohlen, und so konnte diese Beratung erst mittags stattfinden.

Am 28. März[81] führte Hitler im ›Deutschen Hof‹ in Luisental um 10 Uhr eine große Beratung durch. An diesem Vormittag sprachen Dr. Kurt Diebner, SS-General Kammler, Fritz Sauckel und Hauptsturmführer Oldeboershuis. Ab 11 Uhr sprach Hitler, und er war überzeugt, daß er mit der neuen Wunderwaffe alle das Fürchten lehren könnte.

Da am 27. März anläßlich der Mittagsberatung bei Speer diese Hitlerrede nicht bekannt war, waren die Absprachen etwas durcheinander geraten.

Hitler führte die große Stabsberatung dann am 28. März ab 14 Uhr im FHQu durch, wo dann Speer gegen 14.50 Uhr sein »Nein« zur Wunderwaffe und deren Einsatz vorbrachte. Selbst Himmler, Jodl, Ribbentrop und Kammler gaben Speer ihre Unterstützung. Sie brachten es auch fertig, daß Speer gegen 17 Uhr wegfliegen konnte. Allerdings ging Speer schon in Stadtilm wieder zu Boden. Alle nahmen an, Speer sei in Berlin. Speer sprach in Stadtilm am Abend mit Kammler, Dr. Diebner, von Ardenne sowie Prof. Richl [hier dürfte Riehl gemeint sein, Anm. d. A.] *und Prof. Hertz. Am Morgen des 29. flog Speer dann nach Berlin.*

Die Reichspost, der Forschungsrat und die Wissenschaftler der SS waren eine Forschungsgruppe für sich. Dazu gehörten die zwei Forschungstestanlagen, das Labor in Stadtilm, eins in Erfurt im Steiger, die Fernämter, Versorgungseinrichtungen und Teile des Objektes ›Burg‹ mit dem FHQu.

Eine andere Gruppe war das OKW in Ohrdruf mit den dazugehörigen Anlagen. Es gab auch eine Gruppe der SS mit den Werken in Luisental, Gräfenroda, Rippersroda, Erfurt, Ilmenau und Coburg sowie die Gruppe für die U-Bootversorgung und Technik und eine Gruppe für den Flugzeugbau in Gotha und Ohrdruf. Das Raketentestgelände in der Polte 2 gehörte mit zum Postbereich.

Warum Arnstadt Reichshauptstadt werden sollte, kann ich nicht sagen, jedoch waren im März 1945 schon die nötigen Siegel und Schriftköpfe vorhanden.

---

(81) Die meisten anderen Zeugen sprechen vom 27. März 1945, was nach unserem Dafürhalten den Tatsachen entspricht. Frau Maria W. verschob die Ereignisse um einen Tag.

Wir werden uns mit Freund Hoffmann im Mai nochmals absprechen, was wir Ihnen mitteilen können und dürfen.«

Tatsächlich traf dann im Mai 2001 ein weiterer Brief von Frau Maria W. ein, die wir zwischenzeitlich hatten suchen lassen. Dazu hatte sich u. a. einer unserer Mitrechercheure ins Gebiet des Bodensees begeben und direkt vor Ort nachgeforscht, um eine Maria W. ausfindig zu machen, was ihm jedoch nicht gelang, konnte er doch nur eine begrenzte Zeit seinen Recherchen nachgehen.

Während wir nach Frau W. fahndeten, war diese am Ostersamstag, dem 14. April 2001, nach Arnstadt gekommen und hatte versucht, direkten Kontakt mit einigen dort wohnenden Personen, die mit uns zusammenarbeiten, aufzunehmen. Da sie ihren Besuch nicht angekündigt hatte, stand sie allerdings überall vor verschlossenen Türen. Daher nutzte sie die Gelegenheit, um Arnstadt zu besichtigen, was allerdings mit zahlreichen Enttäuschungen für sie verbunden war. Sie schickte daraufhin einen wenig schmeichelhaften Leserbrief an die Tageszeitung »Thüringer Allgemeine«, der am 26. April 2001 veröffentlicht wurde, und in dem es einleitend hieß:

»Als 82jährige Dame besuchte ich am Ostersamstag Arnstadt, wo ich von 1939 bis 1945 als geborene Berlinerin gearbeitet habe. Doch mein Besuch war eine Reise, von der ich eigentlich nur sagen kann: Schade, was ist aus Arnstadt geworden?«

Der Leserbrief verwunderte uns in zweierlei Hinsicht. Frau Maria W. behauptete hierin, von 1939 bis 1945 in Arnstadt gearbeitet zu haben, während sie in ihrem ersten Brief davon sprach, erst ab 1944 hier tätig gewesen zu sein. Hatte sie sich falsch ausgedrückt und in ihrem Brief gemeint, erst *in ihrer Funktion als Sprachsachverständige* ab 1944 im Raum Arnstadt tätig gewesen zu sein? Diese Frage konnten wir nicht klären.

Genauso merkwürdig war auch der Umstand, daß eine Nachfrage eines Mitrechercheurs bei der Redaktion der »Thüringer Allgemeinen« ergab, daß der Absender der Leserbriefschreiberin nicht zu ermitteln war. Normalerweise werden Leserzuschriften nur dann veröffentlicht, wenn der Absender angegeben wird. Warum war das in diesem Falle anders?

Wir mußten im Zusammenhang mit den von uns geführten Nachforschungen immer wieder feststellen, daß bei diesem Thema oftmals alles anders lief als im gewöhnlichen Leben. Da gab es unglaubliche Zufälle, merkwürdige Umstände und viele andere Dinge, die, hätten wir sie nicht persönlich erlebt, wir normalerweise für unglaubhaft halten würden. Nun ist es glücklicherweise so, daß wir bei unseren Recherchen nicht wie viele andere »im eigenen Saft schmoren«, sondern mit einer relativ großen Zahl anderer Interessenten zusammenarbeiten, welche dieselben Erlebnisse hatten und haben. Wir sind somit in der glücklichen Lage, einzelne Ergebnisse miteinander zu vergleichen und uns gegenseitig kritisch zu hinterfragen, statt irgendwelchen eventuell nicht existierenden Phantomen nachzujagen. Daß die deutsche Atombombe kein Phantom ist, wurde uns bereits vor geraumer Zeit klar, und wir würden keine Minute unserer Zeit in diese Angelegenheit investieren, wenn wir nicht der hundertprozentigen Überzeugung wären, daß das Thema einer umfassenden Betrachtung wie auch einer wissenschaftlichen Aufarbeitung, für die wir hiermit den Anstoß geben (wollen), wert ist.

Doch damit zurück zu Frau Maria W., die sich in einem Brief, der vom 26. April 2001 datierte, erneut meldete:

»[...] Vom 03.04. bis 06.04.01 war ich auch mit einigen Freunden in Jerusalem bei unserem Freund Hoffmann. Dazu muß ich sagen, es sieht sehr sehr schlecht aus. Wir bzw. ich durften nur jeweils am Vormittag und gegen Abend auf eine halbe Stunde bei ihm sein. Er liegt ständig, aber sein Geist ist immer noch der junge. So liegt ihm das Gebiet Arnstadt – Ohrdruf – Stadtilm – Erfurt am Herzen und auf der Seele.

Er will nicht, daß die Naziherrschaft eine Rolle in der deutschen Geschichte erhält, er will aber, daß die Deutsche Wissenschaft ihre erreichten Leistungen zugesprochen erhält und weder Amis, Russen noch Engländer die Sieger sind.

Er hat einen Lebenseid geleistet und möchte diesen nicht brechen, daher kann er Ihnen [...] nicht die genauen Bezeichnungen geben bzw. aufzeigen. Er hat in unseren Reihen einige Kameraden und Freunde angesprochen, Ihnen einiges zu sagen bzw. zu schreiben. Ich muß aber dazu sagen, daß viele von uns heute mehr Angst haben als 1945. Wir sind stolz auf unsere Leistun-

gen und was die Deutsche Wissenschaft bis 1945 erreicht hat, aber es gibt auch heute noch einen Kern der SS, der lebensgefährlich ist, bzw. haben diese Leute in der BRD, Frankreich, Österreich und Spanien viel zu sagen und [sie] haben auch das nötige Geld, wobei auch heute noch ein Menschenleben keinen Wert bzw. Sinn hat. Aus diesem Grund nochmals einige Gedanken von Herrn Hoffmann für Sie und Ihre Forschung und Arbeit:

Das ›Amt 9‹ ist für Ihre Tätigkeit der Schlüssel zu allen Daten, die Sie brauchen. Wer ›Amt 9‹ hat bzw. ortet, hat keine Geheimnisse mehr zu den Anlagen und zum FHQu. Dazu gehört die Verbindung zum ›Amt 800‹ bei Bittstädt und zum ›Amt 600‹ im Erfurter Steiger-Wald.

Das ›Amt 9‹ [...] *ist auch heute noch gebrauchsfähig, allerdings ohne Sendebetrieb und Ausgangsleitungen.*

Das ›Amt 600‹ im Steiger-Wald in Erfurt ist ein weiterer Schlüssel zum Höhlensystem – und somit zum Luftwaffenministerium –, und ist das Luftwaffenfernamt des Deutschen Reiches gewesen. Daneben sind der Bunker des Erfurter Bürgermeisters Kiesling und der Bunker des Kreisleiters Dr. Theine gewesen. In einem ca. 40 m entfernten Bunker war die Hauptstelle des MfS. Auch die Tiefkeller von Elmi enthalten heute noch einige Dinge. Selbst Dr. Enke, der vieles hatte, kannte diese Bunker nicht; auch den Bunker seines Arbeitgebers kannte er nicht, weil damit einige seiner Arbeitgeber in der DDR reich wurden.

Die Schiefer-Grube mit dem Objekt ›Laure‹ oder ›Laura‹ hat ebenfalls noch heute einiges zu zeigen.

In Luisental sind nahe der Bahnstrecke einige wichtige Stollen [vorhanden], wo einige Fabriken untergebracht waren und Maschinen von Nordhausen – aus dem Lager ›Dora‹, wo es ebenfalls um Raketenteile ging – zur Fertigung besonderer Programme [standen]. Dort wurden auch die in Lehesten getesteten Triebwerke eingesetzt.

Bei Crawinkel und Bittstädt waren Flugzeugstationen, ein Feldflugplatz war bei der Polte 2 und in Stadtilm.

Am Kienberg befand sich ein besonderes Landesystem. Es gibt drei Eingänge in den Berg, mit unterirdischen Hangars und einer besonderen wassertechnischen Anlage zum Kühlen.

In einer Scheune bei Wechmar war ein Horten-Tarnkappen-

Bomber untergebracht, der von einigen Mitarbeitern an die Amis verkauft wurde.

In Wechmar in der Gaststätte ›Zum Löwen‹ (Name kann auch ein anderes Tier sein) fanden geheime Sitzungen statt, u. a. mit Fritsche, Speer, Göring, Kammler, von Ardenne, Diebner, Ohnesorg, Seuffert usw. Dort wurden auch Unterlagen, z. B. die Siegel und Stempel für die Reichshauptstadt Arnstadt [...]

Ich muß mich beim Schreiben doch etwas mehr anstrengen, es geht eben doch nicht mehr so richtig, und die Notizen von Herrn Hoffmann habe ich ja auf kleine Zettel gemacht, so ist die Reihenfolge auch nicht ganz richtig.

Auch vom Marineheim bei Sitzendorf im Schwarzatal sprach er. Dieses Heim wurde nicht von den Amis und Russen erkannt. So wurde diese Anlage, die eng mit Arnstadt, der U-Boot-Versorgung und dem Mitteldeutschen Werk in Verbindung stand, von der SS bis 1952 genutzt.[82] *Die NVA, das MfS und der russische Sicherheitsdienst waren nie in der Anlage. Sie gehört heute der Liegenschaft des Bundesvermögensamtes.*

Im Marineheim waren (oder sind auch heute noch) Kunstsachen, die aus dem Gewölbekeller des Schlosses Schwarzburg und von der Veste Wachsenburg stammen.

Im Sonnenhang [bei Arnstadt] war auch eine technische Versuchs- und Produktionsanlage, eine sogenannte Torpedoversuchsanlage. Die Geschosse mit Raketenantrieb wurden in einem unterirdischen Kanal, der mit Wasser gefüllt war, zur Polte 2 geschossen.

Die Gipshöhlen bei der Burg (wahrscheinlich Wachsenburg) gehörten der SS. Dazu hatte keiner Zutritt. Sie wurden von der SS auch voll genutzt. Alle Eingänge wurden von der SS verschlossen.

Es gibt zweimal die Bezeichnung Eulenberg, ›Rote Hütte‹ und ›Weiße Hütte‹, man darf diese Objekte nicht verwechseln.

[...]

Der kleine Bahnhof war am Bienstein, diesen hatten auch

(82) Sollte diese Behauptung stimmen und sich unterhalb des Marineheims bzw. in seinem Umfeld tatsächlich ein Forschungsobjekt befinden, das von der SS auch nach dem Krieg genutzt wurde, wäre dies eine geschichtliche Ungeheuerlichkeit. Wir haben mittlerweile die zuständigen Behörden über diesen und andere Sachverhalte informiert.

die Russen gefunden, doch weiter im Berg waren sie nicht. Es war der Zugang zur Fusionsanlage. Diese Anlage arbeitete noch aktiv bis 1952, ab dann wurde sie nur noch in Betriebsbereitschaft gehalten, sie ist daher auch heute noch gebrauchsfähig, allerdings nicht mehr auf dem neuesten technischen Stand.

[...]

Die ›Rote Hütte‹ am Eichfeld müssen Sie sich genau ansehen. Die Russen waren zwar ab Oktober 1945 dort, man kann aber [den] Russenbau vom deutschen Beton unterscheiden. Die dortigen ehemaligen Steinbrüche brauchten ja nur ausgebaut zu werden. Die Wasseranlage ist gleich nebenan, und Wasserleitungen kann man leicht verfolgen. Auch sieht man die große Betonabdeckung. Was soll ich noch mehr sagen.

Der Fahreingang zum FHQu war südlich von Mühlberg, weil man ja auch hier die günstigste Verbindung zur Autobahn hatte. Auf der Autobahn konnten ebenfalls Versuchsflugzeuge in die Höhe gehen und auch landen.

Das Festungs-Nachrichtenregiment 601 und Teile der Reichskanzlei waren schon vom 12. bis 16. März 1945 vom Obersalzberg nach Arnstadt verlegt worden.

Das Hauptkorps der Heeresführung war im SA-Objekt in der Plauischen Straße am Ritterstein in Arnstadt untergebracht.

Der Planungsstab der Fiebinger-Truppe, verantwortlich für das Objekt ›Jasmin‹, war in einem Gebäude vor dem Mitteldeutschen Werk untergebracht. Dort waren auch vom Bergbauamt Schacht Brüx Leute tätig.

In der Polte 2 war eine Abschußvorrichtung für Raketen, eine zweite bei Bittstädt und eine bei Luisental. Für alle Einrichtungen wurden von der Firma Fiedler in Arnstadt die Türme errichtet, ein besonders großer für die Polte. Die Firma Brömel sorgte für die Gewichtsausgleiche.

Natürlich gab es mehrere Laboratorien für die Forschung an der Wunderwaffe und auch verschiedene Versuche. Die Stadtilmer mit Kam. Dr. Diebner aber war an erster Stelle, da keiner bei der Reichspost und beim dortigen Forschungsrat etwas mit einer Atomwaffe zu tun hatte, es war ja die Post![83] So gab es z. B. eine technische Außenstelle Dr. Diebners in der Nähe von

---

(83) Diese Bemerkung ist selbstverständlich ironisch gemeint.

Hannover, wo das gegensätzliche Verfahren zum Abschuß der Bombe – der Abwurf der Bombe mit Fallschirmen – entwickelt wurde. Dieses Werk gehörte oder besser unterstand dem Mitteldeutschen Werk in Arnstadt als Mitteldeutsches Spinnwerk.[84]

Ich habe nun alle Zettel abgeschrieben und muß feststellen, es geht bei mir auch nicht mehr so gut. Ich hoffe, daß ich Ihnen, [...], doch etwas helfen kann. Ich werde mich zum gegebenen Zeitpunkt über Telefon oder schriftlich [mit Ihnen] in Verbindung setzen.

Mit freundlichen Grüßen

W.

Das Schreiben ist leider erst am 4. Mai fertig geworden.«

Frau Maria W. hatte in ihrem Schreiben angedeutet, daß es dem von ihr besuchten Hans Rittermann gesundheitlich alles andere als gut ging. Wenige Wochen nach dem Eintreffen ihres letzten Briefes erhielten wir die Kopie einer Mitteilung, aus der hervorging, daß er verstorben war. Es handelte sich dabei um drei Seiten, bestehend aus einem Deckblatt, der eigentlichen Todesanzeige und dem Bild des Verstorbenen, das ihn im mittleren Lebensalter zeigt.

Wir haben uns entschlossen, dieses Schriftstück auf den nachfolgenden Seiten abzudrucken, denn möglicherweise erkennt ein älterer Einwohner Arnstadts oder auch eine andere Person, die dieses Buch liest, Hans Rittermann wieder, war dieser doch bis 1948 in Thüringen bzw. Berlin tätig, bevor er nach eigener Aussage in die USA ging.

---

(84) Die Mitteldeutsche Spinnhütte befand sich in Celle. Über die dortigen Vorgänge und Merkwürdigkeiten berichteten wir ausführlich in unserem Buch »Das Geheimnis der deutschen Atombombe« (ab S. 59). Bisher hat niemand erkannt, daß die dort nachweislich laufenden Arbeiten zur Atomforschung nicht zufällig in einer Fabrik, die Fallschirmseide herstellte, realisiert wurden. Es gab einen Zusammenhang zwischen der »Bombe« und der für sie vorgesehenen Abwurftechnik! Um diese Korrelation nicht offensichtlich werden zu lassen, sind bestimmte Informationen, welche die Art der Forschungen erkennen lassen könnten, bis heute klassifiziert.

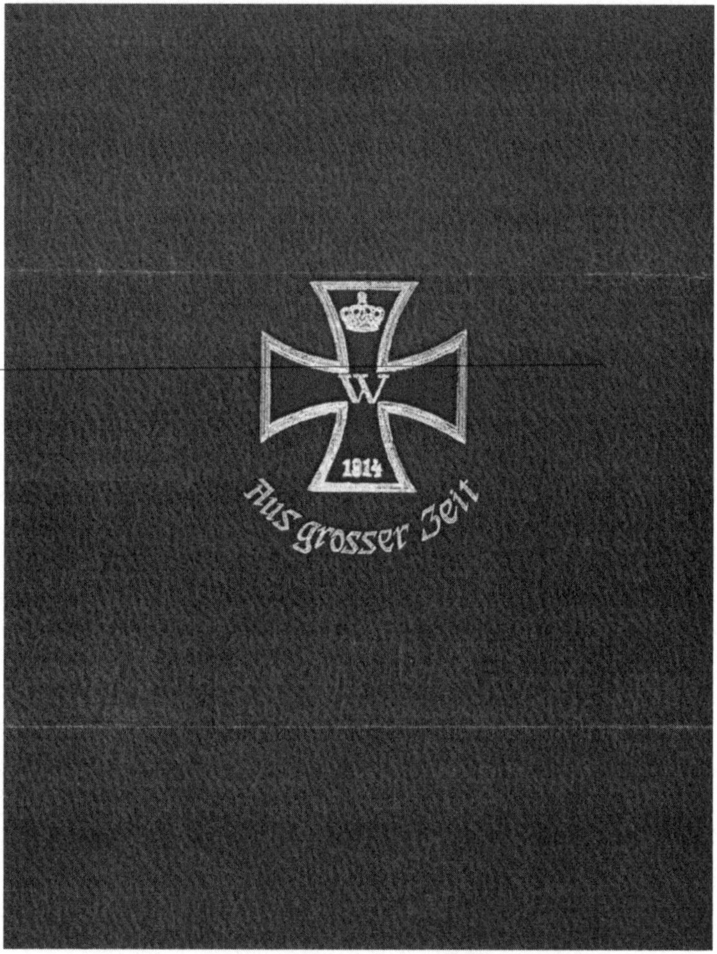

Das Deckblatt der Todesanzeige von Hans Rittermann.

Für Volk und Vaterland
gibt die Kameradschaft der
[…]

bekannt:
Fern seiner Deutschen Heimat ist unser
Kamerad – Reichsoberpostrat – Ober-Ing.
Baubeauftragter v. B/S – Mtg. d. Forschungsrates

Hans David Hoffmann

alos: Hans Rittermann – Dr. h.c. Hans Klaus Peter
verstorben im Alter von 94 Jahren.

Gemäß seinem Wunsch, gibt es keine Trauerfeier und kein Grab. Am 06. Juni 2001 wird seine Asche über sein Arbeitsgebiet von B/S vom Flugzeug der Welt übergeben. Die Kameradschaft neigt ihr Haupt um 11.00 Uhr im stillen Gedenken.

Kameradschaft der […]
Kameradschaft der […]
Mitglieder des […]

Wiedergabe des Blattes 2 der Todesanzeige.

Foto von Hans Rittermann, das ihn in mittleren Jahren zeigt.

Die in der Anzeige genannten Kameradschaften konnten wir nicht eruieren, es handelt sich mit hoher Wahrscheinlichkeit um private Vereinigungen, die in keinem Vereinsregister oder ähnlichen Übersichten zu finden sind.

Frau Maria W. meldete sich im Juli 2001, einige Wochen nach dem Zugang der Rittermannschen Todesanzeige, bei uns. Was wir nicht ahnen konnten, war, daß sie zu dieser Zeit bereits selbst dem Tod geweiht war. Vielleicht deshalb enthielt dieser Brief nicht nur hochinteressante Informationen zum AWO-Gebiet, sondern auch sehr private Anmerkungen, über die wir verblüfft waren. Darüber hinaus wurden in diesem Brief einige nicht gerade unbedeutende »Persönlichkeiten« Arnstadts beschuldigt, in bestimmte Verbrechen während des Krieges und in der Zeit danach verwickelt gewesen zu sein. Die entsprechenden Recherchen laufen zur Zeit noch, so daß wir im Moment auf diesbezügliche Namensnennungen verzichten. Für die wissenschaftliche Forschung stehen die Briefe jedoch in vollem Umfang und ›unzensiert‹ zur Verfügung.

Frau Maria W. wies uns ebenfalls darauf hin, daß sie vor dem an uns gerichteten Brief ein ähnliches Schreiben an die Stadt Arnstadt geschickt habe, ohne jedoch eine Antwort zu erhalten. Frau W. war darüber sehr erbost, und wir fragen uns, ob man bei den Zuständigen der Stadt generell Post von Bürgern ignoriert? Wir werden aber auch in dieser Angelegenheit noch tätig werden, sobald Zeit dafür ist. Derweil kann man sich andernorts schon einmal überlegen, ob man die Existenz bestimmter Schreiben weiterhin abstreiten will …

Lassen wir Frau Maria W. nun selbst zu Wort kommen:

»[…] ich möchte an Sie heute noch einige Dinge schreiben, solange es noch geht und ich es kann.

Herzlichen Glückwunsch zum neuen Buch[85]*!!! Die Freunde der Kameradschaften sind begeistert von Ihrem Mut, und die Wahrheit hat nun das Licht der Welt erreicht, wobei Sie ja leider die Schreiben von Hans nicht mitbenutzt haben.*[86] *Gibt es vielleicht ein Buch 2? – falls ich es noch erleben werde.*

---

(85) Gemeint ist das Buch »Das Geheimnis der deutschen Atombombe«, das im Mai 2001 im Kopp Verlag, Rottenburg, erschien.

(86) Die Angaben in den Briefen wurden zu dieser Zeit durch uns noch recherchiert, so daß wir sie nicht sofort publizieren konnten.

Ich habe nicht gewußt, daß Sie zu Dr. Weidemann-Hoffmann in Kanada und zu Dr. Freier in Südamerika auch Verbindungen hatten. Sie waren gleichgesetzt wie Hans, beide leben ja leider auch nicht mehr, wobei Dr. Freier doch nicht ganz freiwillig aus dem Leben gegangen ist. Sein Haus war nach seinem schrecklichen Tod ein Feuerball, wobei davor noch einige Leute aus Amerika etwas weggebracht haben, was Dr. Freier im lebendigen Zustand diesen Leuten nicht gegeben hätte.

Oskar Mühlheim war ein guter Ingenieur für Bergbau, aber ein 1000-prozentiger Nazi (›Mein Führer und ich‹), aber auch ein großer Feigling, besonders nach 1945 [...] Leider hat er den Russen gleich zuviel gesagt und gegeben. Dann hat er [noch] mehr [Geld] haben wollen, was den Russen gegen den Strich ging. Dann war er in die Fänge von [...] geraten, und das Ende war eine Urne in Leipzig.

Ellrich war in allen Straßen zu finden, doch an die Objekte gelangte er nicht. Er half nach 1945 vielen Menschen, alle Achtung. Auch Schörnig konnte nichts gegen Ellrich erreichen.

Horst W. arbeitete direkt für Ardenne. Wieso steht bei ihm Greifswald? Ich kenne seine Anschrift in Dresden, er konnte 1971 nach Frankreich und war dort für Ardenne tätig.

Die Angaben über Dr. Kammler verstehe ich nicht, Hans hat meiner Person gegenüber gesagt, daß er Ihnen über Kammler alle Angaben gibt, wo dieser nach 1945 war. Schörnig war fünfmal bei Kammler in der ČSSR und suchte gegen großes Geld die Tagebücher [zu erlangen]. Kammler hatte die Forschungs- und Ergebnistagebücher aber nicht, wie auch, seine Haut war ihm wichtiger. Sein ehemaliger Adjutant in Regensburg hatte diese und gab sie mit Seitenabgabe [gemeint ist wohl seitenweise, Anm. d. A.] *für Geld an die Amis.*

Die Sprengung der kleinen ›A-Waffe‹ hätten Sie etwas mehr und größer bringen können. Sie hatte genau 180 g Gewicht,[88] *das Gerüst hatte übrigens die Firma Fiedler aus Arnstadt errichtet. 520 Häftlinge und 14 SS-Leute waren einfach weg, es war von ihnen nichts mehr da. Aufgrund von Verbrennungen*

---

(87) Frau W. nahm bei diesen und den folgenden Ausführungen Bezug auf die Personen bzw. die von ihnen stammenden Zeugenaussagen, die wir in dem Buch »Das Geheimnis der deutschen Atombombe« vorgestellt hatten.

wurden ca. 650–800 Häftlinge, aber auch 36 SS-Leute erschossen.[89] *Die Leichen wurden bei Mühlberg dem Feuer übergeben.*

Herr Mehner, Sie haben einen Verein in Arnstadt gegründet, was einmal sehr gut ist, aber auf der anderen Seite werden Sie nun noch mehr überwacht. Nicht nur der BND, MAD, VS und Staatsschutz der BRD, leider nun auch andere Organisationen und Einrichtungen sind auf den Verein angesetzt. Wir hatten bereits am Montag eine Namensliste der in der ›Henne‹ anwesenden Leute und eine der wahrscheinlichen Mitglieder aus Israel in den Händen.[90] *Hier können Sie sehen, wie klein die Welt ist und wie schnell einige doch arbeiten können. Auch bei uns gibt es nicht nur Freunde. Die SS-Organisation lebt heute in den Kindeskindern in der alten BRD […] weiter und ist sehr aktiv und schnell. Sie haben die Sorge, daß das Geheimnis ihrer [Groß-]Väter verraten werden könnte. Wir haben mit diesen SS-Leuten nichts zu tun, wir wollen nur der Deutschen Wissenschaft zum Völkerrecht verhelfen. […]*

Sicher haben Sie vom Großeinsatz der Polizei am 20. Mai [2001] im Jonastal gehört, wo Russen verletzt aufgefunden wurden usw. Die Russen hatten etwas aus dem Berg bei Kilometer fünf bis sechs [geholt] … und sollten die Sachen gegen Geld in Arnstadt übergeben. Davon hatte eine andere Gruppe (oben bereits genannt), die dagegen war, gehört. Die vier Russen sollten erschossen bzw. bei einem Autounfall ums Leben gebracht werden. Ein Geheimdienst war schneller, wobei leider einiges da-

---

(88) In bezug auf die Gewichtsangabe der »Bombe« gibt es zwischenzeitlich drei unterschiedliche Angaben, die bei 100, 127 und 180 g liegen. Woraus diese Differenzen in den Zeugenaussagen resultieren, ist unklar. Die Zahlen liegen jedoch deutlich unter den Werten, die gewöhnlicherweise für eine Nuklearwaffe unter Berücksichtigung der kritischen Masse als machbar angesehen werden. Wie wir noch aufzeigen werden, ist eine Kleinstatombombe mit einer 100-g-Ladung technisch realisierbar.

(89) Die Zahlenangaben für die bei der Atomexplosion verletzten und getöteten Menschen differieren ebenfalls. In allen Fällen ist aber von mehreren hundert Toten und Verletzten die Rede, wie auch von betroffenem Personal der SS, was angesichts des Tests einer neuartigen Waffe überzeugend erscheint.

(90) Der Verein wurde am 16. Juni 2001 in der »Goldenen Henne« in Arnstadt gegründet und trägt die Bezeichnung *Geschichts- und Technologiegesellschaft Großraum Jonastal e.V.* (Th. Mehner ist mittlerweile nicht mehr Mitglied dieses Vereins).

neben ging, Gas gelangte in die falsche Richtung, so war eine Stecherei nötig im Kampf. Die Unterlagen und Sachen sind in I. Dies zu Ihrer Information.

Ich möchte, falls es ein Buch 2 gibt, in dem auch etwas von Hans zu lesen ist, nochmals einige Schwerpunkte aus meiner Sicht ansprechen.

Die Rolle Dr. Kammlers im Objekt ›Burg‹ und [am] Eulenberg, die Rolle von […], seine Tätigkeit in Arnstadt gegen Oberbürgermeister Huhn, sein Auftreten in Weimar und seine Verbindung zur SS (er hatte 1945 mehr als der OB im Rathaus zu sagen) sollten einmal untersucht werden. […] Die Rolle von Schörnig, […], es muß doch noch Zeugen in Arnstadt geben und Nachfahren von den vielen Leuten, die er nach 1945 ins KZ Buchenwald brachte und die Arnstadt nie wieder sahen. […] Gibt es keinen VdK in Arnstadt, da müßten Sie doch die Namen der Menschen erlangen […].

Mein Kreislauf ist schon wieder oben.

Ich darf Ihnen laut unserer Absprache, wie ja auch der Hans bereits geschrieben hat, nicht die genauen Objekte sagen und aufzeigen, aber ich gebe Ihnen nochmals Eckpunkte.

›Amt 9‹ ist der Ausgangspunkt und der Schlüssel zu allen Angaben und Objekten. Falls Sie immer noch nicht ›Amt 9‹ haben, dann suchen Sie ›Amt 600‹ im Steiger-Wald in Erfurt […]. Oder ›Amt 800‹ […].

Die Polte 2 Rudisleben. Die Bauunterlagen der Firma Engelhardt, Brömel und Fiedler in Arnstadt sind sicher noch da. […]«

Hier wurde der Brief unterbrochen, Frau Maria L. war aufgrund ihres schlechten Gesundheitszustandes in eine Klinik eingeliefert worden. Dort half ihr eine andere Person, den Brief fertigzustellen, was allerdings dazu führte, daß Teile des Schreibens etwas chaotisch wirkten. Wir versuchen dennoch eine – sprachlich geglättete – Wiedergabe:

»Da der Gesundheitszustand sehr schlecht geworden ist, bittet mich […] weiterzuschreiben. (Der Zustand ist leider sehr sehr schlecht, nur der Geist könnte Berge versetzen. Auch wird ihr Gatte diesen Monat nicht überleben.) Ich kenne die Angaben nicht, es kann also vorkommen, daß ich einige Dinge falsch schreiben werde.

Die Russen hatten viele Dinge, aber alle konnten sie nicht wissen und auch nicht mitnehmen. Doch für Westmark und US-Geld haben sie manches gern gemacht.

In Luisental, neben der Bahnanlage, waren einige Versuchs- und Produktionsfabriken untergebracht. Dort wurden Teile aus Nordhausen, Dessau, Celle und dem MDW Arnstadt verarbeitet.

In Sitzendorf im Marinelager, wo auch die SS noch bis 1952 gearbeitet hat, war danach kein Russe, und den DDR-Bürgern war [der Zutritt] verboten.

In Wechmar fragen Sie doch nach einem Größ oder Körbs[100] *(den Namen habe ich nicht mehr richtig [im Gedächtnis]). Er war dort Nazichef, aber kein SS-Mann. Nach* [dem Kriegsende?] *1945 war er bei den Amis und sagte dort für Speer aus, gab Tips zum Seeberg, zum Flugerprobungsgelände in Wechmar, zu den SS-Unterkünften in Seesdorf und [zu] den Akten im Schloß in Güntersleben, die von Göbels* [Goebbels?] *dort untergebracht waren. Aufgrund der Aussagen zu Speer und der Produkte aus der alten Darre* [?] *wurde er* [Körbs] *von den Amis freigelassen, und dies war mit den Russen abgesprochen. Er hat in seinen Objekten einige kostbare Dinge eingemauert.«*

Den nun folgenden Absatz können wir unserer Leserschaft im Original nicht zumuten, so daß wir ihn mit unseren eigenen Worten und unter Verwendung einiger Zitate wiedergeben müssen. Wichtig seien, so hieß es weiter, *»das MDW mit seiner Schwerkraftanlage im Eulenberg«* und *»mit der Versuchssprengstoffanlage«* und *»dem Versuchskanal«*. Darüber hinaus sollten wir uns um »die technischen Anlagen am Eulenberg« sowie im Gebiet des kleinen Haidenholzes und der jeweils zweifach vertretenen Fluren mit den Bezeichnungen »Rote Hütte« und »Weiße Hütte« kümmern. Eine ganz besondere Rolle spiele *»der gesamte Bienstein mit all seinen Anlagen, von der Bahnanlage bis zum Zentrum«* sowie den hier befindlichen, in zwei Etagen gebauten Hallen, die von den Russen genutzt wurden. Sie seien so groß, daß man auf jeder Etage etwa 200 LKW abstellen könne! Unser Augenmerk sollten wir aber auch noch auf andere Dinge richten, die da beispielsweise die Luftschächte am Vorwerk Eich-

(100) Der Mann hieß Rudolf Körbs und war Bürgermeister.

feld sowie die schon genannte Fusionsanlage[101] wären, wobei an letzterer bis 1952 gearbeitet wurde. Wichtig für unsere Betrachtungen seien auch *»die Orte Wölfis [und] Crawinkel, wo einige Leute heute noch von den versteckten Sachen gut leben, oder auch Geschwenda; auch hier sind viele noch im Besitz von Nationalgütern und machen diese jetzt ›im Westen‹ zu Geld«.*

Der Brief fuhr fort:

»Übrigens, mein Mann und Hans waren 1986 auf den Etagen der Hallen, die Russen hatten dort sogar Raketen mit Fahrzeugen, und dort waren auch die Super-Panzer des 6. Garderegiments von Rudisleben untergestellt.

Wir können erst heute, am 11.07.01, das Schreiben fortsetzen. Meiner Freundin Maria – sie will nicht, daß ich ihren Namen hier mitteile[102] [...] – geht es sehr schlecht, ab heute kann sie auch ihre Arme nicht mehr bewegen. Sie will aber dieses Schreiben an Sie fertigbringen, und ich möchte ihr diesen Wunsch gern erfüllen.

---

(101) Maria W. benutzte hier den Begriff der »Fusionsanlage« zum zweiten Mal. Wenn sie als technische Sprachsachverständige tätig war, ist davon auszugehen, daß ihr der Unterschied zwischen einem Beschleuniger, einem Kernreaktor und einer Fusionsanlage geläufig war. Ohne ihre Aussage überbewerten zu wollen, muß hier die Frage erlaubt sein: Entwickelte man während des Dritten Reiches eine Fusionsanlage, und gibt es hier einen Zusammenhang mit dem Nowakschen Fusionsreaktor-Prinzip? (Siehe hierzu: Edgar Mayer & Thomas Mehner: Hitler und die »Bombe«. Welchen Stand erreichte die deutsche Atomforschung und Geheimwaffenentwicklung wirklich?, Kopp Verlag, Rottenburg 2002, S. 161–176.)

(102) Die Angelegenheit wurde dadurch erschwert, daß Frau Maria W. mit einem Namen operierte, der nicht exakt war. Wir erfuhren im Verlauf der Zeit, daß ihr korrekter Name Erika L. lautete, wobei das »L.« von einigen Mitrechercheuren als »Leimert« interpretiert wurde. Es wurde dabei argumentiert, daß es in der Gruppe des Physikers Dr. Diebner, die in Stadtilm eingesetzt war, eine Frau Dr. Erika Leimert gab. Das Diebner-Team war 1944 nach Stadtilm verlagert worden, was mit der Angabe von Frau Maria W. alias Erika L. übereinstimmen würde, daß sie ab 1944 im Gebiet (regelmäßig) eingesetzt gewesen sei. Die im Zusammenhang mit dem erwähnten Leserbrief in der Zeitung »Thüringer Allgemeine« von ihr geäußerte Angabe, sie sei von 1939 bis 1945 in Arnstadt gewesen, könnte insofern stimmen, als daß sie möglicherweise *gelegentlich* hier weilte, um den Einsatz der Hochtechnologie in Thüringen vorzubereiten. Trotz einer gewissen Plausibilität dieser Argumentation ist gegenwärtig nicht zu beweisen, daß Erika L. mit Erika Leimert identisch ist.

[...] mir geht es nicht gerade gut, und so [habe ich] die Bitte an Sie: Machen Sie etwas aus den Angaben, damit dieser Staat wach wird und uns Wissenschaftler nicht alle als Nazis ins Grab bringt, Ja, wir waren Nazis, aber wir hatten unsere Forschung, so wie jeder Staat mit seiner Forschung lebt. Den Nazigrößen wurde Rente gegeben, ihre Werke erhielten sie in der BRD sofort zurück und jetzt auch bei Ihnen. Uns Wissenschaftlern wurde jede Anerkennung in der BRD verweigert. Dafür sorgte ja ein Herr Lübke, dieser große Nazi war an den Objekten im Tal dabei, und er arbeitete für die SS, unter dem direkten Befehl von Dr. Kammler. Er brachte auf der Klipper im Hauptstab [den Vorschlag] ein, die Häftlinge [, die am 4. März 1945 bei der Explosion der Waffe ums Leben gekommen waren, Anm. d. A.] *doch gleich an Ort und Stelle dem Feuer zu übergeben, es würden dadurch doch viele Transportkosten aufgespart, die man zum Transport für neue Arbeitskräfte brauche. Seine Wohnung hatte er in Crawinkel bei der BDM-Führerin des Ortes.*

Wir waren Wissenschaftler und hatten die z. Z. gültigen Forschungsaufträge, wir waren nicht für die KZs verantwortlich. Uns tun die Häftlinge, die in Röhrensee und im KZ Auschwitz[103] *bei den Versuchen ums Leben kamen, sehr leid. Wir konnten die Ausmaße und die Wirkung nicht einschätzen und möchten uns vor den Opfern und deren Familien verneigen. Zum Leben können wir die Opfer nicht [wieder] bringen, aber zum Gedenken der Opfer muß etwas getan werden, dazu gilt nicht nur das jetzt gezahlte Geld, [sondern] es muß der Jugend die Wahrheit gesagt werden, damit sich so eine Zeit nicht wiederholt.*

Wir haben Ihnen die Zeitpunkte gegeben, die in die Geschichtsbücher gehören, wir haben Ihnen die Baustäbe gesagt.

---

(103) Der Hinweis von Frau W. zu Versuchen in Auschwitz bestärkt uns in der Annahme, daß es dort tatsächlich einen Test mit einer verheerend wirkenden Waffe gegeben hat, zu der übrigens auch Rüstungsminster Albert Speer vor dem Nürnberger Kriegsverbrechertribunal vernommen wurde. Speer bestritt jegliche Kenntnis eines solchen Waffensystems, doch besaß der zuständige Richter entsprechende Aussagen bzw. Dokumente.
Siehe hierzu: Internationaler Militärgerichtshof Nürnberg: Der Nürnberger Kriegsprozeß gegen die Hauptkriegsverbrecher vom 14. November 1945 bis 1. Oktober 1946, veröffentlicht in Nürnberg 1948, genehmigte Sonderausgabe, Band 15 und 16 (in einem Band), Komet MA-Service und Verlagsgesellschaft mbH, Frechen, o. J., S. 580.

(Herr […] hat mit [der Zahl] sieben recht, aber für uns stehen nur fünf im Mittelpunkt), wir haben Ihnen gesagt, mit ›Amt 800‹ und dem Steiger haben Sie alle Schlüssel in ihren Händen. Suchen Sie diese Punkte auf, und Sie haben alle Lösungen zu den vielen jetzt nicht belegbaren Fragen. Doch denken Sie immer [daran], es gibt Leute, die nicht alles möchten und die Angst haben, Sie verraten Sachen der SS oder der Nazis, [dabei] sind es Sachen der Deutschen Wissenschaft. Bei diesen Menschen ist auch heute ein Leben gleich Null.

Nun habe ich schon wieder zuviel gesagt, was ich auch eigentlich nicht schreiben darf. Auch wir haben uns 1947 einen Eid gegeben, dieser besagt aber auch, zum Erhalt des Lebens, zum Zweck der Geschichte der Deutschen Wissenschaft und für die Richtigstellung der Geschichte ist jeder von uns verpflichtet, die Wahrheit zu sagen und im Notfall auch schriftliche Angaben zu geben.

So wünsche ich Ihnen allen viel Erfolg, […]

Alles Gute – Gott mit Ihnen.

Aus dem Krankenhaus

Ihre Maria W.«

Dieser Brief enthält zugegebenermaßen starken Tobak, insbesondere was den Punkt der Fortsetzung der Forschungstätigkeit durch die SS bis zum Jahre 1952 anbetrifft. Sollte so etwas wirklich möglich gewesen sein? Und falls ja, an welchen Experimenten oder Programmen wurde dann weitergearbeitet?

Wir wollen an dieser Stelle nicht verschweigen, daß in uns angesichts solcher Behauptungen, die wir durchaus für glaubhaft halten, die schlimmsten Befürchtungen aufsteigen, über die wir allerdings nicht öffentlich spekulieren wollen. Für den Fall aber, daß sich diese Dinge eines Tages als Wahrheit herausstellen würden, müßte man sich fragen, wer noch alles davon gewußt hat.

Wir hatten bereits darauf aufmerksam gemacht, daß es mehrere Hinweise gab, daß mit der Kapitulation der deutschen Wehrmacht im Mai 1945 die Tätigkeit bestimmter Organisationen im Dritten Reich noch nicht beendet war. Wir können uns ohnehin nur schwer vorstellen, daß bestimmte Kreise nach dem Zusammenbruch des nationalsozialistischen Systems nicht bemüht gewesen sein sollen, bestimmte Aktionen und Tätigkeiten fortzusetzen, wenn auch im geheimen. Man darf nicht vergessen, daß der Nationalsozialismus nicht nur ein politisches und wirtschaftliches System besonderer Art war, sondern vor allem durch seine Ideologie wirkte, die in einigen Aspekten fast religiöse Züge annahm. Die wirklich überzeugten Vertreter dieser Weltanschauung dürften sich nach dem Krieg kaum mit den neuen Verhältnissen arrangiert haben, und das um so weniger, als sie vielleicht wußten, daß es Entwicklungen gab, die ihnen die Weltherrschaft garantieren würden. Phantasterei? Vielleicht, vielleicht aber auch nicht. Wir wollen den Dingen ausnahmsweise nicht vorgreifen.

Zurück zum eigentlichen Thema. Die Briefe von Frau W. elektrisierten uns, und wir versuchten im Laufe der Zeit, für die Hinweise Belege zu finden, die sogenannten »belastbaren Beweise«. Trotz erheblicher Bemühungen unsererseits und der Unterstützung durch Mitrechercheure waren wir nur zum Teil erfolgreich. Die Leserschaft sollte in diesem Zusammenhang wissen, daß auch wir einer normalen beruflichen Tätigkeit nachgehen und unsere Recherchen auf die Freizeit beschränken müssen. Ein Thema, wie es die Suche nach der deutschen Atombombe darstellt, ist aufgrund der Natur der Sache nicht im Handumdrehen zu bewältigen, sondern vielmehr als Lebensaufgabe anzusehen. Allein für Vor-Ort-Recherchen, Zeugenbefragungen, Luftbildauswertungen und Archivrecherchen sind bereits Unmengen an Zeit und Geld aufgewendet worden, die das vielgerühmte »normale Maß« bereits bei weitem überschritten haben.

Wer da also glaubt, und dieser Hinweis geht sowohl an die interessierte Öffentlichkeit als auch an die Behörden, wir könnten den unwiderlegbaren Beweis innerhalb kürzester Zeit auf dem Silbertablett servieren, leidet an einer offensichtlichen Verkennung der Tatsachen. Die Entwicklung der deutschen Atombombe war ein hochgeheimes Projekt, das massiven Sicherheitsmaßnahmen unterlag. Die dazugehörigen Anlagen, selbst wenn wir ihren ungefähren Standort kennen, liegen viele Meter tief unter der Erde und sind nur mit entsprechend schwerer Technik zu erreichen, deren Einsatz Genehmigungen und viel Geld erfordert. Doch das ist nicht das alleinige Hauptproblem. Dieses besteht nämlich in der derzeitigen Gesetzeslage im Freistaat Thüringen, auf die wir im letzten Kapitel des Buches noch eingehen werden und die – unbemerkt von der Öffentlichkeit – vor nicht allzu langer Zeit nochmals verschärft worden ist.

Belastbare Beweise, welche die Existenz der deutschen Atombombe dokumentieren und über die von uns gelieferten Aussagen und Indizien hinausgehen, sind unseres Erachtens nur dann zu erbringen, wenn eine finanzierte Forschung zum Thema der deutschen Hochtechnologie im allgemeinen und der Nazi-Nuklearwaffe im besonderen den Raum für weitaus umfangreichere Nachforschungen schafft, als wir sie momentan erbringen können. Genaugenommen sollte die Bundesrepublik Deutschland ein Interesse haben zu erfahren, was sich in ihrem Untergrund verbirgt. Doch dieses Interesse besteht aus unserer Sicht nicht, denn entsprechende Untersuchungen würden nicht nur viel Geld kosten, sondern womöglich Dinge ans Tageslicht bringen, die sich politisch zum Alptraum auswachsen könnten. Zudem wissen wir seit einiger Zeit, daß bestimmte Behörden (die des Bundes und einer großen Militärorganisation) sehr wohl über die Dinge informiert sind, denn die Vertreter bestimmter Dienste sind erst vor kurzer Zeit dabei ertappt worden, wie sie bestimmte Messungen im Gebiet des Bittstädter Eulenberges und im Raum Wechmar durchführten. Peinlich, aber wahr! Auch davon wird (im letzten Kapitel unseres Buches) zu berichten sein.

Bei genauer Betrachtung ist der Versuch, die Wahrheit ans Licht zu bringen (und um nichts anderes geht es uns), mit dem berühmten Kampf von David gegen Goliath vergleichbar. Er scheint *im Moment* aussichtslos, doch wer die biblische Geschichte kennt, weiß, daß Goliaths Kräfte letztendlich ohne Belang waren, weil der gewitzte David Klasse gegen Masse setzte und eine Steinschleuder benutzte, mit der er den »unbezwingbaren« Riesen tödlich am Kopf verwundete. Nun mögen solche Analogien vielleicht etwas hinken, Fakt ist aber, daß bisher alle Versuche in der Weltgeschichte gescheitert sind, die Wahrheit zu unterdrücken. Oft ist es nur eine Frage der Zeit oder der Zufälle, bis diese sich Bahn bricht und jeder halbwegs intelligente Mensch begreifen muß, daß er von bestimmten Leuten, die eigentlich nur sein Bestes wollten, hinters Licht geführt wurde.

Selbstverständlich könnten wir derartige philosophische Betrachtungen noch vertiefen, doch halten wir es für besser, lieber weitere Zeugen zu Wort kommen zu lassen, denn jede Aussage, die bei uns eintraf, enthielt neue Details, die das Puzzle weiter vervollständigen.

Etwa zur selben Zeit, als uns das vor wenigen Absätzen vorgestellte Schreiben von Frau Maria W. erreichte, traf ein weiterer Brief ein, diesmal ohne jegliche Absenderangabe. Es ist für uns, darauf müssen wir hinweisen, durchaus nichts Ungewöhnliches, anonyme Post zu erhalten, wofür es nachvollziehbare Gründe gibt. Viele dieser Briefe passen, was die in ihnen niedergeschriebenen Informationen angeht, durchaus ins Bild und verraten oft Details, die sich mitunter erst nach langer Recherche als passend herausstellten. Im Endeffekt ist es eine Frage der persönlichen Überzeugung, Angaben in anonymen Briefen Glauben zu schenken oder nicht. Wir haben in vielen Fällen erfahren müssen, daß solche Angaben korrekt waren, manchmal sogar unangenehm korrekt. Aus diesem Grund sehen wir uns veranlaßt, auch solche Darstellungen zu veröffentlichen, zumal wir der festen Überzeugung sind, daß unsere Leserschaft mündig genug ist, um sich im Zuge der freien Meinungsbildung ein eigenes Bild von den Vorgängen zu machen.

In einem an Herrn Mehner gerichteten Brief, den wir gerade eben erwähnten, meldete sich eine Person mit erstaunlichen Detailkenntnissen. Sie verriet uns aufgrund der Art der von ihr gegebenen Informationen, aus welchem Umfeld sie stammte, und gab uns zudem einen Hinweis, welchen Namen sie bis zum Kriegsende trug. Das zugegangene Schreiben lautet wie folgt:

»Aus einer Stadt der BRD
im Juli 2001

[...] zu dem Buch ›Das Geheimnis der deutschen Atombombe‹ kann ich nur meinen persönlichen Glückwunsch aussprechen [...] – [...] hat Mut. Ich habe diesen Mut nicht und habe auch heute noch im Alter von 86 Jahren die große Angst, etwas zuviel zu sagen. Deswegen kann ich Ihnen auch meinen Wohnort in

der großen/kleinen BRD nicht mitteilen; auch dieses Schreiben wird ein Freund in Erfurt der Post übergeben. Mein Sohn, der dies niederschreibt, weil ich es nicht mehr kann, sagt: ›Vater, willst Du nicht in der Ruhe der Zeit sterben?‹ Ich kann es nicht, meine Seele sagt immer: Wir haben etwas geleistet und wir hatten den Mut, und mit Speer auch einen Mann, der gezeigt hat, daß Hitler den Krieg verloren hatte und mit der A- und U-Bombe die Welt und die Menschheit vernichtet hätte, ohne zu [be]denken, wieviele Menschen es dann nicht mehr auf dieser Erde gegeben hätte.

Sie müssen jedoch einige Dinge im Buch etwas anders sehen, die waren viel direkter. Dabei kann ich nur aus meiner Tätigkeit beim Forschungsrat der Deutschen Reichspost, erst unter v. Ardenne, dann unter Diebner und unter Kammler, berichten.

Hitler kannte nicht die gemeinsame Arbeit von SS-Forschung und Forschungsrat und ab Ende 1944 auch mit den Japanern direkt. Dies alles hat er erst im März 1945 erfahren, als er im FHQu ›Burg‹ bei Arnstadt war und Speer zu allem ›Nein‹ sagte. Hitler hat ab dieser Beratung Speer nicht mehr gesehen noch einmal mit ihm gesprochen.[104] *Speer hatte jedoch einen Fehler gemacht, er sprach vor Nürnberg bereits mit dem britischen Geheimdienst, und so durfte Speer zwar leben, aber seine Zelle in Spandau nie verlassen. Er hatte die Wahrheit gesagt, und dies hätte die USA auf die gleiche Stelle eines Hitler-Deutschlands gesetzt.*[105]

---

(104) Dieser Hinweis widerspricht den offiziellen Darstellungen, wonach Hitler und Speer einander im April 1945 trafen.

(105) Auf die besondere Rolle Albert Speers wies bereits Hans Rittermann hin. Demnach war es Speer, der mit Rückendeckung anderer führender Köpfe des Dritten Reiches den Einsatz der Wunderwaffen »sabotierte« und damit wahrscheinlich Millionen Menschen das Leben rettete. Freilich tat er das nicht uneigennützig, sondern nach Aussage anderer Zeitzeugen hatte er zusammen mit SS-Obergruppenführer Kammler und Vertretern des deutschen Widerstands einen alternativen Plan entwickelt, Deutschland vor der bedingungslosen Kapitulation zu bewahren und ein sogenanntes »Viertes Reich« zu errichten, wobei allerdings Hitler und einige andere geopfert werden mußten.
Inwieweit Speer mit dem britischen Geheimdienste in Verbindung stand, ist derzeit unklar. Was hinter der Bemerkung steckt, Speer habe die Wahrheit gesagt »und dies hätte die USA mit Hitlerdeutschland auf eine Stufe gesetzt«, bleibt im Dunkeln.

Zum Buch: Kapitel 5 ist richtig. Nur müssen Sie wissen, daß Herr Dr. Diebner mit einer Frau Röbling mehr als befreundet war. Der Mann von Frau Röbling hatte eine kleine Horn-Herstellung hinter der Wohnung des Oberbürgermeisters Arnstadt, Huhn. Sie hatte angeblich mit Röbling auch zwei Söhne gehabt, dies ist falsch, der wirkliche Vater war Diebner. Diebner wußte auch genau, daß diese Frau, seine Geliebte, eine Agentin des britischen Geheimdienstes war, allerdings wußte er nie ihren Namen, den sie gegenüber den Briten verwendete. Er sagte: ›Die Frau macht mich noch verrückt mit ihrer Arbeit für die Briten, doch sie ist so schön, daß ich mein ganzes Leben mit ihr verbringen könnte, da könnte ich den Nationalsozialismus sogar aufgeben.‹

Seite 111: Die Herren Teichmann, Dr. Büdewald[106]*, Dr. Schäfer und Frau Dr. Neide von den Skoda-Werken waren beim Abschuß der großen A9/A10 in der Polte bei Rudisleben dabei.*

Seite 149: Das Kaiser-Wilhelm-Institut *hatte eigentlich drei Herren: das Heereswaffenamt, den Forschungsrat der Reichspost und Manfred von Ardenne. Alle haben aber ab Beginn des Objektbaus in Ohrdruf – ›Amt 10‹ – mit der SS an einem Ziel gearbeitet.*

Seite 168: Kammler hat nie Selbstmord begangen, er lebte sehr gut in der ČSSR, mit Wissen der Amis und Russen, die Kammlers Lebensunterhalt gut bezahlten. Sein Adjutant hat Kammlers Tagebuch Seite für Seite an die Amis für Dollars ver-

(106) Dr. Teichmann und Dr. Büdewald arbeiteten als Entwicklungsingenieure im Zweigwerk Pribans der Firma Skoda am Projekt einer großen Pulverrakete mit der Bezeichnung V 101. Bei 30 m Länge und 2,8 m Durchmesser sollte diese Dreistufen-Rakete etwa 140 t wiegen. Über weitere technische Daten ist nichts bekannt, da die Unterlagen »spurlos« verschwanden. Es ist allerdings davon auszugehen, daß diese Rakete eine Distanz von über 2000 km hätte zurücklegen können, was gegenüber der Leistung der V-2 ein deutlicher Fortschritt gewesen wäre. Siehe hierzu auch: Fritz Hahn: Waffen und Geheimwaffen des deutschen Heeres 1933–1945, Band 1 & 2 (Sonderausgabe in einem Band), 3. Auflage, Bernard & Graefe Verlag, Bonn 1998, S. 180/182 im Band 2.
Die Anwesenheit der Skoda-Ingenieure könnte etwas bedeuten: Entweder bestand SS-Obergruppenführer Kammler, der auch Pribans kontrollierte, auf einer Teilnahme »seiner« Raketenexperten an dem Start der A9/A10-Großrakete, oder hier wurde die V 101 getestet, die sich möglicherweise ebenfalls hinter der Bezeichnung A9/A10 alias V-3 verbarg.

kauft. Für Kammler gab es nur einen Zonengeneral Schörnig, [...] wie der in einer Uniform bei der DDR-Botschaft war, gab der Botschafter der DDR den Botschaftern der BRD, USA, Japans und dem FMdI der ČSSR eine Warnung vor dem lieben Freund Schörnig, und Kammler konnte diesen ohne Probleme umgehen. Dabei muß man dem FMdI der ČSSR ein Lob aussprechen. Die [Mitarbeiter] zeigten diesem Schörnig eine Person, die Kammler war, es war aber ein Angehöriger des FMdI.[107]

Seite 173: Es ist falsch, zwischen 25 000 und 30 000 Gefangene vom Außenlager Ohrdruf. Von Ohrdruf aus waren 22 000 Häftlinge im Einsatz, dazu kamen in Luisental ca. 8000, in Espenfeld ca. 5000 und im Gottesholz 2000, im MDW ca. 2500. Im Berg an den Objekten arbeiteten in der Zeit von 1936 bis 1945 ca. 65 000 Häftlinge.[108]

Seite 177: Im September 1944 wurden der Oberbürgermeister von Arnstadt, Huhn, und sein Bauamtsleiter Dr. Elbracht nach Weimar befohlen, ihnen wurde nicht nur das FHQu mitgeteilt, sondern, daß Arnstadt Reichshauptstadt wird und der neue OB der Reichshauptstadt [...] wird.

Im Schutz- und Trutzgau Thüringen, mit der Reichshauptstadt Arnstadt und dem FHQu nahe bei Arnstadt, werden 25 Orte einbezogen, wo Dienststellen untergebracht werden.

Seite 202: Es ist richtig, daß Dr. Berkei in Stadtilm verblieb, dazu hatte der erkrankte Mensch den Befehl erhalten. Sein Leben wurde damals mit wenigen Tagen Dauer eingeschätzt. Er

---

(107) Offiziell gilt Kammler seit dem Kriegsende als verschollen. Es heißt, er habe sich selbst getötet oder sei erschossen worden, während Hans Rittermann und andere behaupteten, Kammler habe den Krieg überlebt. Die obige Aussage, die wir für glaubwürdig halten, impliziert, daß Kammlers Weiterexistenz nach dem Krieg bestimmten Personen, u. a. den Vertretern einiger Botschaften, bekannt gewesen ist. Die ČSSR-Behörden sahen sich sogar zu einem Täuschungsmanöver veranlaßt, als Schörnig Kammler auf die Spur gekommen war. Falls nur ein Fünkchen Wahrheit an dieser Aussage sein sollte, bedeutet das, daß ein nachweislicher Kriegsverbrecher, der für den Tod tausender KZ-Häftlinge verantwortlich zeichnete, gedeckt wurde, um sich seines Wissens zu bedienen. Dieser Umstand würde erklären, warum Kammler nach dem Krieg nicht gesucht wurde, obwohl Amerikaner, Russen und Briten genauestens über seine Aktivitäten unterrichtet waren – von der moralischen Verkommenheit bestimmten »Vertreter der Demokratie« ganz zu schweigen.

(108) Nochmals 9000 Menschen mehr, als Hans Rittermann angab.

hatte ja auch so eine Glasknochenkrankheit: daß er noch so lange leben würde, hätte keiner gewußt. Leider hat er dann ja auch mit den Russen einige Dinge gemacht.

Seite 212: Alle Sachen mit SS-Standartenführer Mühlheim sind richtig. Leider war Mühlheim 1968, [verursacht] durch seine Frau, auf einem Tiefpunkt (auch in Geldangelegenheiten). Er machte einen großen Fehler mit diesem (schon wieder) Schörnig. Im Vortrag gab er ein Geheimnis gegenüber unserer Verpflichtung auf. So sprach er über die Ämter und zeigte das ›Amt 800‹ auf – ein Fehler gegenüber ALLEN. Er mußte sterben, ob in deutschen, russischen oder amerikanischen Händen. ›Amt 800‹ ist der Schlüssel zu allen Objekten[109]*, ob ›Burg‹, ›Siegfried‹, ›Jasmin« oder ›Olga‹.*

Seite 226: Peter Fritsch gehörte nicht zum TENO, er gehörte zum SD. Seine Aussage bei der SED [in] Leipzig war mit uns abgesprochen und ist bis auf zwei Angaben voll richtig.

Seite 231: Horst Wedtler gehörte zur Forschungsgruppe v. Ardenne und war in Dresden, dann im Auftrag v. Ardenne in Frankreich tätig. Die Stollenangabe ist richtig.

Seite 240: Dipl.-Ing. Dr. Freier war an den genannten Objekten im Baustab, jedoch mit dem Objekt ›Siegfried‹ hatte er nichts zu tun. Alle Angaben sind richtig, vor allem der 4. März 1945, hier wurde die erste Bombe gezündet. Nur liegt hier bei den Häftlingen ein Fehler vor, nicht 180, sondern 680 Häftlinge und ca. 18 SS-Leute hatten Brandstellen. Sie wurden alle, auch die SS-Leute, erschossen und dem Feuer oberhalb von Ringhofen übergeben.

Anmerkungen: Es gibt über die Häftlinge keine Angaben, nur einige vom MDW, alle [Unterlagen zu] Eingänge[n] oder Rückführungen mußten nach Eingang vernichtet werden. Nach 1945 wurden alle Häftlinge, die S III/B III überlebt haben, erschos-

---

(109) Frau Maria W. behauptete, »Amt 9« sei der Schlüssel für die Lösung aller Geheimnisse, während hier nun »Amt 800« genannt wird. Das scheint ein Widerspruch zu sein, ist jedoch keiner. »Amt 9« war mit hoher Wahrscheinlichkeit die Kommunikationszentrale, von der aus Leitungen zu allen wichtigen unterirdischen Objekten verlegt waren, während »Amt 800« die eine zentrale Rolle spielende Forschungsanlage war, von der aus wahrscheinlich der ungehinderte Zugang zum Objekt »Burg« möglich war. Die Identifizierung der einen oder anderen Anlage würde nicht mehr bestreitbare Tatsachen schaffen.

sen, ebenso in Ungarn, Polen und auch durch die Amis in Deutschland und Frankreich. Es durfte keine Lebenden geben, die direkt am Objekt gearbeitet hatten.[110] *Auch von den SS-Leuten und Häftlingen, die bis Anfang 1953 in einem Objekt für Russen und Amis noch arbeiten durften.*[111] *Die SS-Leute haben ja noch 1952 Uniform getragen.*

Sie sehen, bei allen Angaben von Freier finden sie ›Amt 800‹ nicht, wer heute ›Amt 800‹ hat, kann der Deutschen Wissenschaft zum Sieg verhelfen und die Unmenschlichkeit der USA aufzeigen, die 1945 getan wurde, und wie die USA auf der Grundlage der Deutschen Wissenschaft zur Weltmacht wurde. Es gibt viele Dinge, die Sie im Buch nicht aufgezeigt haben. Vielleicht haben Sie die Unterlagen und Gesprächspartner nicht. [...]

Sie haben nichts zum Aufenthalt Hitlers im FHQu geschrieben bzw. [dies] nur kurz genannt. Auch über Speers Tätigkeit in Wechmar und Arnstadt zum Halt der Bombe habe ich nichts gefunden. In Wechmar hat ein Nazi Jörbs oder Körbs viel getan für Speer und seine Beratungen im ›Löwen‹ und in Sophienbrunn. [...]

Als wir 1958/64/68/75 und 79 im Gebiet im Objekt waren, kann ich nur sagen, es war alles in bester Ordnung und auch alles gebrauchsfähig.

Sie sehen, Sie können noch einige Bücher herausgeben, falls Sie den Mut haben und Sie vom Geheimdienst der Amis, Juden und der BRD in Ruhe gelassen werden. Wer ihnen auch immer hilft, er steht mit einem Bein im ... oder bekommt Schwierigkeiten. Es gibt nicht nur Freunde auf dieser Welt. Die Amis und die Juden haben ab 1945 an unserer Deutschen Wissenschaft verdient zum Ärger für uns, die wir die Dinge erarbeitet und erforscht haben.

---

(110) War damit das Objekt »Burg« gemeint?

(111) Dieser Satz ist in seiner eigentlichen Bedeutung unklar. Er *könnte* bedeuten, daß auch diese Personen von den Alliierten liquidiert wurden. Es scheint, daß Amerikaner und/oder Russen ein außerordentlich bedeutsames Objekt eingenommen hatten, das die entsprechenden Maßnahmen rechtfertigte. Über die Existenz weiterer Anlagen mit ähnlicher Bedeutung schienen sie nicht unterrichtet zu sein. Vielleicht glaubten die Alliierten, mit einem aufgefundenen Objekt die gesamte Forschung identifiziert zu haben, was allerdings der deutschen Mentalität zur Dezentralisierung wichtiger Forschungs- und Produktionsanlagen widersprach.

Ein Schlüssel für Sie liegt auch noch im Steiger-Wald, machen Sie diesen doch auf, und keiner kann Ihr Buch anzweifeln oder sagen, dies war nicht so.

Nochmals alles Gute und auf ein Neues!

[...]«

Nur wenige Tage, nachdem dieser wirkliche bemerkenswerte Brief eingetroffen war, erreichte Herrn Mehner ein weiteres Schreiben, das von einer Person stammte, die sich mit vollem Namen meldete. Sie erzählte von den Erlebnissen bei Kriegsende, die sie zusammen mit dem längst verstorbenen Onkel hatte. Der Brief sorgte, wir wollen das nicht verschweigen, später für einige Konfusionen, weil der im Brief genannte Onkel einen Namen trug, der – so wurde zwischenzeitlich ermittelt – für zwei Personen im Umfeld derselbe war. Unglücklicherweise hatten die beiden sogar noch eine Pilotenlaufbahn eingeschlagen. Um einem Herrn, der aufgrund dieser unfreiwilligen namentlichen Doppelgängerschaft schon einige Erklärungen abgeben mußte, weiteren Ärger zu ersparen, verzichten wir an dieser Stelle auf die öffentliche Namensnennung. Der Name des Absenders wie auch des Onkels kann aber im Zuge einer wissenschaftlichen Erforschung der Vorgänge im Raum Wechmar jederzeit offengelegt werden.

Der Brief ließ folgendes wissen:

»*Sehr geehrter Herr Mehner,*

durch [...] habe ich Ihre Anschrift erhalten und möchte Ihnen einige Dinge über meinen Onkel [...] mitteilen. Er gehörte mit einigen Kameraden zum Segel- und Erprobungstrupp der Flugkräfte am Rhönberg bei Gotha. Dort wurden ab 1937 Flugübungen durchgeführt. Einmal, damit keiner etwas merkte, mit Segelflugzeugen der HJ, wobei die Erprobungspiloten auch ab und zu mit den Segelflugzeugen fliegen mußten. Ansonsten wurden aber hier Flugzeuge, sogenannte Gleitflügler, die aus Gotha, Dessau und Luisental waren, erprobt und Gleittests durchgeführt. Mein Onkel hatte mich sogar einige Male mitgenommen. Der Start[ort] dieser Flugobjekte war der Rhönberg – die Landung erfolgte auf der Autobahn bei Mühlberg. Dort waren Kräfte, welche die Dinger gleich in Autos verbrachten und wegfuhren. Diese Flugzeuge hatten manchmal nichts mit Flugzeugen zu tun, es fehlte der Schwanz oder die Spitze, das Leitwerk war manches Mal aus mit schwarzer Farbe bestrichenem Alu. Die Piloten waren zum Teil bei den Versuchsflügen im Sophienbrunn untergebracht, dazu einige Aufnahmen.

Nun zu einigen Angaben des Sophienbrunnens, die für ihre Forschung ja auch zu beachten sind. Der Brunnen war eine Hochburg der Nazis. Das Haus und der ausgedehnte Garten wurden von Walter Viau, einem ganz großen Nazi, zu allen Schweinereien dieser Menschen genutzt. Nicht nur SS-Größen hielten hier ihre Feste ab, und Häftlinge mußten unter Viau leiden. Sie wurden von ihm geschlagen und auch einige erschossen. Weibliche Häftlinge mußten die SS-Menschen nackt bedienen und ...willig sein. Zum anderen waren hier die SS-Menschen, die bei der Entwicklung der Bombe die Versuche machten und die ihren Baustab auf der Klipper hatten.

Hier wurden die deutschen Siege von der SS gefeiert und auch die Versuchserfolge bei der Forschung der SS. Die zivilen Forscher durften das Haus nicht betreten, wenn diese da waren, wurde im Garten gesprochen, es durfte sich auch kein Häftling zeigen. Im Winter waren die Gespräche im Wintergarten. Die zivilen Forscher waren von der Reichspost, dies ging aus den Fahrzeugkennzeichen hervor.

Im Schuppen hinter dem Haus waren ganz geheime Dinge, diese wurden Tag und Nacht von einigen SS-Menschen bewacht. Einer sagte uns einmal, darin würden Häftlinge mit besonderen Lichtquellen bestrahlt, und man würde damit etwas zum großen Sieg tun für unseren Führer. Wir haben gesehen, daß immer wieder neue Häftlinge gebracht wurden, aber haben nie gesehen, daß auch Häftlinge wieder weggebracht wurden. Jede Woche fuhr aber ein Auto mit großen Säcken von hier nach Buchenwald.

Bei den SS-Menschen waren auch einige Ärzte öfters mal im Haus dabei.

Am 6. [oder] 7. [oder] 8. März 1945 war ein ganz schrecklicher Tag. Einmal hatten die Leute in der Umgebung fast alle Kopfschmerzen und Nasenbluten, und die SS-Menschen waren sehr besorgt um einige von ihren Leuten, es war etwas bei der Forschung daneben gegangen. Am 8. März lagen neben dem Haus

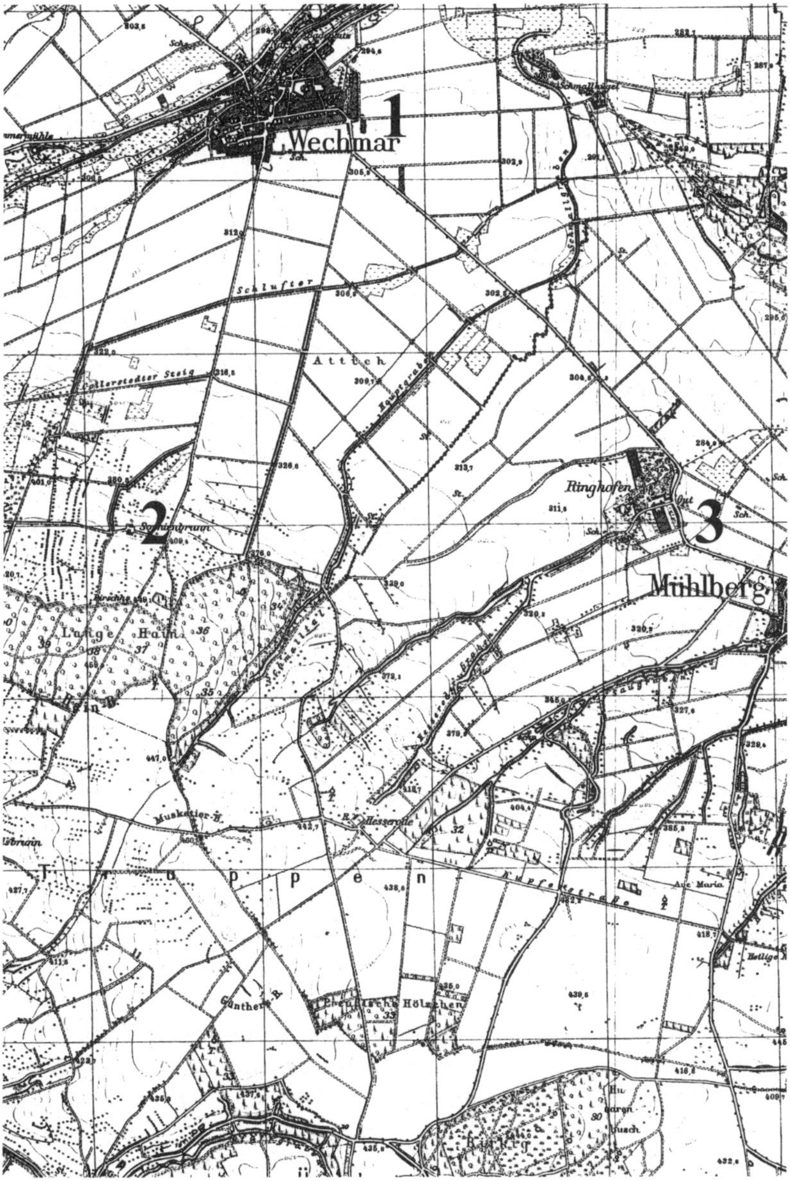

Südlich von Wechmar (1), am nördlichen Rand des Truppenübungsplatzes Ohrdruf, liegt Sophienbrunn (2). Östlich davon befindet sich (Gut) Ringhofen (3).

einige SS-Menschen tot da. Wir glaubten an einen Unfall, doch Max [?] *sah, daß diese alle im Kopf Einschüsse hatten, und bei einigen waren von ihrer Uniform und ihrer Haut nur noch Fetzen da. Die Leute, die sie dann auf einen LKW laden mußten, wurden am Abend von den SS-Menschen am Stieg erschossen und am anderen Tag auf einem Haufen verbrannt. Wir wußten nicht, was da los war, auf jeden Fall muß noch so ein Versuch stattgefunden haben, man sprach von den Menschenhaufen, die bei Ringhofen verbrannt worden sein sollten. Man sagte, es wären russische Unmenschen gewesen, die nicht lebenswert seien.*

Danach waren am Brunnen nur noch wenige Häftlinge. Zwischen Viau und dem Nazichef von Wechmar war es am 10. März 1945 zu einem heftigen Streit gekommen, Viau zog sogar gegen Körbs damals die Waffe. Die beiden haben ab da nicht mehr [miteinander] gesprochen, noch haben sie sich mit dem Hitlergruß gegrüßt. Wir haben dann erfahren, daß Körbs mit Speer einige Absprachen durchgeführt hat, die Viau gegen seinen Willen gingen, selbst mit dem SS-Dr. Kammler hat sich Viau überworfen; wir können aber nicht sagen, worum es ging.

Als die Amis nahe am Brunnen waren, war Viau einer der ersten, den die Häftlinge umbrachten, die waren da noch schneller als die Amis. […]

Mein Onkel hat dann, als die Amis da waren, seine große Zeit gehabt. Er konnte den Amis doch einige Flugzeuge verkaufen, die er zum Kriegsende versteckt hatte. So hatte er eines der großen Geheimflugzeuge in der Scheune bei der Autobahn gehabt und zwei Flugzeuge ohne Heck mit der schwarzen Farbe. Die Amis gaben dafür viele, viele Dollars. Der Sophienbrunn wurde von den Amis bewacht, bis einige hohe Leute von Kassel hier waren, dann wurden alle Dinge in der Scheune abgebaut und mit LKWs weggebracht, auch die Häftlinge aus der Scheune wurden gleich von den Amis mitgenommen.

Als die Russen da waren, war alles weg oder alles versteckt.

Ich hoffe, Ihnen einiges gesagt zu haben, meine Gedanken sind auch nicht mehr jung, bin nun auch schon 75 Jahre alt, aber danke für Ihr Buch, darin ist so viel Wahrheit.

W.«

Dieser Brief war für uns ein weiterer deutlicher Hinweis, daß sich Anfang März 1945 etwas ganz besonderes auf dem Platz ereignet haben mußte, bei dem zahlreiche Häftlinge, aber auch einige SS-Leute ums Leben gekommen waren: der von uns vermutete und durch Zeugenaussagen bestätigte Test einer Kleinst-Atomwaffe.

Interessant sind auch die Hinweise zu Geräten, mit denen die unglücklichen Häftlinge bestrahlt bzw. getötet wurden und die uns an die vieldiskutierten Todesstrahlen, eine andere deutsche Wunderwaffe, erinnern, die vielleicht auf kurze Distanzen eingesetzt werden sollte.

Sophienbrunn war aufgrund seiner unmittelbaren Lage am nordwestlichen Rand des Truppenübungsplatzes Ohrdruf perfekt geeignet für geheimzuhaltende Treffen und Versuche. Und daß Walter Viau ein zweihundertprozentiger Nazi war, wurde uns im Verlauf mehrerer Gespräche, die wir in Wechmar führten, mehrfach bestätigt. Kurios war, daß Viau in den 1930er Jahren als Fremder genau an diesen Ort kam, der sich zwar nicht am Ende der Welt, aber doch abseits dörflicher Beschaulichkeit befand. Wir glauben, daß das kein Zufall war, sondern von langer Hand vorbereitet wurde.

Das Bild der Ereignisse vervollständigte sich mehr und mehr. Ein Baustein gelangte zum anderen, wenn auch oft nur nach mühseligen Recherchen, bei denen uns die brieflichen Informationen sehr halfen. Dann blieb es mehrere Monate ruhig, bis im Oktober 2001 weitere briefliche Aussagen eintrafen, von denen sich eine auf die Ereignisse bei Wechmar bezog. In dem Schreiben, das die vorgenannte Aussage sinnvoll ergänzt, hieß es unter anderem:

»[...] vor einigen Monaten erreichte uns ein Schreiben von Dr. Hans Rittermann aus dem Luxushotel der Stadt Jerusalem mit der Bitte, mein Vater solle Ihnen ohne Nennung seines ehemaligen Namens einen Bericht zum 28. März 1945 übergeben. Nun, leider konnte ich Herrn Dr. Rittermann nicht mehr erreichen in Jerusalem, da er leider verstorben ist. Mein Vater, er wurde immerhin 94 Jahre alt, lag zu dieser Zeit im Krankenhaus, als die Bitte von Dr. Rittermann hier vorlag. Mein Vater gab trotz seiner Krankheit (Knochenkrebs) keine Ruhe und über-

gab mir einen handschriftlichen Bericht. Dieser Bericht ist das letzte Schreiben meines Vaters, aus diesem Grunde gebe ich es nicht aus meinen Händen und fertige davon diese Abschrift an.

Abschrift eines Berichtes von Herrn Dr. [...] am 26.09.2001 im Krankenhaus [...], aufgeschrieben und durch Unterschrift bei klarem Verstand auch gesiegelt. Beglaubigt durch einen Rechtsanwalt und [...].

Gemäß der Bitte von Herrn Dr. Hans Rittermann, ehemals Leiter beim Forschungsrat der Deutschen Reichspost, gebe ich folgenden Bericht zum 28. März 1945 ab.

Vom SS-Bauleiter Dr. Kammler erhielten wir den Befehl, am 27. März 1945 auf dem Rhönberg bei Wechmar sechs Flugzeuge für einen längeren Flug flugfähig zu machen. Dazu mußten die Flugzeuge mit der neuen schwarzen Tarnfarbe versehen werden. Die HJ des Ortes Wechmar und [des Ortes] Seebergen war auf diesem eigentlichen HJ-Schulflugplatz mit einem alten Schulgleiter beschäftigt.

Ich schickte einige HJler mit einem SS-Fahrzeug ins Mitteldeutsche Werk nach Arnstadt, um dort einige Eimer der Farbe[112] *herzubringen, andere mußten in die Polte, um Gummimatten für die Zusatztanks herzubringen. Von der Klipper hatte die SS einige Häftlinge gebracht, diese mußten dann die Flugzeuge mit der schwarzen Farbe bestreichen mittels Handfegern; Pinsel gab es keine mehr.*

Ich war mit meinen 14 Häftlingen, die alle Flugtechniker waren, beschäftigt, die Gummimatten um die Zusatztanks zu bringen. Gegen 16 Uhr erhielt ich von der SS-Zentrale den Befehl, auf dem Feldflugplatz Eichfeld/Bittstädt die Maschinen für Hitler und Speer flugfähig zu machen. Gleichzeitig war aber auch ein Befehl aus der Zentrale des FHQu eingegangen, wo ich mit zwei Flugzeugtechnikern (Häftlinge) die Maschinen zur Autobahn bringen sollte; dieser Befehl war von Dr. Kammler unter-

---

(112) Aufgrund des im Kapitel »Was wußten die DDR-Behörden?« aufgezeigten Zeugenprotokolls aus dem Jahre 1962, das auf Basis einer Aussage einer Person aus Arnstadt erstellt wurde, die einen Eimer dieser Farbe bei Aufräumungsarbeiten in den Hallen des Mitteldeutschen Werkes fand, was bei den Amerikanern zu ungewöhnlichen Reaktionen führte, ist davon auszugehen, daß es sich um einen Tarnanstrich mit radarabsorbierenden Eigenschaften handelte.

zeichnet. So gab ich einem SS-Fahrer den Befehl, meine zwölf Häftlinge, sie trugen übrigens keine Häftlingskleidung, sondern normale Felddienst, zum Feldflugplatz zu bringen. Ich konnte mich auf diese Leute voll verlassen, da es ihnen, gegenüber den anderen Häftlingen, sehr gut ging, sie gute Verpflegung, Unterkunft, keine Zählungen hatten und auch nicht geschlagen wurden. (Mit einigen hatte ich bis 1994 noch enge Verbindungen.)

Die sechs Flugzeuge wurden von den Häftlingen und der HJ auf Transporthängern zur Autobahn gebracht. Die HJ mußte entlang der Autobahn Fackeln ins Erdreich stecken.[113] *Gegen 19 Uhr gab es Fliegeralarm, die SS sagte, es wäre keiner, es sei ein Sicherheitsalarm für die Flugzeuge. Die HJ mußte die Fakkeln anzünden.*

Mit einem SS-Fahrzeug wurden sechs Flieger gebracht, die eine Lederbekleidung ohne Rangabzeichen trugen. Die Hoheitszeichen an den Flugzeugen mußten von meinen beiden Leuten noch schnell schwarz überstrichen werden. Dann brachte die SS in Personenautos ca. 12–14 Japaner, welche ja eigentlich auf der Burg in Elgersburg untergebracht waren, dazu stiegen in die Flugzeuge zwei deutsche Wissenschaftler vom Stab von Ardenne und eine Frau vom Reichsstab der Forschungsgruppe der SS, die sehr gut japanisch sprechen konnte.[114] *Ein Japaner stieg nochmals aus und ging zu jedem, sagte ›Danke‹ und gab uns etwas aus Metall.*

Die Flugzeuge gingen schnell hoch in die Luft. Erst jetzt bemerkte ich, daß rechts und links der Autobahn überall die SS-Gebirgsjäger waren. Mit meinen beiden Häftlingen ging ich zu meinem Auto, um zu unserem Feldflugplatz zu fahren, doch ein SS-Kradfahrer sagte, es ginge auf keinen Fall. Die SS setzte sich plötzlich in Richtung Wechmar in Bewegung und war mit einmal weg. Es gab erneut Fliegeralarm, und es war nun schon gegen 22.30 Uhr. Ich nahm noch ca. sieben HJ-Leute mit und fuhr in Richtung des Rhönberges. Auf dem Fliegerhorst waren noch zwei HJ-Leute und der Nazibürgermeister Körbs. Er sagte

---

(113) Kann sich eine Person aus dem Umfeld von Wechmar, die damals Mitglied der Hitlerjugend (HJ) war, an diese Ereignisse erinnern bzw. war an ihnen beteiligt?

(114) War diese Person Frau Maria W. alias Erika L., die nach eigener Aussage bis 1979 in Japan lebte?

nur, »die armen Menschen, die haben nur ihre Arbeit verrichtet«. Da sah ich im Licht meiner Autoscheinwerfer die erschossenen Häftlinge liegen, die vor einigen Stunden die Flugzeuge bestrichen hatten. Ich fragte, wer es war, Körbs sagte, die SS-Gebirgsjäger. Es waren ca. 60–100 erschossene Häftlinge. Einer meiner Häftlinge sagte mir, einer unter den Häftlingen sei ein Arzt aus Bilau, einem Nachbarort von Kreuzburg, den er kenne. Ich sagte ihm schnell, er soll sich nicht verraten, da er ja ein Häftling sei.

Vor Wechmar hatte die SS Sperren errichtet. Aufgrund meines Ranges und meines Dienstausweises konnten wir in den Ort, Körbs sah erstmalig, daß eine Uniform bei der SS nichts ausmacht, nur Befehl, Dienstrang und Ausweis sagen etwas. Körbs nahm uns zu sich, dort waren bereits zwei Männer aus dem Ort, die Körbs etwas sagten, dabei hörte ich nur von drei Autos und ›die Frau schläft im Gasthof‹ und Hitler könne nicht informiert werden.

Wir erhielten etwas zu essen und auch eine Schlafstätte, da war plötzlich die SS im Haus und auch mein Freund, Dr. Hans Rittermann; er war mit dem eigenen Stabswagen von Dr. Kammler in SS-Begleitung [gekommen] (ein Auto SS-Gebirgsjäger und ein Auto SS-Elite). Er sagte, er habe noch zwei meiner Leute mit, und die SS-Gebirgsjäger würden uns nach Stadtilm bringen. Speers Flugzeug mußte in Stadtilm landen, da hätten einige daran etwas verschraubt, ich soll mich beeilen. Wir bedankten uns bei Körbs, dabei konnte ich feststellen, daß Hans diesen Körbs gut kannte, er sagte ›Hast Du die Eva gut in Deinem Gasthof untergebracht?‹ und lachte, ›Der große Braune wird von seinen Leibärzten behandelt, er hat noch einen Anfall bekommen‹.

In Stadtilm machten wir uns gleich an die Maschine von Speer und mußten feststellen, daß jemand an die Spritleitung Hand angelegt hatte, aber Speer hatte ja einen sehr guten Piloten gehabt, der gleich merkte, daß an dem Flugzeug etwas nicht in Ordnung war. Am Morgen ging dann Speer mit seinem Flugzeug Richtung Berlin in die Luft. Er sagte: ›Na, habe ich Sie vom Essen mit der Eva Braun vom Tisch geholt?‹ Ich sagte nein, ich hätte keine Frau Braun gesehen. Er sagte: ›Na, da haben Sie auch nichts verpaßt.‹ Er bedankte sich bei mir und den Häftlingen mit der Bemerkung: ›Arbeiten Sie heute besonders langsam und genau bei der Maschine des Führers, der wird heute immer noch um seine Wunderwaffe heulen.‹

So der Bericht zum 28. März 1945.«

Der Sohn des Zeugen ließ uns abschließend wissen:

»Ich möchte Sie noch darauf aufmerksam machen, daß mein Vater vereidigt worden ist auf Lebenszeit und ich auch diesen Eid als Sohn im Namen meines Vaters zu Ehren der deutschen Wissenschaftler und Techniker in Ehren halten werde. So gab ich ihm auch das Versprechen, sein Schreiben an Sie zu geben.

In diesem Sinne
[...]
Ihr [...]«

Angesichts derartiger Berichte von Zeugen, die in völligem Gegensatz zu dem stehen, was die etablierte Geschichtsschreibung behauptet, ist man schnell versucht, das Ganze als Desinformation oder Erfindung abzutun. Es steht außer Frage, daß viele Experten, die diese Aussagen lesen, nur den Kopf schütteln werden, denn das ist allemal leichter als die eigenen Denkmodelle zu hinterfragen, was eigentlich Aufgabe eines jeden wissenschaftlich arbeitenden Fachmanns sein sollte. Statt dessen sind viele Behauptungen in bezug auf die Zeitgeschichte in den Jahrzehnten nach dem Krieg zementiert worden und gelten mittlerweile als unumstößliche »Wahrheiten«.

Fakt ist aber, daß die neuen Informationen über den Ablauf der letzten Kriegsmonate und -wochen in Thüringen mittlerweile so zahlreich sind, daß man sie unmöglich mehr ignorieren kann, zumal sie plausible Antworten auf seit Jahre und Jahrzehnte bekannte Merkwürdigkeiten und eine Vielzahl offener Fragen geben. Gewiß, bisher ist nicht geklärt, ob Hitler zu den genannten Tagen tatsächlich im AWO-Raum weilte. Bisher hieß es, Hitler sei zu dieser Zeit in Berlin gewesen, was von Personen aus seinem Umfeld bestätigt wurde und wird. Daß da aber irgend etwas nicht stimmen kann, ist ganz offensichtlich.

Bisher konnte auch kein Beweis erbracht werden, daß auf dem Truppenübungsplatz Ohrdruf am 4. März 1945 tatsächlich eine Atomwaffe gezündet wurde. Wir werden in einem gesonderten

Kapitel aufzeigen, warum dem so ist, wollen aber wenigstens an dieser Stelle schon im Vorgriff auf das Kommende erwähnen, daß alle Kritiker von falschen Voraussetzungen ausgehen und daher unmöglich zu exakten Schlußfolgerungen gelangen können. In den letzten Jahrzehnten ist viel Propaganda-Aufwand betrieben worden, um der Öffentlichkeit die Vorstellung von Atomwaffen als großen Waffen mit einem enormen Vernichtungsradius plausibel zu machen. Doch sind derartige Systeme kaum praktikabel, es sei denn für den Overkill, so daß nur kleine, taktische Atomwaffen eine wirkliche Rolle für die Militärs spielen. Und genau hier liegt der Hase im Pfeffer begraben, denn über diese Systeme weiß die Öffentlichkeit so gut wie nichts.

Obwohl noch eine Vielzahl weiterer interessanter Zeugenaussagen einging, möchten wir uns an dieser Stelle auf die Wiedergabe nur einer einzigen beschränken. Bei dieser haben wir lange überlegt, ob wir sie der Öffentlichkeit überhaupt präsentieren sollen, uns letztlich aber doch dazu durchringen können. Der Absender des Schreibens ist uns namentlich bekannt, er gehörte während des Zweiten Weltkrieges zu einer Gruppe von Skoda-Ingenieuren, die sich mit der Feststoffraketen-Entwicklung befaßten (dabei handelte es sich auch um Großraketen). Ohne ins Detail gehen zu wollen, dokumentiert der Brief, wie gut man einerseits über jene Bescheid weiß, die sich mit der Recherche zur deutschen Hochtechnologie befassen, zum anderen zeigt er, wie das Thema insgesamt behandelt wird und daß offiziellerseits sehr wahrscheinlich kein Interesse an der Aufdeckung der Wahrheit besteht. Wir werden nachfolgend den Brief in Auszügen präsentieren, uns aber jeglicher Kommentare enthalten, weil diese – unserer Meinung nach – hier ohnehin nur störend wirken können:

[...] wir wissen leider nicht, welche Informationen Ihnen der Kamerad Hans David Hoffmann (Hans Rittermann oder auch Dr. Hans Klaus Peter) gegeben hat. Sein Archiv wurde sofort nach dem Tod von Israel in die USA gebracht. Wir hatten keine Möglichkeit, an das Archiv zu gelangen. Auch steht mit Ihnen Frau Maria W. in Verbindung (jetzt bin ich wieder in großen Schwierigkeiten, auch hier kennen wir den Schriftverkehr nicht, den sie im Auftrag von Herrn Hoffmann mit ihnen durchführte;

die Dame ist z. Z. sehr schwer an Krebs erkrankt und nur noch wenig ansprechbar – ihr richtiger Vorname ist Erika – […]).

Doch zurück zu unserem großen Freund Kamerad Hoffmann/Rittermann. Er sagte uns kurz vor seinem Tod, er habe einige Kameraden angeschrieben und um die Hilfe für Sie gebeten, dabei sind uns nur zwei Namen bekannt, […]

Ich spreche immer von uns. Wir nennen uns […], haben aber nichts mit der SS-Organisation der BRD und mit dem Wissenschaftler-Rat des Deutschen Reiches in der BRD zu tun […].

[…] wir haben auch keine großen Freunde bei der CDU, SPD noch beim Nachrichtendienst noch bei Amerikanern und Russen. Unser Ziel ist und bleibt: Die Deutsche Wissenschaft soll 50 Jahre nach Kriegsende den richtigen Platz in der Welt erhalten! Wir wollen nicht den rechten Gruppen und Parteien der BRD zuarbeiten, wir verherrlichen nicht die Naziherrschaft des Hitlerreiches, wir wollen nur das Recht, das der Deutschen Wissenschaft zusteht […]

A – müssen Sie davon ausgehen, daß die heutigen Herren, die auch immer von CDU und SPD an der Macht sind, Freunde der USA sind, und die USA nicht die Geschichte neu geschrieben haben will, wo sie als Verlierer des Krieges dastehen werden, da sie die deutsche Technik zum Völkermord in Japan gebraucht haben. Diese Technik haben durch ihren persönlichen Einsatz ein Herr Speer und ein Herr Kammler einem Hitler aus den Händen genommen und somit Millionen von Menschen das Leben gerettet. Auch die Deutsche Wissenschaft war gegen diesen Einsatz, aber ein Hitler hatte nur noch seine Wunderwaffen im Kopf und den Endsieg.

B – müssen Sie beachten, daß Amerika alles geben wird, damit das sogenannte Geheimnis Ohrdruf – Arnstadt – Wechmar nicht ans Licht der Welt gelangt. So wurde dieses Gelände nach 1990 ja auch nicht an die Bonner Herren übergeben, sondern an den Amerikanischen Botschafter in Deutschland.

C – müssen Sie beachten, unsere Gruppe wird von Tag zu Tag kleiner. Viele von uns bindet der sogenannte Kammler-Eid von 1945, der ja das Leben von jedem von uns fordert, der Daten oder Ereignisse an Fremde oder in Niederschriften weitergibt. 80% von uns tragen heute andere Namen als in der Zeit von 1938–1945. Viele, die mit eigenen Meinungen an die Presse gin-

gen, lebten kurz darauf nicht mehr. Sie bitte ich daher, unsere Vorsicht richtig zu verstehen.

Sie müssen davon ausgehen, dies wurde in keinem der Bücher bis heute niedergeschrieben, daß die Lage eine ganz andere war, als sie in den Geschichtsbüchern steht. Der Adel im Großdeutschen Reich und eine Gruppe der Loge (nicht nur Freimaurer) waren mit der Führung von Hitler nicht mehr einverstanden. So organisierte v. Stauffenberg mit v. Witzleben u. a. einen Widerstand, der ein neues Deutsches Reich des Nationalsozialismus aufzeigen sollte, aber nicht mit Preußens Gloria und [dem Motto]: ›Ein Führer – ein Reich – wir sind die Herrenmenschen auf der Welt.‹

So führte v. Stauffenberg und andere, wozu auch Hans gehörte, Beratungen im Raum Thüringen durch, die von Hans von Arnstadt aus organisiert wurden. Beratungen waren so in folgenden Objekten: ›Erfurter Hof‹ – Arnstadt, [Wachsen-]Burg bei Holzhausen, ›Domäne‹ in Dornheim, Gasthaus ›[Goldner] Löwe‹ in Wechmar, Gasthaus ›Knabe‹ in Stadtilm und Gasthaus ›Hubertus‹ in Erfurt. In diesen Objekten wurden Planungen durchgeführt. Jedoch ging die Sache gegen Hitler ja mächtig daneben. Keiner aber gab die Orte bekannt.

Wieso Speer und Dr. Kammler diese Dinge mit dem deutschen Adel weitermachten, ist uns bis heute nicht bekannt. Beide arbeiteten mit der Deutschen Wissenschaft und Forschung auf einmal, aus welchen Gründen auch immer. Welche Rolle ein Dr. Diebner, ein Dr. v. Ardenne, ein Dr. Seuffert und ein Dr. Kammler und noch viele andere einnahmen, können wir nicht mehr sagen, alle hatten – obwohl sie hundertprozentige Nazis waren – etwas gegen Hitler, und so wurde die Forschung geteilt und der Raum Thüringen zu ihrer Hochburg.

Wie oft es Beratungen von Speer, Kammler, Diebner, v. Ardenne und weiteren in Wechmar, in Dornheim und auch im Wasserschloß Günthersleben gab, können wir heute nicht mehr sagen. Ziel aller Beratungen war der Sturz von Hitler, das Ende des Krieges und der Aufbau eines neuen Deutschen Reiches. Dazu wurde eine Festlegung beraten, die nicht mehr Berlin als Hauptstadt des Reiches vorsah und dazu eine andere Struktur:

- **Gotha/Ohrdruf** – *Industriestandort*
- **Erfurt** – *Heeresstandort*

- **Weimar** – *Gauzentrale*
- **Arnstadt/Schwarzburg** – *Reichshauptstadt*
- **Klipper** – *Technologie*
- **Rudisleben** – *Versuchszentrum*
- **Stadtilm** – *Labor*
- **Sitzendorf** – *Versorgungszentrale.*

Dazu wurden die Weichen durch Dr. Kammler und Speer gestellt. In Arnstadt sollte der Oberbürgermeister Huhn durch [...] abgelöst werden. Alle Reichsunterlagen waren schon erarbeitet, wie z. B. Siegel, Stempel, Briefköpfe usw. Telefonzentrale war das Amt im Schloß. Regierungssitze waren die Fürst-Günther-Schule, die Schule am Schulplan und die Mädchenschule in der Rosenstraße. Speer und Kammler hatten als Sitz die Arnsberg-Schule ausersehen. Im Schloß Schwarzburg sollten die Ministerien für Verkehr, Versorgung und Kulturgut untergebracht werden. Als Schutz für alle war das sog. FHQu erarbeitet [worden]. Leider gab es in Arnstadt eine Stelle, die diesen Plan an den britischen Geheimdienst übergab. (Wir nehmen heute an, daß es Frau Röbling war, welche ja ständig im Haus des Oberbürgermeisters Huhn, Blumentalstraße 9 – sie [wohnte in der] Blumentalstraße 9a – [war]. (Aus diesem Grund unternahmen weder] die Briten [noch] die Amerikaner große Aktionen gegen Arnstadt.)

Dr. Kammler hatte hier alle Fäden in seinen Händen vereinigt, sich rechtzeitig von Hitler getrennt und seinen Kopf aus allen Schlingen gerettet (deswegen gibt es ja auch vier Orte in Deutschland, wo er verstorben ist – verstorben ist er aber in der ČSSR –, ein Grab von seiner Person gibt es nicht).

Wir möchten Sie somit auf eine andere Strecke unseres Wissens bringen (Hans und andere, die Deutschland nicht mehr betreten haben, haben dazu einen anderen Standpunkt, da sie nur ihre Arbeit sehen). Uns war klar, das Neue Deutsche Reich wird nicht mit Parolen getragen, es wird von der Hochtechnologie der Wissenschaft erhalten und wird aufgrund der Wissenschaftsergebnisse eine große Rolle in der Welt haben, wobei es eine friedliche Arbeit ohne Krieg gibt. Dr. Kammler hat deswegen auch verstanden, die Arbeit seiner SS-Forschungsgruppen, u. a. der Skoda-Werke, mit den Forschungsgruppen der Deutschen

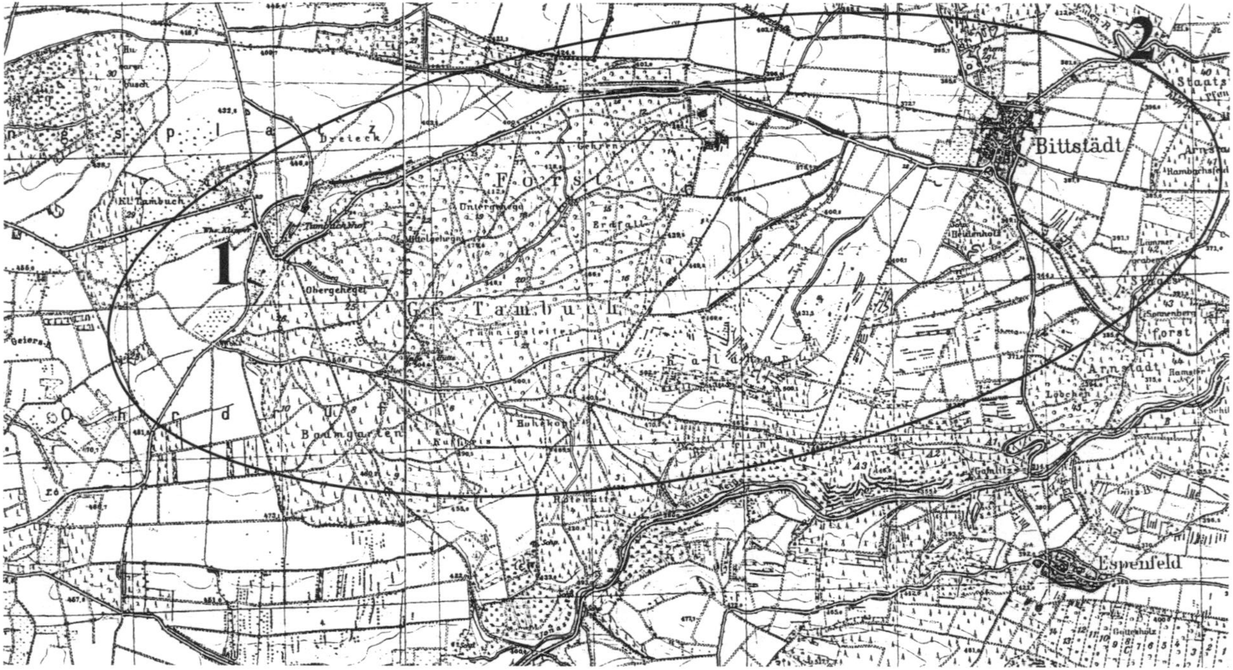

Der Bereich der Klipper (1) auf dem Truppenübungsplatz Ohrdruf bis zum Eulenberg bei Bittstädt (2) könnte das Gebiet der »Burg« umfassen (ungefähr symbolisiert durch die Ellipse). Es handelt sich dabei um ein großes unterirdischen Systems, das aus mehreren tiefliegenden Anlagen besteht und das Zentrum des Geheimnisses darstellt.

Reichspost und deren Forschungsrat zu vereinigen, wobei das größte Problem die Japaner waren, die in Elgersburg saßen und 100% zum Führer standen.

Nun einige Angaben, Zeitpunkte und auch Personen bzw. Handlungen.

Im Auftrag von Dr. Kammler und Dr. Diebner in Verbindung mit Oberst Streve waren Dr. Ober-Ing. Freier, SS-Standartenführer Mühlheim sowie Budnick, Seiffert, Ustib und Rittermann für den Aufbau der Anlagen verantwortlich. Die Planung hatte das Büro von Dr. Fiebinger, wobei ich nur erst einmal auf [zwei Punkte –] A und B [–] eingehe.

A – Versuchstestgelände am Nordrand des Übungsplatzes zwischen Holzhausen und Mühlberg, Nähe des Ortes Röhrensee.

B – Raketentestgelände Polte 2 in der Muna Rudisleben, Richtung Haarhausen und Rehestädt. Für das Raketentestgelände war auch der SD-Gruppenführer Ober-Ing. für Chemie Schönborn tätig. (A. Schönborn war im MDW Arnstadt ab 1942 verantwortlich für Raketensprengstoffe und Kampfstoffe, sein Vorgesetzter in der Forschung war Dr. Teichmann von den Skoda-Werken. Er arbeitete von 1952 bis 1990 für eine andere Organisation im Gebiet und muß 2000 im Kreis Weimar verstorben sein.)

Dr. Freier war ab 1938 im sog. Baustab der Wehrmacht tätig und ab Juli 1940 vom SD übernommen und ab Oktober 1940 Leiter des 26 Personen umfassenden Baustabes auf der Klipper bzw. im Gasthof ›Tambuchshof‹. Dieser Baustab hatte nichts mit dem Baustab in Luisental zu tun. Er war Fachmann für Einlagerungsstollen im Erfurter Steiger, in Weimar am Bahnhof, in Friedrichroda – [Schloß] Reinhardsbrunn, Sitzendorf – Marineschule, am Krankberg, Seeberg, Bienstein und Kalkberg. Er war nach Speers ›Nein‹ der erste, der die ›Burg‹ am 30. März 1945 (also noch vor Hitler) in Richtung Tschechei verließ. Sein Hauptgehilfe war Oberst Ustib, der für den Bau und die Einlagerungen in den Stollen und Bunkern die Verantwortung trug und diese auch vor den Amerikanern verschloß.

Über das Labor von Dr. Diebner in Stadtilm möchte ich jetzt nichts schreiben. Dazu gehörten Dr. Wirtz, Dr. Berkei, Dr. Haxel, Dr. Rackwitz, Dr. Volz, Dr. Schützmeister, Dr. Leimert, Prof. Dr. Stuhlinger, Dr. v. Weizsäcker, Postrat Kasper und die Berliner Dr. Seuffert und Dr. Schulz.

Am 26. Februar 1945 wurde ein neues Decknamenverzeichnis für den Raum Ohrdruf – Arnstadt herausgegeben (Anlage 4/ d II/G Z/a Nr. 71/45):[115] *Ohrdruf wurde als ›Olga‹, Arnstadt als ›Alma‹, Gotha als ›Günther‹, Georgental als ›Waldschlucht‹, Herrenhof als ›Wolfsberg‹, Elgersburg als ›Elke‹ benannt.* ***Ergänzt wurde die Anlage 4 am 27. Februar 1945 mit Klipper und Eulenberg als ›Burg‹, Frankenhain und Bienstein als ›Jasmin‹, Rudisleben als ›Adlerhof‹, Holzhausen als ›Fuchsturm‹ und dem Erfurter Steiger als ›Tagebau‹.***[116] (Hervorhebung durch d. A.)

Ab 9. März 1945 wurden durch Reichsminister für Finanzen, Kroigk, Goldbestände, Museumsgut, Aktengut und Geldreserven im Raum untergebracht.

Am 4. März 1945 wurde um 21.26 Uhr auf dem Testgelände, dem sog. Dreieck oberhalb von Röhrensee, die erste A-Bombe gezündet. Mit einem Seilzug, der über eine Strecke von 300 m reichte, wurde die Bombe in Richtung eines Stahlmastes gezogen (32 m hoch) und in 6 m Höhe über den dortigen Häftlingen gezündet.[117] *Es war keine H- oder andere Bombe, es war die erste ihrer Art in Deutschland. Alle anderen Versuche waren andere Typen von Bomben.*[118] *Das Ergebnis war so gewaltig, und das trotz der Tatsache, daß nach Dr. Diebners Absprache nur*

---

(115) Siehe S. 65 dieses Buches.

(116) Hier haben wir die angeblich »nicht existenten« Untergrundanlagen. Bei unseren Recherchen fanden wir heraus, daß die Geschichte der OKH-Verlagerungen nach Thüringen relativ gut dokumentiert erscheint, jedoch eine unnatürliche Lücke in den Dokumenten auffällt: Es existiert der vom 12. Februar 1945 stammende Basis-Befehl OKH/Gen. St d H/GZ (Ia) Nr. 71/45 g.Kdos, der, wie der Zeuge richtig behauptet, am 26. Februar mit einer sogenannten Anlage 4 ergänzt wurde: OKH/Gen. St d H/GZ (Ia) Nr. 71/45 g.Kdos, **II. Ang.**, in der das Decknamenverzeichnis der oberirdischen Standorte bekanntgegeben wurde. Die uns bekannten Darstellungen benennen den ebenfalls ergänzenden *Folgebefehl* der Anlage 4 als OKH/Gen. St d H/GZ (Ia) Nr. 71/45 g.Kdos, **IV. Ang.** vom 28. Februar 1945. Das kann aber schon aufgrund der fortlaufenden Benummerung mit römischen Ziffern nicht stimmen. Wo ist **III. Ang.**, der Befehl also, der zwischen II. Ang. vom 26. Februar und IV. Ang. vom 28. Februar liegen muß und der aus logischen Gründen eigentlich nur am 27. Februar 1945 verfaßt worden sein kann? Verschwand er »spurlos«, weil er das Decknamenverzeichnis der unterirdischen Anlagen beinhaltete?

(117) Der Zeuge Dr. Freier sprach von einem 6 m hohen Holzgerüst, hat aber hier möglicherweise etwas durcheinandergebracht.

ca. 100 g zum Einsatz gelangten und nicht, wie es Dr. Kammler vorhatte, 1000 g.[119] *Von der SS wurde angegeben, daß ca. 680 Häftlinge, davon wurden ca. 350 aufgrund der Verletzungen erschossen, und 18 SS-Männer – davon mußten zehn erschossen werden – ums Leben kamen bzw. vernichtet wurden. Alle Leichen wurden verbrannt. Dr. Diebner war außer sich: ›So etwas wollte ich nicht, die armen Menschen, nein, nein, nein, was wäre geschehen bei 1000 g, nein …‹*

Am 12. März wurde um 22.14 Uhr nach erfolgreichen Tests […] eine Bombe […] ebenfalls auf dem Versuchsgelände gezündet. Die Lichthelligkeit und der Strahl waren ebenso wie am 4. März. Menschen waren nicht im Einsatz, doch die Erde sah danach noch schlimmer aus als am 4. März.

Am 16. März erfolgte dann auf dem Raketentestgelände in der Muna Rudisleben – Polte 2 – der Abschuß der großen Rakete. Es war das erste Mal, daß eine A9/A10-Rakete abgeschossen wurde mit großem Erfolg, ein wahrer Sieg der Wissenschaft von SS-Forschung, Forschungsrat der Deutschen Reichspost und den Skoda-Werken.

Vom 22. März bis zum 2. April 1942 war Hitler im FHQu in der ›Burg‹, deren Haupteingang 3,5 km von Arnstadt [entfernt] war. Er gelangte am 22. März 1945 mit einem Sonderzug nach Arnstadt und wurde hier im Rathaus von […] empfangen. Von […] wurde Hitler die Ehrenbürgerurkunde der Stadt Arnstadt überreicht. Über Rosenstraße, Ohrdrufer Straße gelangte er ins FHQu. Dazu hatte die Adjutantur der Wehrmacht beim Führer am 9. März 1945 den Befehl B. Nr. 340/45 geh.Kdos, Anhang

---

(118) Der Hinweis, daß es keine H-Bombe war, könnte bedeuten, daß auch an einer solchen gearbeitet wurde. Daß darüber hinaus andere massiv zerstörerisch wirkende Bomben in Entwicklung waren, scheint nicht unglaubhaft, man denke in diesem Zusammenhang beispielsweise an die von Karl Nowak diskutierte Molekular-Waffe (»M-Bombe«), die in ihrer Wirkung einer Kernspaltungsbombe gleichkommen sollte, allerdings bei ihrer Detonation keine Radioaktivität erzeugte.

(119) Wären die von Kammler vorgeschlagenen 1000 g getestet worden, hätte es eine ungeheure Katastrophe gegeben, die massive Zerstörungs- und Verstrahlungswirkungen bis hin nach Erfurt gehabt haben dürfte. Thüringen entkam um Haaresbreite einem nuklearen »Unfall«. In einem solchen Falle wären die Auswirkungen auf Personen und Umwelt allerdings so enorm gewesen, daß eine Vertuschung der damaligen Ereignisse unmöglich gewesen wäre …

3095/45 bis 3099/45, an Oberst Streve, Kommandant des FHQu, SS-Gruppenführer Dr. Kammler mit Arbeitsstab Major Budnick und Bauleitung Hauptsturmführer Grosch erlassen. So wurden in Vorbereitung Teile der Reichskanzlei vom Obersalzberg und aus Berlin vom 11. bis 16. März 1945 nach Arnstadt, Haarhausen, Plaue und Ohrdruf gebracht. Ob alle Teile davon ins FHQu gebracht wurden, ist unbekannt.

Von Speer ist bekannt, daß er in Vorbereitung der Führertagung am 27. März 1945 mit zahlreichen Leuten, u. a. Fritsch, Göring, Kammler, Diebner, Oldeboershuis, Kesselring, West und sogar mit Himmler, Gespräche führte, so am 23. März 1945 vormittags im Gasthaus zu Wechmar, am 26. März 1945 mittags in Wechmar und am 26. März 1945 in Wechmar und am Abend in Arnstadt im Gasthof ›Erfurter Hof‹ und der Fürst-Günther-Schule. Für die Sicherheit in Wechmar sorgte der Wehrmachtsstandortälteste Oberst von Reckow, Gotha. Neben einigen Leuten von Kammlers SS waren die sogenannten Streifen des WSÄ [Wehrmachtsstandortältesten] *über die Bahnhofswache Gotha, u. a. von Hptm. Wendling F.EA 19 1. Bath. mit Uffz. Lehmann, Uffz. Poppe und Ogefr. Seidl, eingesetzt und verantwortlich.*

Am 27. März 1945 fand um 10 Uhr eine Beratung im Gasthof ›Deutscher Hof‹ in Luisental mit Hitler statt. Vorträge wurden gehalten von Dr. Diebner, Hauptsturmführer Oldeboershuis und von […]. Alle Vorträge wurden von Hitler ohne Bemerkungen angehört. Gegen 11.45 Uhr war die Beratung zu Ende, alle verließen den Saal, nur Speer und Göring hatten angeregte Gespräche und gaben sich, was sonst nie der Fall war, gegenseitig die Hand.

Am 27. März 1945 begann um 14 Uhr die Stabsberatung des Führers über den Endsieg und den Einsatz der deutschen Wunderwaffe im FHQu ›Burg‹. Neben Hitler waren mit im Beratungsraum: Himmler, Ribbentrop, Bormann, Speer, Göring, Jodl, West, Kesselring, Keitel, Kammler, Darré, zwei Japaner aus Elgersburg sowie als Kommandant des FHQu Streve, Oldeboershuis für den SS-Führungsstab Luisental, Obersturmführer Grothmann, Vizeadmiral von Puttkamer, SS-OSF Schaub, SS-OBM [Oberbürgermeister] *für die RHS* [Reichshauptstadt] *Arnstadt […]. Im Nebenraum mußten sitzen: von Ardenne, Diebner, Teichmann, Volz, Weidehammer, Freier und Seuffert usw.*

Hitler sprach von 14 Uhr an, dazu Stichpunkte aus der Niederschrift: ›... ab dem heutigen Tag gehen alle Offensiven von unserer Trutzburg, dem Trutzgau Thüringen, aus ... vom FHQu ›Burg‹ haben wir alle Verbindungen ... die Konzentration der Forschung von SS und Forschungsrat haben zum Erfolg geführt und werden uns zum Sieg führen ... eine neue Generation einsatzfähiger Waffen steht bereit ... die neuen Waffen werden uns den Sieg bringen ... ohne das Territorium des Gegners zu betreten, werden unsere Bomben New York und Moskau erreichen und vernichten ... Giftgasvorhänge werden die Russen auslöschen ... die feindlichen Bomberpulks werden unsere elektromagnetischen Felder nicht mehr überfliegen können ... nur noch wenige Tage zur Absicherung der letzten Arbeit sind notwendig ... wir werden mit Stolz auf unser Deutsches Reich, auf unser Volk und Vaterland schauen ... jeder Tag und jede Stunde ist kostbar, um die großen Wunderwaffen einzusetzen ... die Gegner werden vor unserem Deutschen Reich auf den Boden fallen und um Gnade bitten ... ab heute wird unser siegreiches Heer alle Schmähungen vergessen und den Sieg für Volk und Vaterland erbringen.‹

Aus dem Raum gab es auf einmal eine laute Stimme, die sagte: ›Nein, mein Führer! Es gibt schon genug Tote und genug Mütter, die um ihre Söhne trauern, die Wunderwaffen, vor allem die A-Bombe, wird nicht von uns Deutschen eingesetzt, es wäre ein Völkermord, mein Führer!‹

Die euphorische Runde sah auf einen Mann, Speer, der sich von seinem Stuhl erhob. ›Mein Führer, die Wunderwaffe wird nicht eingesetzt, es wird keine A-Bombe noch andere Wunderbomben geben, und es wird keine Raketen geben, die diese Bomben tragen werden. Ja, es ist richtig, ab heute wird es eine Wende geben.‹ Speer konnte nicht weitersprechen, da Hitler aufgesprungen war. Sein Stuhl und seine Papiere flogen durch die Luft, und er begann zu brüllen. Doch mit Speer hatten sich auch Göring, Himmler, Ribbentrop, Kammler, Kesselring und West erhoben und gaben Beifall. Hitler schrie: ›Alle erschießen, Speer du Schweinehund, dich laß ich heute noch aufhängen!‹

Göring war zu Speer gegangen, und beide gingen aus dem Beratungsraum. Nach Hitlers Leibarzt wurde laut gerufen, da dieser einen Tobsuchtsanfall hatte. Gegen 16.30 Uhr fuhren die

Autos von Göring und Speer aus dem FHQu in Richtung Ohrdruf. Bei der Klipper wurde haltgemacht, und Göring sprach mit Speer, auch Kammler war noch dazugelangt. Göring fuhr zu seinem Reichssonderzug nach Ohrdruf, Kammler nach Frankenhain und Speer zurück zum Feldflugplatz Eichfeld bei Bittstädt. Auf dem Feldflugplatz erhielt Speer die Nachricht, daß die Japaner mit den Flugzeugen abfliegen wollten von der Autobahn bei Wechmar und bereits in Ringhofen bei Mühlberg seien und unbedingt noch einmal mit Speer sprechen wollten. So flog Speer nicht nach Berlin. Gleichzeitig erhielt er von Göring eine Nachricht über eine Beratung in Stadtilm am Abend. Speers Flugzeug flog nach Stadtilm, er fuhr nach Mühlberg. Dort sprach er mit den Japanern und versicherte diesen, daß Deutschland nicht die A-Bombe einsetzen werde. Am Ende dieser Gespräche erhielt er die Mitteilung, daß sein Flugzeug gerade noch notgelandet wäre in Stadtilm, es hätte einige technische Mängel an der Spritleitung gegeben.

Gegen 22.30 Uhr war Speer in Stadtilm, allerdings war Göring nicht da, er war bereits unterwegs nach Berlin. (Übrigens haben weder Speer noch Göring bis zum Kriegsende je ein Wort mit Hitler wieder gesprochen.) An dieser Beratung nahmen teil: Kammler, Fritsch, West, Grothmann, von Puttkamer sowie von Ardenne, Diebner, Ohnesorge, Teichmann, Weidehammer, Seuffert und Schaub. Was diese Herren besprachen, ist nicht bekannt, und es gibt keine Aufzeichnungen. Auch der Gastwirt Knabe hat nie etwas über die Beratung in der Nacht vom 27. zum 28. März 1945 gesagt, noch haben andere Personen in Stadtilm, wie z. B. die SS-Männer Schulze, Machleit und Kühn etwas ausgesagt, diese mußten in der Nacht die SS-Leute von Kammler versorgen wie auch die verschiedenen Fahrer.

Speer flog am 29. März 1945 um 8.35 Uhr von Stadtilm nach Berlin, mit dabei waren von Ardenne und Ohnesorg. Fritsch flog mit West und von Puttkamer nach Ohrdruf und Kammler mit Grothmann, Seuffert und Schaub zum Eichfeld.

Es ist falsch, daß Hitler bereits am 29. März 1945 nach Berlin zurückgeflogen wäre. Die Maschine Hitlers ist am 29. März 1945 nach Berlin geflogen, um einige persönliche Dinge Hitlers nach dem FHQu ›Burg‹ zu bringen. (U. a. sollte Eva Braun bereits in Berlin sein, und um zwei weitere Ärzte zur Behandlung Hitlers zu bringen.) Die Maschine landete am Abend auf der Autobahn zwischen Mühlberg und Wechmar. Hitler war so stark im Rausch, daß er ständig rund um die Uhr im FHQu von den Leibärzten behandelt werden mußte. Teilweise wurde ihm sogar eine Zwangsjacke angelegt. Keiner durfte in der Nähe von Hitler mit einer Waffe [sein]. Erst am 1. April hatten die Ärzte Hitler soweit, daß er nach Berlin zurückfliegen konnte. Die Maschine ging mit Hitler am 2. April 1945 um 8.14 Uhr vom Feldflugplatz Eichfeld in Richtung Berlin ab.

Wir haben Ihnen nochmals den Ablauf der Handlungen niedergeschrieben, da es doch unterschiedliche Angaben gibt. […] Da wir nicht wissen, was Hans übergeben bzw. übermittelt hat, werden sich einige Angaben auch überschneiden – macht nichts.

[…] allerdings können wir Ihnen keine Angaben zu den Arbeiten geben, die über den Baustab in Luisental gelaufen sind, da diese Objekte mit unserer Forschung und Entwicklung nichts zu tun hatten, sondern hier eine Verbindung mit Gotha und Nordhausen vorhanden war.

Man muß bei diesem Gebiet immer drei Dinge sehen:

A – die Forschung und Entwicklung von Hochtechnologien

B – das gesamte FHQu mit all seinen Nebenanlagen und Einlagerungen

C – die Entwicklung von Flugzeugen, elektromagnetischen Feldern und Strahlung, Giftgastechnik. […]

Mit freundlichen Grüßen

M. M.
[…]«

Man muß dieses Schreiben mehrfach lesen, um die Tragweite dessen, was hier berichtet wird, zu verstehen. Dieser Brief ist unseres Erachtens eine logische und nachvollziehbare Zusammenstellung all jener Ereignisse, die im März 1945 im AWO-Gebiet abliefen. Doch er steht nicht für sich allein. In der Folge trafen weitere bestätigende Informationen ein, über die an dieser Stelle schon allein aus Platzgründen nicht mehr berichtet werden kann, so daß wir unsere Leserschaft (wieder einmal) auf die Zukunft vertrösten müssen.

Eine Information erschreckte uns allerdings sehr: Die vorgenannten Ausführungen endeten mit dem Hinweis, daß auch an Giftgastechnologie geforscht worden sei. Wir erfuhren mittlerweile, daß die SS-Forschung in mindestens noch einem anderen Fall Entwicklungsarbeiten für die Atomtechnologie und die chemischen Kriegsführung zusammengelegt hat, dies also nicht nur im AWO-Gebiet tat. Mit hoher Wahrscheinlichkeit stellen nicht nur die bis heute unidentifizierten unterirdischen Anlagen der deutschen Atomforschung ein Gefahrenmoment da, sondern auch eine im Untergrund errichtete Giftgasfabrik! Wir haben uns daher zwischenzeitlich zu entsprechenden Handlungen veranlaßt gesehen und offizielle Stellen über unseren Kenntnisstand informiert.

Wir haben dieses Kapitel mit »Vertuschte Geschichte?« überschrieben. Was die Ereignisse im März 1945 angeht, so scheint diese Fragestellung vollauf berechtigt zu sein, denn das, was damals geschah, paßt so gar nicht in die veröffentlichte Geschichtsschreibung, erklärt aber die Seltsamkeiten und die Geheimniskrämerei, die in bezug vor allem auf das Jonastal und sein Umfeld zweifelsohne vorhanden sind, und erläutert auch, warum so viele Menschen sterben mußten: Es ging um ein Projekt höchster Priorität und Geheimhaltung, daß nur wenige Zeugen duldete.

Daß dieser vertuschte Teil der Geschichte der Wahrheit nahekommt, steht für uns außer Zweifel. Freilich gibt es Widersprüche, Ungenauigkeiten und unterschiedlich berichtete Details, wenn man sich die Niederschriften ansieht. Doch bekanntermaßen ist keine Darstellung zu wirklich hundert Prozent objektiv, sondern unterliegt immer subjektiven, weil persönlichen Einflüssen.

Wir können sehr gut nachvollziehen, warum die hier geschilderten Begebenheiten keinen Platz in den bisherigen Geschichtsdarstellungen fanden, denn sie würden zahlreiche bisherige Behauptungen in bezug auf das Kriegsende ad absurdum führen oder zumindest relativieren. Ganz objektiv betrachtet, ist sich doch die Geschichtsschreibung in ihrem Urteil über die Führungsriege des Dritten Reiches – nicht zuletzt aufgrund der Ergebnisse der Nürnberger Kriegsverbrecherprozesse – einig, wenn sie meint, es habe sich bei diesen Personen durchweg um diabolische Charaktere gehandelt, die in einem von ihnen entfesselten sinnlosen Krieg Millionen und Abermillionen Menschenleben opferten.

Ob man diese Schwarz-Weiß-Malerei wirklich in so plumper Form betreiben kann, scheint angesichts vieler Vorgänge vor dem Krieg und in ihm, die nach und nach das Licht der Öffentlichkeit erblicken, fraglich. Jede Aktion führt zu einer Reaktion. Für uns steht fest, daß die Phase zwischen den beiden großen Weltkriegen durch eine Häufung der Herausbildung von menschenverachtenden politischen Systemen charakterisiert wurde. Alte Wertvorstellungen zerbrachen nach dem Ersten Weltkrieg, Revolutionen erschütterten bis dahin stabile Staatssysteme und – das muß ebenfalls gesagt werden – demokratische Regierungen waren nicht in der Lage, eine Vielzahl anstehender existentieller Probleme zu lösen, so daß sie einfach von den einsetzenden Entwicklungen und vom Strom der Geschichte hinweggetragen wurden.

Man darf auch nicht vergessen, daß es Sozialisten und Kommunisten im Deutschland der Weimarer Republik waren, die Hitler hätten verhindern können, wenn, ja wenn man sich zu einer Zusammenarbeit entschlossen hätte. Doch statt dessen wollte jede der beiden Parteien die Macht für sich allein erringen und dem anderen keinen Fußbreit Boden gönnen.

Der Zweite Weltkrieg war die explosive Entladung aller aufgestauten Gegensätze. Besonders schlimm war das Aufeinandertreffen Hitlers auf Stalin, die, nachdem sie einen gegenseitigen Nichtangriffspakt unterzeichnet hatten, ihre Völker zur Schlachtbank führten.

Wir wollen, um irgendwelchen unqualifizierten Anfeindungen sofort von vornherein zu begegnen, klarstellen, daß wir hier weder den Tod von Menschen verharmlosen noch Kriegsverbrechen relativieren wollen. Ganz im Gegenteil! Mord bleibt Mord und muß gesühnt werden. So bleiben Mörder auch Mörder, doch es scheint einiges dafür zu sprechen, daß selbst die kaltblütigsten Diener deutscher Macht, die über Berge von Leichen gingen, an einem bestimmten Punkt wußten, daß der Einsatz bestimmter Waffensysteme die Lage vermutlich eskalieren lassen würde, so daß sie ihren Einsatz ablehnten, weil sie im Endeffekt den Untergang der Zivilisation bedeutet hätten.

Tatsächlich wäre ein Einsatz der Wunderwaffen nicht unbedingt ein Garant für den von Hitler erhofften Endsieg gewesen. Falls beispielsweise New York einem deutschen Atomwaffenangriff zum Opfer gefallen wäre, hätten die Amerikaner, dessen sind wir uns sicher, in ihrer Verzweiflung alle Möglichkeiten mobilisiert, das deutsche Territorium durch den Einsatz von Giftgas zu entvölkern.

Übrigens wurde in einigen Gesprächen, die wir mit Zeugen führten, behauptet, daß das anglo-amerikanische Flächenbombardement nicht nur der Demoralisierung der Deutschen diente, sondern daß Briten und Amerikaner in ihm die letzte Chance sahen, die deutschen Atomwaffen – von denen sie aufgrund der Arbeit ihrer Nachrichtendienste wußten – mit allen erdenklichen Mitteln zu verhindern, indem sie das Dritte Reich so schnell als möglich niederzuringen versuchten. Die Zeitzeugen bezogen sich dabei auf Gespräche, die sie nach dem Krieg u. a. mit informierten US-Offizieren geführt hatten.

Vielleicht erklärt das auch die militärisch sinnlose Maßnahme, daß z. B. Würzburg und Dresden, beides Lazarettstädte, dem Erdboden gleichgemacht wurden, wobei im Falle Dresdens Tausende und Abertausende ums Leben kamen, deren Gesamtzahl mit absoluter Sicherheit weit über den oft in der Literatur angegebenen unglaubhaften 35 000 Opfern liegen dürfte!

Es wäre eine besondere Tragik der Geschichte, wenn sich beweisen lassen sollte, daß einige Verantwortliche des Dritten Reiches, allen voran Albert Speer, den Einsatz der deutschen Atomwaffe verhinderten, um diese Technologie dann bei Kriegsende den Alliierten überlassen zu müssen, die – wie im Falle der USA geschehen – weitaus weniger Skrupel hatten und die erbeutete Hochtechnologie umgehend für ihre eigenen machtstrategischen Pläne einsetzten, deren Ergebnisse wir kennen: Die japanischen Städte Hiroshima und Nagasaki wurden durch Atombombenabwürfe ausgelöscht. Was mögen einige wissende Japaner gedacht haben, als zwei ihrer Städte Opfer jener Waffe wurden, die die Deutschen einzusetzen abgelehnt hatten?

Freilich behauptet die Geschichtsschreibung, das US-amerikanische *Manhattan District Project*, das mit einem gigantischen Aufwand realisiert wurde, hätte keiner deutschen Hilfe bedurft und sei von den eigenen Spezialisten zum Erfolg geführt worden. Wir haben mehr als einmal darauf hingewiesen, daß diese Darstellung ebenfalls unglaubhaft ist, und werden diese Hypothese zu gegebener Zeit durch neu aufgetauchte Fakten weiter untermauern.

Ein Umstand, auf den wir ebenfalls noch im Vorgriff auf weitere geplante Darstellungen aufmerksam machen wollen, erscheint ebenfalls als Ungeheuerlichkeit. Eine allgemein bekannte Tatsache ist, daß das atomare Kräftegleichgewicht, das sich nach dem Krieg herausbildete, jahrzehntelang für die Erhaltung des Friedens in der Welt sorgte. Doch wer weiß schon, daß diese Entwicklung im Ursprung wahrscheinlich ebenfalls auf deutsche Aktivitäten, speziell die von SS-Obergruppenführer Kammler zurückging? Wie das? Nun, Kammler war spätestens Anfang April 1945 klar, daß sein gemeinsam mit Speer erarbeiteter Plan zu Errichtung eines Vierten Reiches gescheitert war. Was sollte also aus den Wunderwaffen werden?

Kammler war bewußt, daß allein eine Weitergabe der Technologie, welche die laufenden US-amerikanischen Bemühungen um die Schaffung einer eigenen Nuklearwaffe hätte unterstützen bzw. beschleunigen können, zu einem Weltmonopol geführt hätte. So etwas war aber höchst gefährlich. Er sorgte deshalb dafür, daß Teile der deutschen technologischen Entwicklungen auch die damalige Sowjetunion erreichten und daß einige Gehirne der deutschen Atomforschung den Weg in Richtung Osten antraten. Diese strategische Entscheidung hat der Welt den Frieden bewahrt, doch auch dazu beigetragen, daß zwei sich scheinbar feindlich gegenüberstehende Supermächte herausbildeten, die von da ab zahllose Stellvertreterkriege führten, die wiederum Millionen unschuldiger Opfer das Leben kosteten.

Wir wollen an dieser Stelle nochmals betonen, daß es uns bei unserer Arbeit nicht nur um die Richtigstellung der (Technologie-)Geschichte geht. Mindestens genauso wichtig ist die Aufklärung der untrennbar mit den geheimem Entwicklungen verbundenen Häftlingsschicksale, ein Punkt, der zugegebenermaßen eines der dunkelsten Kapitel deutscher Geschichte darstellt. Wahrscheinlich deshalb hat man unsere Bemühungen zur Erhellung der Ereignisse nicht nur einmal als »Nestbeschmutzung« bezeichnet. Eine erschreckend hohe Zahl von Menschen scheint die Auffassung zu vertreten, daß unter das Thema Zweiter Weltkrieg endlich ein Schlußstrich gezogen werden sollte. Doch ist die Vergangenheit wirklich so einfach zu bewältigen?

Der dritte Punkt, der für unsere Bemühungen um die Aufdeckung der Wahrheit eine große Rolle spielt, ist die Frage nach den möglicherweise im Boden Thüringens liegenden Altlasten. Die Zeugen behaupten unisono, daß an der Atomwaffe gearbeitet wurde. Dies geschah aus Gründen des damals schon relevanten Strahlenschutzes, aber auch wegen der Geheimhaltung und des Luftschutzsicherheit in unter der Erde liegenden Einrichtungen. Viele davon arbeiteten bis Kriegsende (und weiter) und sollen von Amerikanern und Russen nie gefunden worden sein. Müssen wir noch deutlicher werden?

Wir sagen es ganz offen: Für uns wird immer wahrscheinlicher, daß im AWO-Gebiet bzw. in seinem Umfeld eine Zeitbombe tickt, und zwar nicht nur in atomarer Hinsicht. Man mag das abstreiten, verdrängen, belächeln. Doch deshalb tickt die Bombe weiter. Vielleicht sind wir längst nicht mehr unter den Lebenden, wenn etwas geschieht, doch sollte etwas passieren, dann werden die Folgen erheblich, wenn nicht sogar katastrophal sein.

Kapitel 6

Ist eine 100-g-Atomwaffe realisierbar?

Die Glaubwürdigkeit der zum AWO-Gebiet und dem hier stattgefundenen A-Waffen-Versuch am 4. März 1945 vorliegenden Aussagen steht und fällt mit dem Problem der Machbarkeit einer Nuklearwaffe, die über eine unterkritische Ladung von nur 100 bis 180 g »Atomsprengstoff« verfügt haben soll. Immerhin muß berücksichtigt werden, daß die US-amerikanische Atombombe, die Hiroshima zerstörte, mindestens 50 kg Uran-235 »an Bord« hatte.

Zugegebermaßen waren auch wir nach dem Eintreffen des Briefes von Adolf Bernd Freier äußerst skeptisch, ob so eine Bombe technisch machbar wäre, obwohl uns bekannt war, daß die Nuklearmächte nicht nur strategische Atomwaffen großen Kalibers, sondern auch taktische Systeme in Form sogenannter »Tornisterbomben« in ihren Arsenalen lagerten.

Wir wollen an dieser Stelle nochmals ausführlich auf die Frage von Kleinst-Atomwaffen eingehen, um unserer Leserschaft aufzuzeigen, daß die Zeugenaussagen durchaus keine absurden Angaben beinhalten, auch wenn das im ersten Moment der Fall zu sein scheint. Obwohl wir bereits in unserem Buch »Hitler und die ›Bombe‹« ausführlich auf den Sachverhalt eingegangen sind, halten wir es für sinnvoll, das dort veröffentlichte Kapitel hier nochmals darzustellen, um ihm dann eine Reihe neuer Erkenntnisse folgen zu lassen, die dokumentieren, daß es Fakten zu Nuklearwaffen gibt, die aus verständlichen Gründen nur selten erwähnt werden. Die nachfolgende Darstellung erfolgt aus Gründen der Nachvollziehbarkeit in ausführlicher Form, denn auch wir unterlagen einem Erkenntnisprozeß, der uns nur schrittweise der Wahrheit näherbrachte. Im Endeffekt stellte sich jedoch heraus, daß Atombomben auch sehr klein dimensioniert sein können, und daß viele Angaben zu diesen Waffen, die sich in der Literatur finden lassen, nur Teilwahrheiten sind.

Unser Buch »Das Geheimnis der deutschen Atombombe« war kaum erschienen, da mußten wir auch schon die ersten kritischen Anfragen bezüglich der von Freier genannten 100-g-Atom-

bombe beantworten. Oft wurde uns gesagt, daß eine solche Waffe absolut unmöglich sei, denn bekanntermaßen lägen die kritischen Massen für Uran-235 bzw. Plutonium-239 im Kilogramm-Bereich.
Die kritischen Massen ohne Verdichtung (**M**), ohne sogenannten Tamper (TA)[120] und ohne Neutronenrückstreumantel (NRM), sind für verschiedene Kernsprengstoffe ungefähr folgende:
M (U-233) = 16 kg M (U-235) = 52 kg M (Pu-239) = 10,5 kg

Diese Werte können mit Hilfe eines Tampers und/oder Neutronenrückstreumantels erheblich verringert werden. Uran-238 ist beispielsweise ein sehr guter Tamper und ebenso ein guter NRM; Beryllium (Be) und Berylliumoxid (BeO)[121] eignen sich ebenfalls hervorragend für einen NRM, sind aber nicht dicht genug für eine Verwendung als Tamper.

	Kritische Masse in Kilogramm					
	ohne TA oder NRM	mit 5 cm U-238	mit 10 cm U-238	mit 4 cm Be	mit 5 cm Be	mit 10 cm Be
M (U-233)	16	8	5,7	7,6		
M (Pu-239)	10,5		4,4		5,5	
M (U-235)	52		20			16

---

(120) Ein Tamper ist ein sehr dichtes Element, das die Bombe etwas länger zusammenhält.

(121) Beryllium und Berylliumoxid, die als sehr brauchbare Materialien für einen Neutronenrückstreumantel (NRM) gelten, wurden während des Zweiten Weltkrieges »zufälligerweise« in nicht unbeträchtlichen Mengen durch die DEGUSSA produziert, während die USA bei ihrem Manhattan-Projekt kaum über Beryllium-Bestände verfügten. Das kann nur bedeuten, daß die am amerikanischen Atombombenprogramm arbeitenden Wissenschaftler Beryllium als Material für den Neutronenrückstreumantel nicht erkannt hatten, was wiederum heißt, daß sie die »hohe Kunst« des Atombombenbaus (Reduzierung der Masse des Kernsprengstoffes durch trickreiche technische Verfahren) nicht perfekt bzw. überhaupt nicht beherrschten. Deutsche Wissenschaftler müssen jedoch sehr genau über die wahre Natur des Beryllium informiert gewesen sein, sonst hätte sich die DEGUSSA nicht mit der Produktion des Materials in den bereits erwähnten Mengen befaßt. Es kann gleichzeitig darauf geschlossen werden, daß in Deutschland der Weg zur Minimierung der kritischen Masse bekannt und damit frei war.

Eine bestimmte kritische Masse ohne Verdichtung **M** (mit oder ohne TA und NRM) kann man noch verkleinern, indem man die Sprengladung verdichtet. Diese Verdichtung (**X**) wird z. B. mit der Implosion von konventionellen Sprengstoffen erreicht. Pu-239 kann man wahrscheinlich nur durch Implosion zünden, aber U-235 (und vielleicht auch U-233) explodiert auch mit einem einfacheren, wenn auch wenig wirksameren »Kanonenzünder« (»gun-type detonator«), bei dem eine subkritische Masse auf eine andere geschossen wird.

Die kritische Masse nach der Verdichtung (**m**) errechnet sich wie folgt:
$m = M : X^2$

Wie wir bereits erwähnt hatten, liegt **M** bei Pu-239 ohne Kompression (**X** also = 1) und ohne NRM oder TA bei 10,5 kg. Mit einer **X** von nur 2 – bei der amerikanischen Nagasaki-Plutonium-Bombe wurde angeblich ein X-Wert von 2,5 erreicht – erzielt man also die folgende kritische Masse **m**:
$m = 10{,}5 : 2^2 = 10{,}5 : 4 = 2{,}65$ kg

Natürlich: X = De : Da

(De: Dichte des Kernsprengstoffes nach der Kompression;
Da: Dichte des Kernsprengstoffes vor der Kompression)

Und natürlich auch: Da = M : Va und De = M : Ve
Deshalb: X = De : Da = (M : Ve) : (M : Va) = Va : Ve

(Ve: Volumen am Ende, nach der Kompression;
Va: Volumen am Anfang, vor der Kompression)

Die gleichzeitige Verwendung von TA, NRM und Kompression läßt die Waffe konstruktiv gesehen zwar kompliziert werden, ermöglicht aber noch größere Einsparungen. Bei Pu-239 liegt die **M** mit einem 10-cm-Beryllium-Außenpanzer (NRM) bei ungefähr 4,2 kg. Eine noch größere Außenpanzerung würde sich

nicht lohnen. Bei einer gleichzeitigen dreifachen Kompression (X = 3) hätte man eine kritische Masse **m**:
$m = 4.2 : 4^2 = 4.2 : 16 = 262{,}5$ g

Mit einer zusätzlichen Neutronenquelle (z. B. Polonium-210 plus Beryllium) oder auch mit Hilfe von Lithium (dieser Stoff kann Kernreaktionen mit zusätzlichen Neutronen verstärken und wurde von den deutschen Atomforschern verwendet), könnte sich **m** noch auf 200 bis 250 g reduzieren lassen. Natürlich hätte es keine starke Detonation gegeben, wenn diese Menge zum Einsatz gekommen wäre. Es wäre tatsächlich »ein einmaliger Blitz« gewesen – wie ihn der Zeuge Adolf Bernd Freier beschrieb. Wie stark die Explosion einer solch geringen Menge ist, läßt sich schwer abschätzen, denn es ist möglich, daß die deutschen Techniker und Wissenschaftler ein Verfahren beherrschten, um die freiwerdende Energie vor allem in Hitze und Strahlung umzusetzen. Wir haben diesbezüglich mit verschiedenen Fachleuten gesprochen, die uns viele unterschiedliche Zahlen gaben. Ihre Schätzungen lagen zwischen 0,01 und 0,1 Kilotonnen, also der Explosionsstärke von 10 bis 100 Tonnen TNT. (Demzufolge müßte, so glaubten wir ursprünglich, eine 100-Gramm-Ladung nochmals etwa 50 % darunter liegen, wobei sich aus aktueller Sicht jedoch herausstellen sollte, daß diese Werte möglicherweise immer noch viel zu hoch angesetzt waren.)

Wir diskutierten das Thema u. a. mit unserem spanischen Kollegen Norbert Lahuerta, der uns seine Gedanken hierzu wissen ließ, und uns letztlich die Lösung des Problems in einem seiner Schreiben[122] aufzeigte:

»Kann man also Atomwaffen mit nur, sagen wir, 250 oder 300 Gramm Pu-239 bauen?

Ja, aber es ist sehr schwierig: man muß fast vierfache Verdichtungen erreichen können, die TA-, NRM- und Neutronenquellen-Herstellung beherrschen und/oder die Lithium-Anwendung kennen. Das Ergebnis wäre mehr eine radioaktive Waffe als eine Sprengwaffe. Aber die Wirkung einer solchen Bombe wäre doch eine tödliche.

Hätte sich ein Test mit dieser Ladung gelohnt?

---

(122) Persönliche N. Lahuertas an die Autoren vom 21. Mai 2001.

Ja, aber es hätte Vor- und Nachteile gegeben:

Wichtigster Vorteil: Wenn man die Probleme der Minibombe gemeistert hat, beherrscht man auch die Technik, um viel größere, stärkere und sparsamere Bomben herzustellen. Dieser Effekt tritt ein, weil die Nutzung von großen Verdichtungen, TAs, NRMs und der Lithium-Verstärkung nicht nur die kritische Masse verkleinert, sondern auch die Wirksamkeit der Bombe erhöht (eine sparsame Bombe braucht weniger Sprengstoff als eine weniger wirksame Bombe, um eine gewisse Stärke zu erreichen). […]

Wichtigster Nachteil: Man braucht natürlich mehr Zeit und Geld, um eine raffinierte Technik zu beherrschen.

Aber dieser Zeitverlust ist auch relativ: raffinierte Bomben verbrauchen in jedem Fall weniger Kernsprengstoff. Da sie sparsamer sind, kann man also mehr Einheiten eines gewissen Bombentyps (mit einer bestimmten Sprengkraft) bauen. Die Zeit, die man während der Entwicklungsphase verliert, um die komplizierten Implosionszünder, NRMs oder TAs zu beherrschen, wird wahrscheinlich durch die Beschleunigung der Serienproduktion und die Einsparung des Kernsprengstoffes mehr als ausgeglichen.

Kann man nukleare Waffen mit unterkritischen Ladungen herstellen?

Noch vor wenigen Tagen wäre meine Antwort ›Nein‹ gewesen. Aber wahrscheinlich findet man in dem folgenden Buch der Autoren André Gsponer und Jean-Pierre Hurni eine andere (und richtige) Antwort: ›Fourth Generation Nuclear Weapons. The Physical Principles of Thermonuclear Explosives, Inertial Confinement Fusion, and the Quest for Fourth Generation Nuclear Weapons.‹ Gsponer ist ein guter Kernphysiker, der am CERN und im Rutherford Laboratory, *Oxford, gearbeitet hat.«*

Die von Herrn Lahuerta genannte wissenschaftliche Publikation[123] wurde umgehend bestellt. Bis zu ihrem Eintreffen sahen

(123) André Gsponer & Jean-Pierre Hurni: Fourth Generation Nuclear Weapons. The Physical Principles of Thermonuclear Explosives, Inertial Confinement Fusion, and the Quest for Fourth Generation Nuclear Weapons. Technical Report International Network of Engineeres and Scientists Against Proliferation (INESAP), IANUS, Darmstadt University of Technology, 7. Auflage, Darmstadt 2001.

wir uns die dazugehörige Internet-Seite an, die eine Zusammenfassung des Reports vorstellte:

»The fourth chapter is devoted to fourth generation nuclear weapons. These new fission or fusion explosives could have yields in the range of 1 to 100 ton equivalents of TNT, i. e., in the gap which today separates conventional weapons from nuclear weapons. These relatively low-yield nucelar explosives would not qualify as weapons of mass destruction. Seven physical processes which could be used to make such low-yield explosions, are investigated in detail: subcritical fission-burn, magnetic compression, superheavy elements, antimatter, nuclear isometers, metallic hydrogen and superlasers (i. e., ultrapowerful lasers with intensities higher than 10^{19} W/cm^2).«[124]

Hier war also zu lesen, daß hart an Atombomben mit einer Sprengkraft von nur einigen (oder einigen Dutzend) Tonnen TNT und/oder Atomwaffen mit unterkritischen Ladungen gearbeitet würde. Auch an nichtnuklearen Sprengstoffen mit fast atomarer Sprengkraft (metallischer Wasserstoff) war man offenbar stark interessiert. Mit diesen Stoffen könnte man Wasserstoffbomben bauen, die keine Atombomben als Zünder verwenden müßten.

Wir konnten uns bereits damals, unmittelbar nachdem wir diese Informationen erhalten hatten, ohne Schwierigkeiten vorstellen, daß deutsche Wissenschaftler und Ingenieure schon im Zweiten Weltkrieg Fortschritte auf dem Gebiet der Atomwaffenkonstruktion erzielten, welche die am amerikanischen Nuklearbombenprojekt beteiligten Spezialisten für unmöglich hielten. Und vielleicht entwickelten sie zudem ein Verfahren, das erst viel später durch die Großmächte verstanden und genutzt wurde, eine Vermutung, die sich wenig später bestätigen sollte. Genau das würde nämlich auch den Sachverhalt erklären, der bisher immer gegen ein deutsches Atombombenprojekt ins Feld geführt wird: Beim Studium der einschlägigen Literatur über den Bau der amerikanischen Atomwaffe wird für jedermann deutlich, daß die USA ein gewaltiges Projekt ankurbelten, bei dem Geld, Material und Personal keine Rolle spielten. In

---

(124) Siehe hierzu: www.fas.org/nuke/hew/News/INESAPTR1.html.

Deutschland wäre ein gleichartiger Aufwand an Menschen und Material, das möchten wir an dieser Stelle ausdrücklich betonen, in dieser Form nicht realisierbar gewesen. Man mußte also, wollte man zum Ziel gelangen, auf eine intelligentere Lösung setzen. Freilich benötigte man auch auf deutscher Seite nicht zu knappe Forschungskapazitäten, Fachleute und Materialien, aber es handelte sich um ein den äußeren Bedingungen angepaßtes Projekt.

Wir verweisen in diesem Zusammenhang nochmals auf die Ausführungen von Norbert Lahuerta, daß eine intelligente Lösung der Atomwaffenkonstruktion letztlich enorme Kosten spart, auch wenn möglicherweise die Entwicklung einer solchen Methode etwas längere Zeit in Anspruch nimmt. Übrigens bestätigt auch die uns vorliegende Aussage des ehemaligen britischen MI-14-Agenten, die wir in unserem ersten Buch veröffentlicht haben, daß die Deutschen ein intelligenteres und letztlich »einfacheres« Verfahren zur Herstellung der Atomwaffe fanden, was die Verantwortlichen auf alliierter Seite ziemlich erschreckte.[125]

Doch zurück zu dem wissenschaftlichen Report von Gsponér und Hurni. Dort findet man auf Seite 87 den folgenden wichtigen Abschnitt:

»The problem with compression is that the maximum pressure and the detonation velocity of existing chemical explosives are not high enough to compress fissile materials to the required densities [...]. Using a very sophisticated implosion technology, the maximum compression factor is about 10^9*.«*

Das hatten wir nicht erwartet! Die beiden Experten gaben an, daß sich die maximale Kompression auf den Faktor 10 belaufe (statt des uns bisher bekannten Faktors 4), was bedeutete – wenn man die Formel für die kritische Masse berücksichtigte –, daß die unterkritische Masse nochmals verringert werden konnte. Gsponér und Hurni präsentierten die für uns wichtige Information in ihrer Abhandlung auf Seite 87 in der Anmerkung 9:

»The smallest amount of plutonium that can be made critical in a fast assembly is about 100 g.«

---

(125) Edgar Mayer & Thomas Mehner: Das Geheimnis der deutschen Atombombe. Gewannen Hitlers Wissenschaftler den nuklearen Wettlauf doch? Kopp Verlag, Rottenburg 2001, S. 87–92.

Hier wurde also bestätigt, daß die kleinste unterkritische Masse, die man zünden könne, bei rund 100 g liegt!!!

Die Formel, um die kritische Masse (**m**) zu berechnen, wir möchten dies nochmals wiederholen, lautet $m = M : X^2$. Die kritische Masse ohne Kompression (**M**) für Pu-239 liegt ungefähr bei 10 500 oder 10 400 g (ein rein theoretischer Wert, da dieser Stoff ohne Implosion/Kompression angeblich nicht richtig detonieren kann). Mit einer zehnfachen Verdichtung (X) errechnet sich die kritische Masse wie folgt:
$m = 10\,500 : 10^2 = 105$ g (oder $m = 10\,400 : 10^2 = 104$ g)

Man gelangt also auf eine kritische Masse von 105 (oder 104) g, wenn man weiß, daß der Verdichtungsfaktor 10 möglich ist.

In Gesponér und Hurnis Report fanden sich aber noch weitere wertvolle Informationen. Beispielsweise auf Seite 16:

»*When actually exploding an experimental boosted device for testing purposes, there are several advantages in keeping the yield a low to possible. This enables: (1) to insure that the technique of using an implosion device that would be a fission-fizzle without tritium gives the calculated yield with only a minimum amount tritium in the pit, (2) to enhance the contribution of the delicate initial fission-fusion phase relative to the final fusion-fission phase which is a simple nuclear amplification process, (3) to minimize the background signals which may overload the measuring instrumentation, (4) to be able to explode the device at a relatively low depth into the ground and to minimize the damage to the test range and its vicinities, and, finally (5) to waste a little precious tritium as possible. This explains why most of the tests performed par India and Pakistan in May 1998 were of very low yield, i. e., of only a fraction of a kiloton.*«

Die hier publizierten Bemerkungen passen sehr gut zu den Beschreibungen der Zeugen für die Existenz der deutschen Atombombe und würden auch erklären, warum man in Deutschland seinerzeit mehrere kleine bzw. sehr kleine Atombomben testete. Haben deutsche Wissenschaftler, Techniker und Militärs »verstärkte Atombomben« (»boosted fission bombs«) erprobt? Schon lange hatten wir den entsprechenden Verdacht, daß Wissenschaftler und Ingenieure des Dritten Reiches im Zweiten Weltkrieg einen wesentlich effizienteren Weg benutzten, um die von ihnen geforderten Nuklearwaffen herzustellen. Insbesondere die »boosting«-Technik wäre ein solcher Weg gewesen, zumal mit ihr erhebliche Vorteile verbunden sind:

1) Man kann Bomben bauen, die viel weniger nuklearen Sprengstoff (U-235, U-233 oder Pu-239) benötigen.

2) In verstärkten Bomben kann man Plutonium oder Uran-233 benutzen, *das direkt aus einem Reaktor kommt* (reactor grade). Normale Atombomben funktionieren hingegen nur richtig mit z. B. *ultrareinem* Plutonium (weapon grade: mit einem hohen Anteil an Pu-239).

3) Diese Bomben sind auch wirksamer, denn sie verbrauchen einen größeren Teil ihrer Sprengladung.

4) Sie lassen sich – bei genauer Betrachtung – sogar leichter herstellen als die vergleichsweise primitiven Hiroshima- oder Nagasaki-Bombentypen.

Die betreffenden Informationen finden sich in dem erwähnten Report von Gsponér und Hurni auf Seite 17:

»Boosting can also be used to make efficient and reliable fission weapons in which reactor grade plutonium is used instead of weapons grade plutonium. [...] Moreover, independently of the type of fissile material used, the construction of ›simple‹ and ›deliverable‹ tritium-boosted nuclear weapons can be easier than the construction of primitive Hiroshima or Nagasaki type atomic bombs; the main problem is to acquire the few grams of tritium that are needed for every weapon.«

Im Report werden ab Seite 80 die verschiedenen Generationen von Nuklearwaffensystemen beschrieben. Die erste Generation wird durch die reinen Plutonium- und Uran-Bomben präsentiert. Die Tritium-verstärkten Atombomben (und die Wasserstoffbomben mit zwei Stufen – Fission + Fusion) sind bereits Waffen der zweiten Generation, die angeblich erst zu Beginn der 1950er Jahre entwickelt wurden. Wir halten diese Annahme aber für eher unglaubwürdig und vertreten statt dessen die Auffassung, daß die zweite Generation von Nuklearwaffen schon während des Zweiten Weltkrieges in Deutschland entwickelt worden ist. Deutsche Kernphysiker arbeiteten nämlich am Tritium-Problem, beispielsweise Paul Harteck[126]. Und dann gibt es da noch die überraschende Tatsache, daß eine gewisse »Abteilung 3« aus Japan im Januar des Jahres 1945 viele hochtechnologische nukleare Materialien und Ausrüstungen in Deutschland bestellte.[127] Unter den angeforderten Stoffen befand sich eine halbe

---

(126) Über ein vernachlässigtes Kapitel der Geschichte der deutschen Atomforschung, insbesondere was die Firma DEGUSSA und die Person Hartecks angeht, berichtete schon Julius Mader in seinem 1965 erschienenen Buch »Der Banditenschatz« (Deutscher Militärverlag):
»Die DEGUSSA gehörte schließlich auch zu den von Hitler persönlich auserlesenen Betrieben, die noch in den letzten Kriegsjahren Atombomben herstellen sollten. Zu diesem Zweck holte die dem Reichswirtschatsminister Walther Funk unterstehende ROGES GmbH aus den von der Hitlerwehrmacht okkupierten europäischen Staaten, ab 1942 für die DEGUSSA verstärkt, die für die Urangewinnung erforderlichen Rohstoffe zusammen. [...] Dieses Engagement der DEGUSSA als ›Wunderwaffen‹produzent ist noch vielfach unbeachtet geblieben.« (S. 229–230)
»[...] Die DEGUSSA hielt zu einem Kreis faschistischer Kernphysiker um einen gewissen Dr. Decker, der nach dem Kriege mit vielen Forschungsunterlagen nach Argentinien geflohen war und in Laboratorien bei San Carlos de Bariloche arbeitete. [...]« (S. 231)
»Um den aus amerikanischer Gefangenschaft nach Westdeutschland zurückgekehrten Professor Dr. rer. nat. Paul Harteck wurde ein auffällig dichter Schweigering gelegt. [...] Die Anonymität [...] wurde [...] derart strikt gewahrt, daß selbst ein führender Gelehrtenkalender eingestehen mußte, daß über ihn ›nähere Angaben weder während der Arbeiten an der letzten Ausgabe noch jetzt zu erhalten waren‹. Diese jeder Publizität abholde Einstellung ergibt sich [...] aus dem Spezialgebiet Professor Hartecks. Seine unter Hitler begonnenen Studien setzte er [...] ebenso fort wie der Chef der Abteilung Wissenschaft des Oberkommandos der Hitlerwehrmacht, Generalmajor Professor Dr. rer. nat. Erich Schumann, der jahrelang auf dem Schießplatz Kummersdorf bei Berlin die Geheimforschung an Kernwaffen beaufsichtigte und bei Kriegsende rechtzeitig dafür sorgte, daß seine geheimen Waffenpläne verschwanden. Auch diese beiden hatten mehr oder weniger feste Beziehungen zur DEGUSSA.
Auf die Ergebnisse solcher [...] betriebenen Forschungen machte 1960 die britische Zeitung »Financial Times« aufmerksam, indem sie enthüllte, daß die DEGUSSA-Aktienkurse um 275 Prozent stiegen, seitdem dieser Konzern ›an einem 'billigen' Verfahren zur Gewinnung von Uran 235 arbeitet‹. Uran 235 ist das Ausgangsprodukt sowohl für Uran- als auch für Plutonium-Bomben!« (S. 232–233).

(127) Philipp Henshall: The Nuclear Axis. Germany, Japan and the Atom Bomb Race 1939–45, Sutton Publishing Limited, Phoenix Mill, Thrupp/Stroud/Gloucestershire, Großbritannien, 2000, S. 57.

Tonne Lithium! Steckt man Lithium in einen Reaktor, entsteht Tritium! Außerdem kann man ein Stoffgemisch aus Lithium und Deuterium direkt in Wasserstoff- und »boosted-fission«-Bomben einsetzen.

Aufgrund dieser und anderer Hinweise wächst für uns die Gewißheit, daß deutsche Experten an verstärkten Tritium-Bomben arbeiteten. Davon abgesehen, hätte es sich aber sicherlich auch gelohnt, die Detonationen von reinen Plutonium- oder Uran-Bomben so schwach wie möglich zu halten, weil damit einerseits bei Tests die Versuchsgelände geschont worden wären, andererseits auch die Belastung für die Umwelt in Grenzen gehalten werden konnte. Darüber hinaus darf nicht vergessen werden, daß die Gewinnung von Ergebnissen durch Meßinstrumente bei schwachen Explosionen wesentlich einfacher zu realisieren ist. Zum Vergleich: Beim ersten Test der amerikanischen Plutoniumbombe wurden fast sämtliche Meßeinrichtungen zerstört, weil die Waffenwirkung die Erwartungen der Wissenschaftler und Militärs bei weitem übertraf. Der Versuch war damit nur insofern erfolgreich, als man — optisch und physisch gesehen — erfuhr, was bei der Detonation einer solchen Bombe passierte, jedoch kaum verwertbare Meßdaten erhielt. Und auf solche kommt es bei einem Experiment in erster Linie an.

Natürlich muß man an dieser Stelle die Frage stellen, wie weit eine Atomwaffendetonation in ihren Wirkungen minimiert werden kann. Diese Frage ist von außerordentlicher Wichtigkeit, denn sie hilft uns möglicherweise auch in bezug auf die behauptete Explosion einer Kleinst-Nuklearwaffe auf dem Truppenübungsplatz Ohrdruf am 4. März 1945 weiter.

Üblicherweise wird die Stärke von nuklearen Waffendetonationen in Kilotonnen (KT) oder Megatonnen (MT) TNT-Äquivalent angegeben. Der Einsatz solch massiv wirkender Waffensysteme im Ernstfall zieht allerdings verheerende Konsequenzen für die betroffenen Gebiete nach sich, so daß die Militärs bereits früh über die Entwicklung kleinerer Atombomben für taktische Aufgaben nachdachten:

»Der Wunsch nach möglichst kleinen Kernwaffen ist wohl zuerst von den Militärs vorgetragen worden wegen der dann möglichen Verwendbarkeit in Raketensprengköpfen und Granaten. In neuerer Zeit wird diesem Punkt auch wegen der Frage einer

möglichen Entdeckung von Kernwaffenversuchsexplosionen große Aufmerksamkeit geschenkt.

Aus dem Jahre 1957 ist als kleinste Kernwaffenexplosion die mit dem Decknamen ›Rainier‹ bezeichnete Versuchsexplosion bekanntgeworden. Die Atomenergiekommission der Vereinigten Staaten (USAEC) gab bekannt, daß diese unterirdische Versuchsexplosion eine Explosionsstärke von 1,7 KT TNT besaß. Das entspricht ungefähr einem Zehntel der Stärke der Hiroshima-Bombe. Zum Vergleich sei erwähnt, daß die größte chemische Explosion von 4 KT TNT am 18. April 1947 auf Helgoland stattgefunden hat.

In jüngerer Zeit wurden noch kleinere Kernexplosionen bekannt. Eine im März 1959 von der USAEC herausgegebene Zusammenstellung über Einzelheiten der amerikanischen Kernwaffenversuche im Jahre 1958 gibt Auskunft über Ort, Zeitpunkt und Stärke der ausgelösten Explosionen. In dem Bericht sind für Tunnelexplosionen (unterirdische Explosionen) genannt: 200 Tonnen und 57 Tonnen TNT; die kleinsten Explosionen, die auf Stahltürmen gezündet wurden, hatten die Stärke von einer und sechs Tonnen TNT. Hieraus ist ersichtlich, daß es nunmehr technisch möglich ist, auch kleine Kernwaffen herzustellen.«[127]

Diese Anmerkungen wurden bereits 1961 veröffentlicht! Sie sind sehr interessant, denn sie bringen uns auf die Spur der tatsächlichen Möglichkeiten. Wenn die USA im Jahre 1958 eine Atomwaffe mit einem TNT-Äquivalent von nur einer Tonne (!) zünden konnten, dann zeigt das überdeutlich, daß Atomwaffen alles andere als groß, schwer und vernichtungsstark sein müssen.

Sehen wir uns einige Vergleichszahlen an: Die Hiroshima-Bombe verfügte über eine geschätzte Sprengkraft von 20 KT (oder 20 000 t bzw. 20 000 000 kg) TNT. Die im Jahre 1958 seitens der Vereinigten Staaten realisierten Tests betrafen Waffen mit einer Sprengkraft von 1,7 KT (= 1700 t oder 1 700 000 kg), 0,2 KT (= 200 t oder 200 000 kg) bis hinunter zu einer Tonne (1000 kg)

---

(127) Autorenteam: Kernexplosionen und ihre Wirkungen. Mit einer Einleitung von C. F. von Weizsäcker, Fischer Bücherei KG, Frankfurt/Main und Hamburg, 1961, S. 40–41. Die wissenschaftlichen Quellen sind im Angang des Buches angegeben und basieren auf Veröffentlichungen der US-Atomenergiekommission.

TNT. Das heißt, daß die »kleinste« Waffe gerade einmal ein *Zwanzigtausendstel* der Vernichtungskraft der Bombe hatte, welche das japanische Hiroshima zerstörte!

Doch es kommt noch besser. Die Verfasser des Buches »Kernexplosionen und ihre Wirkungen«, aus dem wir soeben zitierten, beriefen sich auf Angaben der amerikanischen Atomenergiekommission (AEC). Diese hatte Ende der 1950er Jahre zwei Versuchsserien, »Operation Hardtack I« und »Operation Hardtack II« gestartet, um die Wirkung kleiner Atomwaffen zu untersuchen. Für unsere Betrachtungen ist vor allem »Operation Hardtack II« von Interesse, weil innerhalb dieser Testserie Atomsprengsätze erprobt wurden, die – was ihre Wirkung anging – sogar teilweise noch unter dem Ein-Tonnen-Äquivalent lagen!

Selbst wir waren überrascht, als wir die »Größen«-Ordnung dieser Versuche erfuhren:[128]

Testname	Datum	Testtyp	Sprengkraft (TNT-Äquiv.)
Valencia	26.09.1958	Schacht	0,002 KT = 2000 kg
Hamilton	15.10.1958	Turm	0,0012 KT = 1200 kg
Ceres	26.10.1958	Turm	0,0007 KT = 700 kg
Titania	30.10.1958	Turm	0,0002 KT = 200 kg

Man muß sich die Zahlenangaben, insbesondere den letzten Wert, einmal »auf der Zunge zergehen lassen«: Die USA erprobten am 30. Oktober 1958 eine Atomwaffe, die eine Sprengwirkung von nur 200 kg TNT besaß!!! Das ist ein *Hunderttausendstel* der Wucht, welche die Hiroshima-Bombe erzeugte!

Uns war plötzlich klar, daß die Sprengkraft einer 100-g-Atomwaffe im Bereich jener in der Tabelle genannten Werte oder etwas darüber gelegen haben dürfte, womit wir selbst unsere optimistischten Einschätzungen nach unten korrigieren muß-

(128) Die Angaben finden sich unter im Internet unter: http://www.fas.org/nuke/hew/Usa/Tests/Hardtack2.html.
Sollte die Seite nicht verfügbar sein, so gebe man über die Internet-Suchmaschine google.de den Begriff »Hardtack« ein. Nach den Ereignissen vom 11. September 2001 (Zerstörung der Zwillingstürme des World Trade Centers durch einen terroristischen Anschlag) wurden einige sicherheitsrelevante Seiten gelöscht.

ten. Uns wurde aber auch klar, daß es in der Natur der Sache lag, wenn bei solch winzigen Atomwaffendetonationen der Großteil der Energie, die freigesetzt wurde, in Hitze und Strahlung aufging, während nur ein eher geringer Teil eine Luftdruckwelle erzeugte, die aber nur unmittelbar zerstörerisch wirkte – und im Abstand von vielleicht einem Kilometer schon kaum mehr als ein heftiger Windstoß war.

Unter Beachtung all dieser Sachverhalte wird verständlich, warum die Augenzeugin Cläre Werner bei ihrer Beobachtung eines deutschen Atomwaffentests von der Wachsenburg aus nicht starb, wohl aber einige Tage an den eindeutigen Symptomen einer leichten Verstrahlung litt. Und warum sie über einen kräftigen Wind berichtete, aber keine Zerstörungen in der Umgebung erwähnte. Verständlich wird aber auch, daß nur die sich in unmittelbarer Nähe befindlichen Menschen bei dem A-Waffen-Versuch getötet bzw. verletzt wurden. – Diejenigen, die den Testort ausgewählt hatten, wußten scheinbar genau, was sie taten!

Eine solch kleine Kernwaffendetonation setzt aber auch weitaus weniger Spaltprodukte frei, als eine große. Allein schon der technische Aufbau einer solchen Mini-Waffe verlangt, daß das in ihr befindliche angereicherte Material zu einem Großteil umgesetzt wird. Bei der Detonation der Uran-235-Atombombe über Hiroshima wurde nur etwas mehr als ein Prozent des Uran-235 gespalten, der Rest flog unverbraucht in die Atmosphäre und regnete schließlich großflächig ab, so daß sich dieses Material zusammen mit den Spaltprodukten später als Identifizierungsmerkmal einer nuklearen Detonation bestimmen ließ. Genaugenommen handelte es sich bei diesem Bombeneinsatz aber um eine reine Materialverschwendung!

Die nach dem Erscheinen unseres Buches »Das Geheimnis der deutschen Atombombe« publizierten offiziösen Gegendarstellungen, wonach es keine Beweise für eine A-Waffen-Detonation auf dem Truppenübungsplatz gebe, weil keine erhöhte Strahlung gemessen werden konnte, sind angesichts der dargestellten Fakten lediglich als Beweis für das Nichtbegreifen bestimmter Zusammenhänge zu deuten und peinlich für diejenigen, die sie verfaßt haben. Um eine vor fast 60 Jahren stattgefundene Nukleardetonation, die vielleicht nur ein Zehntausendstel bis ein Hunderttausendstel der Sprengkraft der Hiroshima-

Bombe hatte, und wahrscheinlich den nuklearen Sprengstoff zum überwiegenden Teil in Energie verwandelte, nachzuweisen, bedarf es äußerst umfangreicher und teurer Untersuchungen, die nicht durchgeführt worden sind (ob dabei überhaupt etwas herauskommen würde, ist ohnehin zweifelhaft). Wenn heutzutage von irgendwelchen Personen, die im Gebiet des Dreiecks Bodenproben entnahmen und diese analysieren ließen, behauptet wird, dabei sei nichts entdeckt worden, was auf irgendeine atomare Reaktion hinweise, so besagt das noch lange nicht, daß eine solche Detonation nicht doch stattgefunden hat. Die zum Einsatz gekommene Testbombe war eine in bezug auf den in ihr befindlichen und durch sie gespaltenen »Atomsprengstoff« *hocheffiziente* Waffe, die möglicherweise in der Art einer kleinen Neutronenbombe funktionierte, demzufolge vor allem Strahlung freisetzte. Warum sonst sprachen einige der Zeugen von einer »Strahlenwaffe«?!

Vergessen wir auch nicht, daß die erste deutsche Atombombe in ihrer Größe als Kleinstbombe beschrieben wurde. Henry Picker, oft Gast bei Führer-Mahlzeiten, berichtete in seinem Buch »Hitlers Tischgespräche im Führerhauptquartier« (Propyläen-Taschenbuch bei Ullstein, Berlin 1997), daß der Prototyp »kleinkürbisgroß« gewesen sei. Und deutsche Atomphysiker hatten die Größe der Bombe schon Anfang der 1940er Jahre mit der einer Ananas verglichen, ein Umstand, der nicht unberücksichtigt bleiben darf.

Es versteht sich von selbst, daß derjenige, der eine Kleinstbombe bauen kann, auch in der Lage ist, eine große Waffe herzustellen. Umgekehrt ist das aber noch lange nicht der Fall ...

Wir müssen es nochmals betonen: Relativieren Sie alles, was Sie in bezug auf die Wirkungen von Atombomben wissen. Es gibt Waffen, die ganze Gebiete oder Städte vernichten können, es existieren aber auch solche, die für gezielte Schläge entwikkelt worden sind und einen eng begrenzten Wirkungsradius von nur 500 bis 1000 Metern aufweisen. Auch die Wirkung der Atomwaffendetonation vom 4. März 1945 auf dem Truppenübungsplatz Ohrdruf umfaßte nur einen winzigen Bruchteil dessen, was vergleichsweise die beiden japanischen Städte Hiroshima und Nagasaki mitsamt ihrer Bevölkerung zu erleiden hatten.

Kommen wir noch einmal zurück zu den von den Amerikanern durchgeführten Kleinst-Nukleartests. Der in der Tabelle aufgeführte »Hardtack-II«-Versuch mit der Bezeichnung »Hamilton« (0,0012 KT) diente der Erprobung eines Sprengsatzes, der später leistungsverstärkt in Form der Atomwaffe XW-54 »Davy Crockett« gebaut wurde.[129] Diese Bombe wurden Ende der 1950er Jahre hergestellt, hatte ein Gewicht von nur 16 kg, setzte eine Sprengkraft von mindestens 0,01 KT frei und wurde mittels eines Treibsatzes verschossen, der den Sprengkopf zwischen zwei und vier Kilometer weit transportierte. Allein dieser Reichweitenwert zeigt überdeutlich, daß die Wirkung dieser Atomwaffe auf einen engen Bereich begrenzt war, denn nach dem Abschuß der Waffe vergingen nur Sekunden bis zu ihrer Detonation, so daß die Bedienmannschaft kaum Zeit hatte, sich weit vom Ort des Geschehens zu entfernen. Von dieser Nuklearwaffe wurden insgesamt 2100 Einheiten hergestellt.

Die XW-54 »Davy Crocket«, die leichteste US-Atomwaffe, die angeblich je entwickelt wurde. Über die Menge des im Gefechtskopf befindlichen angereicherten Materials gibt es keine Angaben, die entsprechenden Daten sind streng geheim. (Quelle:* Department of Energy, *USA)

Lassen Sie uns zum Schluß noch ein letztes Argument beleuchten, mit dem wir bei zahlreichen Diskussionen immer wieder konfrontiert wurden: Selbst wenn kleinste Nuklearwaffen Ende der 1950er Jahre erprobt wurden, so hieß es, sei es doch kaum glaubhaft, daß so etwas deutsche Wissenschaftler und Ingenieure bereits bei Kriegsende gekonnt hätten. Wirklich nicht?

Es gibt ein Indiz, daß die »Jungs in den Hinterzimmern« sehr wohl dazu in der Lage waren. In einer Ausgabe des Nachrichtenmagazins »Der Spiegel« – Nr. 42/1949 – wurde ein Artikel mit der Überschrift »Wir haben die Beweise« veröffentlicht, in

(129) Siehe hierzu: http://www.brook.edu/dybdocroot/FP/projects/nucwcost/davyc.HTM

dem die Geschichte des deutschen Physikers Robert Tellmann erzählt wurde, der 1943 in russische Gefangenschaft geraten war. Ohne den »Spiegel«-Bericht als endgültigen Beweis ansehen zu wollen, ist er doch ein weiterer Stein im großen Puzzle der ungeklärten Geschichte der deutschen Atomforschung: Tellmann wurde nach seiner Festsetzung von den Russen sehr schnell als Fachmann erkannt und zu einer Zusammenarbeit aufgefordert, der er Folge leistete. Im Laufe der Zeit nahm er eine wichtige Position in der sowjetischen Forschung ein und traf darüber hinaus eines Tages einen alten Berliner Kollegen wieder, der für die sowjetische Rüstungswirtschaft arbeitete und ihn an Versuchen zu neuartigen Waffensystemen teilhaben ließ.

Lange Rede, kurzer Sinn: Was Robert Tellmann unmittelbar nach dem Krieg zu sehen bekam, verschlug ihm die Sprache: Er wohnte Erprobungen von neuen Raketen ebenso bei wie den Tests von Todesstrahlen, Wetterwaffen oder Eisbomben, wobei letztere in den Aral-See geworfen wurden. (Woher hatten die Russen unmittelbar nach dem Krieg all diese Technologien? Uns erinnert das alles an die Wunderwaffen-Entwicklungen deutscher Wissenschaftler.) Von seinem Kollegen erfuhr er, daß die erste russische Atomforschungsstätte bei Semipalatinsk, das Gelände wurde später als Testgelände benutzt, Anfang 1947 in die Luft geflogen war.

Interessant ist auch, was Tellmann in bezug auf die erste Erprobung von zwei sowjetischen Atomwaffen zu sagen wußte:

»Es war Anfang Mai 1948, als die Russen ihren ersten Atombomben-Abwurf auf der Halbinsel Wanghyschlak am Kaspischen Meer versuchten. Die Marschälle Woronin und Timoschenko, die Generale Diskonow und Efrenow gehörten der Kommission an, die dem Versuch beizuwohnen hatte. Auch Tellmann war befohlen. Die Russen hatten alle nur denkbaren Vorsichtsmaßnahmen getroffen, vor allem wollten sie vermeiden, daß die Explosion von den sehr genauen Registrierapparaten des amerikanischen Geheimdienstes irgendwo aufgenommen werden könnte. Das war auch der Grund, warum die Probebombe nur 150 Gramm eigentlichen Atomexplosivstoff enthielt.«

Es hieß zwar abschließend, daß die Versuche am Kaspischen Meer enttäuschend verlaufen seien, weil beide Bomben zu früh detonierten und daher nur 5 bzw. 15 % ihrer eigentlichen Explosionsstärke erreichten. Doch uns elektrisierte der Bericht trotzdem. Nicht nur der Umstand, daß diese Erprobungen *vor* dem ersten offiziellen Test der sowjetischen Atombombe im Jahre 1949 stattgefunden hatten, ließ uns neugierig werden. Besonders bemerkenswert war der Hinweis auf die 150-g-Ladung der Probebomben, denn es handelte sich dabei doch um eine Größenordnung, die angeblich »technisch nicht machbar« war bzw. ist. Genau aus diesem Grund scheidet für uns auch Desinformation in bezug auf diese beiden ersten sowjetischen Atomtests aus, denn nur Spezialisten wissen, daß 150 g zur Explosion gebracht werden können.

Aufgrund der Gesamtsituation der damaligen sowjetischen Atomforschung steht für uns fest, daß die Versuche mit Kleinst-Atombomben kaum auf den Erkenntnissen sowjetischer Spezialisten basierten. Vielmehr gehen wir davon aus, daß die in sowjetischen Diensten tätigen deutschen Spezialisten, allen voran die Herren Hertz, Riehl und von Ardenne, das Prinzip dieser speziellen Waffe weitergaben, denn sie müssen, wenn man die im Buch vorgestellten Zeugenaussagen betrachtet, über die Funktionsweise einer solchen Minibombe Bescheid gewußt haben. So schließt sich der Kreis: Die Russen probierten 1948 etwas aus, das ihnen von fremder Hand gegeben und mindestens schon einmal – im Jahre 1945 – erprobt worden war.

Wenn also Zeugen in ihren Briefen erwähnten, daß auf dem Truppenübungsplatz Ohrdruf durch SS, Reichspost und das Diebner-Team eine 100-g-Atomsprengladung gezündet wurde, so ist das, wir wie aufzeigen konnten, glaubhaft, weil technisch möglich. Aber es ist nicht nur möglich, sondern sogar im höchsten Grade wahrscheinlich: Eine Nation, die auf bestimmten Gebieten der Hochtechnologie einen Entwicklungsvorsprung von zehn und mehr Jahren hatte (wie die Alliierten nach dem Krieg selbst neidvoll zugaben, man denke nur an die Raketentechnik!), sollte solch einen Vorsprung auch auf dem Gebiet der Atomforschung vorweisen können. Die offizielle Behauptung der Geschichtsschreibung, Deutschland habe niemals eine Atomwaffe in Angriff genommen, ist für uns die unsinnigste, widersprüchlichste und unglaubhafteste Anekdote des 20. Jahrhunderts, weil sie einfach mit der Logik nicht vereinbar ist.

Kapitel 7

Das »Gerücht« oder wie sich die Staatsgewalt für Dinge interessiert, die nicht existieren

Wir haben in diesem Buch aufzuzeigen versucht, daß das Dritte Reich nicht nur über eine Atombombe und andere »Wunderwaffen« verfügte, sondern stellten auch dar, warum diese Systeme nicht zum Einsatz gelangten. Noch ist das Bild, das sich uns präsentiert, etwas verschwommen und spekulativ, aber alles spricht dafür, daß Albert Speer und Hans Kammler einen eigenen Plan zur Rettung Deutschlands entworfen hatten, der den Untergang des Dritten Reiches mit Hitler an seiner Spitze ins Kalkül zog, um hernach ein sogenanntes Viertes Reich, wahrscheinlich unter Beteiligung des deutschen Widerstandes, zu errichten. Welche Rolle hierbei Geheimverhandlungen mit den Alliierten spielten, ist allerdings noch nicht klar.

Leider können wir auf die umfangreichen Pläne zur Errichtung eines Vierten Reiches, die unter dem Decknamen »Operation Avalon« liefen und u. a. mit der Verlagerung von Kunstgut, Wertsachen, Edelmetallen, Akten und auch Technologie zu tun hatten, an dieser Stelle nicht einmal andeutungsweise eingehen, da die Vielzahl der uns vorliegenden Informationen noch genauer recherchiert werden muß. Im Moment läßt sich nur feststellen, daß diese Operation ein Überleben des nationalsozialistischen Systems sicherstellen sollte, auch für den Fall, daß die Entstehung des Vierten Reiches als Staatsgebilde durch Kräfte von außen verhindert werden würde. Die sich aus den Planungen ergebenden Konsequenzen erscheinen ungewöhnlich, wenn nicht gar erschreckend, so daß wir unsere Leserschaft noch um etwas Geduld bitten möchten, bis wir eines Tages auch auf dieses brisante Thema eingehen werden.

Ob die in den vorangegangenen Kapiteln vorgestellten Fakten, Indizien, Zeugenaussagen und Schilderungen von Zusammenhängen etwas an der offiziellen Handhabung des Thema der möglichen Existenz der deutschen Atombombe ändern werden, bleibt abzuwarten. Seine Anerkennung könnte sich immerhin zu einem Politikum auswachsen, woran allerdings kaum ein Verantwortlicher interessiert sein dürfte. Statt dessen wird wohl weiterhin behauptet werden, »da sei nichts«, obwohl angesichts der Fakten- und Informationslage immer klarer wird, daß eine solche Negierung von Zusammenhängen die Intelligenz eines jeden halbwegs vernünftig denkenden Menschen beleidigt.

Allein schon aus diesem Grund sehen wir uns veranlaßt, auf einige Sachverhalte aufmerksam zu machen, die sich während der letzten Zeit im AWO-Gebiet ereignet haben bzw. auf die wir bei unseren Recherchen aufmerksam geworden sind.

Im Dickicht um das Jonastal und alles, was damit zusammenhängt, bewegen sich drei Gruppen. Die eine sieht das Dikkicht nicht, will es auch nicht sehen, weil man sonst von ehernen Positionen abrücken müßte. Das ist für die Zunft der Historiker problematisch, weil alles nun mal so war, wie wir es nachlesen können. Die zweite Gruppe, nennen wir sie die Ortsansässigen, Ehemaligen, an Heimatgeschichte Interessierten, arbeitet fraktioniert, an unterschiedlichen Schwerpunkten, mit sehr unterschiedlichen Zielsetzungen. Hier sieht man oft den Wald vor Bäumen nicht, findet Antworten auf Fragen, die niemand gestellt hat und stellt fest, daß jede Antwort neue Fragen provoziert. Das ist ermüdend. Wenn man dennoch weiterforscht, so auch deshalb, weil es eine dritte Gruppe gibt, die sich in diesem Dschungel von Fakten, Halbwahrheiten und Gerüchten bewegt. Sie tut das leise, unauffällig und nahezu unsichtbar. All ihre Aktionen sind sorgsam geplant und nach außen abgeschirmt: Es handelt sich um staatliche Stellen, die neuerdings in dem uns interessierenden Areal arbeiten, daß es dem professionellen Beobachter eine Freude ist, zuzusehen.

Warum tun sie das? Haben die Institutionen derzeit keine Arbeit für ihr Personal? Sollen die Jungs (es gehören auch Mädels dazu) für ihre nüchternen Jobs durch eine heiße Story, wenn auch eine fiktive, bei Laune gehalten werden? Mitnichten. Wer das glaubt, unterschätzt diese Instanzen und ihren Auftrag. Der Staat hat weder Geld noch Zeit für Hirngespinste und wenn er tätig wird, dann hat er Grund dafür. Eine Ursache für seine Aktivitäten mag auch darin zu suchen sein, daß man – sicher nicht vollends überrascht – Interessen anderer Staaten am Thema entdeckte. Anderen Motiven wenden wir uns später zu.

Um im Bild zu bleiben, erinnert die Situation doch sehr an einen Schulausflug. Die erste Klasse weigert sich, den Wald zu betreten, weil alles, was man dort zu sehen bekommen könnte, schon längst bekannt ist. Für das wenige Neue lohne sich die Mühe nicht. Die zweite Klasse, darunter neugierige, wilde, undisziplinierte Kinder, voller Tatendrang, glaubt nicht den Berichten aus der ersten Klasse, zumal deren Schüler nie im Wald waren, im Gegensatz zu manchen aus der eigenen Gruppe, die Seltsames entdeckten und aus den eigenen Familien erfuhren. Die dritte Klasse weiß um einige der Wunder, möchte sie für sich gewinnen und kann deshalb auf keinen Fall Aufmerksamkeit gebrauchen. Dennoch hinterläßt man Spuren, die der zweiten Gruppe zeigen, daß man auf dem richtigen Weg ist.

In diesem Geflecht aus Fakten, Halbwahrheiten und Gerüchten verbergen sich ganz unterschiedliche Interessen und leider sind nur wenige bereit, ihre Ziele darzustellen. Vieles deutet darauf hin, daß auch staatliche Institutionen zu den Interessenten zählen. Das ist verwunderlich, sind es doch gerade diese Kreise, die kategorisch jede Vermutung von sich weisen, hier seien im Kriegsverlauf sehr ungewöhnliche Dinge passiert, auch wenn einige Wissende, und dieses Buch ist ja ein Beleg dafür, bereit sind, ihre Karten auf den Tisch zu legen und Dinge präsentieren, die in Summa ganz erhebliches Gewicht gewinnen. Je deutlicher die Hinweise werden, desto massiver greifen bestimmte Institutionen auf ein Inventar bewährter Handlungsweisen zurück. Das einfachste Verfahren besteht zunächst darin, Erkenntnisse zu leugnen bzw. diese oder die Autoren abzuwerten, indem man Fakten hinweginterpretiert oder Vorgänge zum *Gerücht* erklärt. Das ist sehr einfach und wirkungsvoll, weil man im schlimmsten Falle, wenn nämlich später neue Erkenntnisse auftauchen sollten, welche die offizielle Revision der ursprünglichen Position erzwingen müßten, elegant umschwenken könnte. In unserem Fall ist dies vorerst kaum zu erwarten, da es sich hier um Vorgänge von ganz erheblicher Tragweite handelt, offensichtlich transnationale Interessen tangiert sein könnten und menschliches Beharrungsvermögen wie gewisse Eitelkeiten gegen einen Sinneswandel sprechen.

Nach welchen Regeln operieren dann die »Dienste«?

Betrachten wir hierzu wenigstens einige Verfahrensweisen aus dem »Handbuch«, um anschließend hinzuzufügen, was bereits geschehen ist. Natürlich handelt es sich hierbei lediglich um »Gerüchte«.

Eines wollen wir zu Beginn jedoch festhalten: Die wissenschaftliche Untersuchung des »Gerüchts« hat bewiesen, daß man diesem mindestens ebensoviel Glauben schenken sollte, wie Berichten und Erzählungen der Altvorderen.

Wie operieren also staatliche Stellen, wenn sie von Gerüchten mit bedeutsamem Inhalt erfahren? Zunächst gilt es, nach außen völlige Ruhe zu bewahren, keine Reaktion zu zeigen. Intern klärt man die Quelle ab, abhängig vom Sachverhalt durch entsprechende Kreise, deren »Dienst« das ist. Bestehen Anhaltspunkte für eine gewisse Handfestigkeit oder Wahrscheinlichkeit, bilden sich Arbeitsgruppen, zusammengesetzt je nach Notwendigkeit. Das heißt, hier finden sich gegebenenfalls Psychologen, Techniker, Naturwissenschaftler oder Menschen mit völlig anderer Profession zusammen. Ist nun die Expertengruppe zusammengestellt, analysiert man die Quellenlage. Hierzu gehört auch die Sammlung wissenschaftlich-technischer Daten, um Ermittlungsfehler zu minimieren, besser: auszuschließen. Schließlich folgt die Exploration vor Ort. Dabei ist man bemüht, einerseits unauffällig zu arbeiten, andererseits mögliche Informationsträger anzuzapfen. Existieren Pläne, versucht man mit Hilfe von Landschaftsmarken und Baulichkeiten die gesuchte(n) Anlage(n) zu lokalisieren. Nicht immer jedoch gelingt es, unbeobachtet zu bleiben. So stieß zum Beispiel Ende Juni 2002 ein älteres Ehepaar aus dem Badischen, das in der Umgebung des Jonastals seinen Wanderurlaub verbrachte, auf halber Bergeshöhe plötzlich auf einen Taucher, der, als er sich entdeckt sah, in voller Montur – Flossen unter dem Arm und mit umgeschnallter Preßluftflasche – in heilloser Flucht den Berg hinabrannte. Die Frau erlitt einen Schock. Der Fall wäre an sich harmlos, könnten wir davon ausgehen, daß es sich hier um einen Thüringer handelte, der stolz seine neue Taucherausrüstung ausprobieren wollte und – weil die häusliche Badewannenfüllung zu teuer würde – lieber einen Bachlauf an der Bergflanke aufsuchte. Es könnte so sein, wäre da nicht die Geschichte von den Thüringern, die auf Taucher stießen, die, sich unbeobachtet wähnend, über die Schwierigkeiten sprachen, durch halbverstopfte Gänge in die abgesoffenen unteren Geschosse einer großen Anlage zu schwimmen. Einer der Taucher sprach nicht deutsch. Dort, wo man tauchte, befindet sich gerüchtehalber eine Anlage von erheblicher Ausdehnung, aus der Angehörige einer Siegermacht bereits in den letzten Kriegstagen sehr unkonventionelle Dinge abtransportierten. Es ist kein Gerücht, daß noch Zeugen leben, die diesen Vorgang seinerzeit beobachteten.

Sind aus Gerüchten harte Fakten geworden und kennt man ehemalige Geheimnisträger, ist es unter Umständen angeraten, diese abzuschotten oder zu überwachen, um größeren Schaden zu verhindern. Das Spektrum möglicher Verfahrensweisen ist hierbei sehr breit gefächert. Gewiß ist aber, daß der Kreis der Eingeweihten um so kleiner ist, je interessanter die Faktenlage scheint – und daß man schon mal ganz entschieden vorgeht, wenn die Geheimnisträger vielleicht etwas verlauten lassen könnten.

Betrachten wir vor diesem Hintergrund nun einige Gerüchte.

Dr. Diebner, ein außerordentlich ehrgeiziger und begabter Kernphysiker, sucht gezielt nach Absolventen deutscher Technischer Hochschulen und Universitäten zur Erweiterung seines Teams im Rennen um die Bombe. Das Potential guter Leute ist begrenzt, und bald sieht er sich in der Notwendigkeit, Personal mit anderen Gruppen zu teilen. So stoßen zwei junge Atomphysikerinnen zu ihm, von denen eine uns besonders interessiert, wir nennen sie M. W. Beide verzichten darauf, mit Diebner unmittelbar vor Ankunft der Amerikaner aus Stadtilm abzureisen und geraten so in die Hände des ALSOS-Teams. Das, was sie zu sagen haben, ist derart brisant, daß US-Dienststellen ihren männlichen Begleiter, der heute in den USA lebt, regelrecht bestürmen, die Physikerinnen mit in die US-Besatzungszone zu nehmen, um sie aus dem Einflußbereich der Sowjetunion zu bringen. Auf das Angebot, in die USA zu gehen, um dort an Atomfragen weiterzuarbeiten, geht M. W. nicht ein. Sie will bleiben, nimmt dafür aber einen neuen Namen an. Unter diesem Namen schreibt sie Briefe und erläutert Dinge, die es einfach nicht geben kann – bis zum Januar 2002. Zu diesem Zeitpunkt lebt sie bereits seit mehreren Jahren im benachbarten befreundeten Ausland, hochbetagt, schwerkrank in einem Pflegeheim, erhält dort aber häufig Besuch von japanischen Physikern und ihrem ebenfalls betagten alten Freund. Als sie ihr Ende nahen spürt, erzählt sie ihre Geschichte und nennt ihren echten Namen, unter dem wenig später der zuständige Arzt auch ihren Totenschein ausstellen muß. Am frühen Vormittag verstorben, trifft noch am selben Nachmittag ein Leichenwagen aus Deutschland ein, im Troß drei Männer, die regelrecht die Fassung verlieren, als sie den Namen auf dem Totenschein lesen. Einer der Begleiter verbrennt das Dokument und stellt selbst ein neues auf den Alias-Namen aus. Auf die Frage des greisen Freundes, wohin man die Leiche denn bringe – der letzte Wille der Verstorbenen sah nicht die Überführung nach Deutschland vor –, erklärt ihm der Wortführer, das ginge ihn nichts an.

Wer hat die letzten Lebenstage von M. W. überwacht, um sicherzugehen, daß keinerlei Spuren verbleiben und in wessen Auftrag geschah dies? Wir sollten erwähnen, daß M. W. am Experiment von Röhrensee teilnahm und darüber hinaus in SS-Diensten stand, um den Gleichschritt in bestimmten Entwicklungsphasen des Atombombenprojektes sicherzustellen.

Nachdem unser Buch zum »Geheimnis der deutschen Atombombe« erschienen war, meldete sich ein Herr fortgeschrittenen Alters persönlich, um verschiedene Aspekte zu präzisieren, da er am Atombombenprojekt bis in die Schlußphase beteiligt war. Bei dem Versuch, ihn einige Wochen später an seinem Wohnort zu sprechen, ergab sich Sonderbares. Sein Haus schien unbewohnt, wirkte aber sehr gepflegt. Nach mehrmaligem Läuten erschien ein Nachbar und beschied uns, Herr M. sei an einem bestimmten Tag von mehreren Männern fremder Nationalität zusammen mit seiner Frau abgeholt und in ein weit entferntes Land gebracht worden. Aus dem folgenden Gespräch ergab sich, daß dies wenige Tage nach dem persönlichen Treffen geschah. Auf die Pflege des Hauses angesprochen, erwiderte der Nachbar, eine Woche nach dem Wegzug der Eheleute M. sei ein Paar aus deren neuem Gastland eingezogen, das sich um alles kümmere, auch die Post entgegennehme. O heilige Einfalt! Wie konnte man erwarten, daß jemand hinter einem neunzigjährigen »Märchenerzähler« her ist, nur um ihm und seiner Gattin eine Weltreise zu spendieren?!

Als sich nach der Wende verdeutlichte, daß Thüringer Boden

Bemerkenswertes aus jüngster Vergangenheit berge, fielen alsbald Scharen von Schatzsuchern hier ein, in der Hoffnung auf den Fund ihres Lebens. Welch ein Irrtum! Da muß man schon anders vorgehen, eben so wie die zweite Gattung von Beutejägern. Die kam, aber nicht mit dem Spaten in der Hand, sondern mit der Baugenehmigung. Ist es nicht beglückend zu sehen, wie schnell und unkonventionell endlich Bauämter Sondergenehmigungen für Außenbereiche erteilen, selbst wenn diese für Parzellen gelten, die weitab von jeder Siedlung liegen, wo es keine vernünftige Anbindung an eine bestehende Infrastruktur gibt? Interessant ist die Ähnlichkeit der Objekte: Kleine Hallen, massive Umzäunung, zum Teil mit Kamerakontrolle. Diese Anlagen wirken meist wie tot. Nähert man sich, tauchen plötzlich Wachen auf. Man hat den Eindruck, die Andienung erfolge nur nachts. Es ist kaum wirklich feststellbar, wie es um die Besitzverhältnisse steht, wer dort arbeitet und zu welchem Zweck man die völlige Abgeschiedenheit benötigt. Einer normalen Tätigkeit geht man dort aber wohl kaum nach.

In unserem ersten Buch hatten wir erläutert, daß ausgerechnet der Raum zwischen Ilmenau und Gotha – der etliche der Orte umfaßt, in und unter denen man im Dritten Reich an Sonder- und Vergeltungswaffen arbeitete – mit die höchste Gamma-Ortsdosisleistung der Bundesrepublik Deutschland aufweist.[130] Die gemessene Dosis ist ungefährlich, bewegt sich allerdings in einem Bereich, der für das überwiegend anstehende Gestein nicht mehr als typisch angesehen werden kann. Gemäß unserer oben angesprochenen Verhaltensregel für bestimmte Instanzen tritt tatsächlich sofort ein Fachmann in den Heimatzeitungen auf, leider will er nicht genannt werden, und versucht, das Phänomen hinwegzuinterpretieren.[131] Dabei unterläuft ihm ein Lapsus, der offensichtlich kaum jemandem auffiel, seine nächste Beförderung jedoch verzögern dürfte. Erklärt er doch, zum einen habe man bereits Radioaktivitätsmessungen in bestimmten Orten vorgenommen (wieso eigentlich, es gab doch

---

(130) Edgar Mayer & Thomas Mehner: Das Geheimnis der deutschen Atombombe. Gewannen Hitlers Wissenschaftler den nuklearen Wettlauf doch? Kopp Verlag, Rottenburg 2001, S. 251–253, 270/271.

(131) »Freies Wort«, Ausgabe für den Ilmkreis, 16. und 17. August 2000; »Wochenspiegel« vom 23. August 2000.

nichts, was Anlaß dazu bieten müßte – so ist doch die offizielle Position!), zum anderen erwähnt er »unterirdische Atombombenversuche«, die gegebenenfalls meßtechnisch nicht mehr zu erfassen seien. Auch Fachleute begehen Fehler. Schade, daß der Experte nicht bereit ist, seine Identität preiszugeben, wir könnten sonst den nächsten Streich der Institutionen diskutieren.

Kaum ist staatlicherseits der Ilmkreis beruhigt, tritt das *Bundesamt für Strahlenschutz* an die staunende Öffentlichkeit heran und wirbt für kostenlose Radon-Messungen in ganz bestimmten Orten[132], an denen, wie nur gerüchteweise verlautet, wahrscheinlich Kernphysiker gearbeitet hatten. Diese Radon-Messungen seien erforderlich, weil man bei zuvor durchgeführten »Screening-Messungen« auf Werte gestoßen sei, die neue, genauere Messungen erforderten. Von besonderem Interesse seien dabei »freistehende Einzelhäuser im ländlichen Bereich«. Es ist wohl kaum zu erwarten, daß die deutschen Atomphysiker ihre höchst geheimen Forschungen unter den Augen der Öffentlichkeit durchführten. Bekannt ist aber, daß in Einzelfällen Zugänge, Not- und Fluchttunnel durch die Keller von Einzelhäusern führten. Wollte man außerordentlich lange Fluchtwege für den Gefahrenfall vermeiden (vielleicht ein »durchgehender« Reaktor oder besondere Strahlenexpositionen nach einem unvorhersehbaren Unglücksfall), boten sich doch Häuser an, die in akzeptabler Entfernung zur Versuchsanlage standen.

Die neue Meßserie, initiiert vom *Bundesministerium für Umwelt, Naturschutz und Reaktorsicherheit* in Zusammenarbeit mit dem *Bundesamt für Strahlenschutz* sollte Daten zu neun Orten erbringen, von denen wiederum mehrere im Zusammenhang mit Kernforschungsaktivitäten genannt werden. Wie es heißt, erhoffe man sich aus der Untersuchung dieser neun Thüringer Orte die »Verbesserung der Datengrundlage für Wohnräume in der Bundesrepublik«. Thüringen ist etwas Besonderes, aber daß Messungen in neun Thüringer Orten, und ausgerechnet in diesen, genügen sollten, handfeste Ergebnisse für die gesamte Republik zu liefern? Nachtigall, Nachtigall …

Radon, gasförmiges Zerfallsprodukt von Radium, ist Gast in

---

(132) Siehe hierzu: »Amtliche Mitteilungen des Ilm-Kreises«, Nr. 09/2001 und »Wochenspiegel« (Ausgabe für den Ilmkreis) vom 4. Oktober 2001.

vielen Häusern und stört auch weiter nicht. Sein Nachweis ist leicht und ohne großen Aufwand möglich, zusammen mit der Auswertung fallen dennoch erhebliche Kosten an. Was treibt die Behörden um, ausgerechnet in einer Zeit äußerster finanzieller Anspannung und gerade in diesem Raum eine solche Meßreihe zu finanzieren? Nun, vielleicht ist es nicht das Radon, um das es hier geht, sondern ein völlig anderes Zerfallsprodukt. Wie gerüchteweise verlautet, habe sich ein Atomphysiker mit einer der an »interessierte Haushalte« ausgegebenen »Meßboxen« beschäftigt und geäußert, Radon jedenfalls könne man damit nicht messen. Ja, was dann?

Lange vor Kriegsende hatte man daran gedacht, um das Jonastal herum militärische Führungseinrichtungen zu konzentrieren. Dies war auch sinnvoll, da gerade hier fernmeldetechnische Anlagen in großer Zahl bereitstanden und zusammen mit weiteren unterirdischen Einrichtungen genügend Raum für Unterbringung und Versorgung vieler Menschen boten. Darüber hinaus standen mehrere dieser Anlagen in direkter unterirdischer Verbindung zueinander, was die Kommunikation vereinfachte. Einige dieser Systeme betrieb die Reichspost, womöglich auch aus Tarnungsgründen. Vor geraumer Zeit hat nun eine deutsche Dienststelle in einem abgelegenen Waldstück in der Nähe des Jonastals »willkürlich« Bäume fällen lassen (das Holzfällerteam kam aus Finnland). Gefällt wurden aber nur alte, mächtige Bäume mit alten eingeritzten Zeichen. Diese Bäume, überwiegend teure Buchen, liegen bis jetzt noch immer wirr durcheinander. Forstwirte schreiben sie mittlerweile als Totalverlust ab. Eigentlich ist dieser Vorgang nicht nachvollziehbar, es sei denn, man wüßte, daß unter diesem undurchdringlichen Dickicht eine außerordentlich interessante Anlage verborgen liegt.

Weshalb benötigte man finnische Holzfäller? Hatte man Bedenken, Waldarbeiter aus der Nähe würden über die Umstände der Aktion berichten, womöglich sogar darüber, daß diese Bäume sämtlich sehr alte Zeichen aufwiesen? Könnten sie vielleicht auch über die Initiatoren der Aktion Auskunft geben? Bedenklich ist neben allem anderen die Unbekümmertheit, mit der hier Kapital vernichtet wird, da man den Wert der Bäume auf einen fünfstelligen Betrag schätzt. Doch womöglich ist die Summe in einer Kalkulation enthalten, die mit ganz anderen Werten operiert ...

Halten wir einen Augenblick inne. Bei all dem Angedeuteten wird nicht immer klar, wer eigentlich dahintersteckt. Das ist auch nicht immer möglich, weil es Vorgänge gibt, wo deutsche mit ausländischen Dienststellen kooperieren. So haben zum Beispiel kürzlich Bedienstete einer Gemeinde in der Nähe des Truppenübungsplatzes ein Team beobachtet, das sich auf gemeindeeigenem Gelände mit Stereokameras, Bodendetektoren, Meßeinrichtungen etc. zu schaffen machte, ohne zuvor die Verwaltung zu informieren. Auf Nachfrage legte der Wortführer den Ausweis einer großen Militärorganisation vor, weigerte sich aber, Gründe für das sonderbare Verhalten zu nennen. Die anderen packten derweil ihre Ausrüstung zusammen und verstauten sie in einem schwarzen BMW und einem silberfarbenen Van der Marke Chrysler (die Kennzeichen sind bekannt).

Es sollte nicht die einzige »Begegnung der unheimlichen Art« bleiben. Nur wenige Tage später wurde der »Meßtrupp« gleich mehrfach im Gebiet des Eichfeldes, am Eulenberg II bei Bittstädt und im Gebiet des ehemaligen Mitteldeutschen Werkes gesehen. Einmal wurden vier Personen beobachtet, ein anderes Mal fünf, die mit Meßinstrumenten bzw. technischem Gerät bestimmte Plätze untersuchten. Und immer entstiegen diese Personen einem schwarzen BMW und einem silberfarbenen Chrysler mit den schon bekannten Kennzeichen.

Während sich die Augenzeugen vielleicht immer noch fragen mögen, warum eine große Militärorganisation bei den Messungen im Spiel war, werten wir diese Vorgänge als Bestätigung für die umlaufenden »Gerüchte«. Besonders auffällig war, daß die Messungen im Gebiet des Bittstädter Eulenberges genau dort erfolgten, wo im Frühjahr 2001 bereits Untersuchungen vorgenommen wurden. In diesem Terrain fanden sich Spuren künstlicher Eingriffe, beispielsweise in Form merkwürdiger rechtekkiger und beinahe auf einer Linie verlaufender Absenkungen. In deren Umfeld wurden im März und April 2001 erhöhte Werte von Radioaktivität gemessen, die allerdings, darauf sei ausdrücklich hingewiesen, unter den zulässigen Grenzwerten lagen. Bei der zweiten Begehung erfolgten die Messungen übrigens durch einen Experten der Technischen Universität Ilmenau, da die erste Messung im März 2001 in bezug auf die erhaltenen Ergebnisse unglaubwürdig erschien. Doch auch der Experte mußte einsehen, daß hier »irgend etwas« war. Zwar wurden die Meßwerte zunächst als Strahlung aufgrund von Bodenkontaminierung interpretiert, eine spätere Gegenprobe mit entnommenen Bodenproben, die andernorts untersucht wurden, zeigte jedoch, daß das Erdreich nicht belastet war, so daß die gemessene Strahlung aus dem Untergrund kommen mußte. Alle Messungen wurden auf Video dokumentiert.

Der Experte gab zu, solche Werte noch nie in der freien Natur gemessen zu haben. In einer unverbindlich und rein hypothetisch geführten Diskussion wies er daraufhin, daß die Strahlung unter Berücksichtigung der Halbwertszeiteffektes früher wesentlich höher gewesen sein mußte.

Uns verwundert das Vorhandensein von Radioaktivität an diesem Platz nicht. Offiziellerseits wird zwar behauptet, »hier sei nichts« (die alte Leier!), doch nach unseren Recherchen dürfte »Amt 800« in der Tiefe liegen, eines der Forschungsämter der Reichspost. In diesem Zusammenhang muß berücksichtigt werden, daß die gemessene Strahlung, die oberhalb der Erdoberfläche noch unter den zulässigen Grenzwerten liegt, einige Meter unter der Erde eventuell bereits beachtliche Werte erreichen kann, da sowohl das Erdreich als auch eine mögliche Betonverschalung des »Amtes« die radioaktive Strahlung zu einem immens großen Teil absorbieren. Wie hoch die Eigenschaft verschiedener Materialien zur Abschwächung beispielsweise von Gammastrahlung ist, zeigen die auf der nächsten Seite abgedruckten Tabellen sehr eindrucksvoll, deren Zahlenangaben wir nicht kommentieren wollen.

Aus gewöhnlich gut unterrichteten Kreisen erfuhren wir übrigens, daß aufgrund der Messungen vor Ort bestimmte Verantwortungsträger fieberhaft überlegen würden, welche schützenswerten Grashalme in den betreffenden Arealen zu finden seien, die es erlauben würden, ein Naturschutzgebiet einzurichten.

Abgesehen davon, daß man so keine Probleme lösen kann, ist uns im Zusammenhang mit unseren Recherchen, die uns an viele verschiedene Orte geführt haben, immer wieder aufgefallen, daß die hinsichtlich unseres Themas interessantesten Regionen als Landschafts- oder Naturschutzgebiete ausgewiesen sind.

Schwächung der Strahlung auf	Blei Dichte 11,3 g/cm³	Eisen 7,8 g/cm³	Beton 2,3 g/cm³	Erde 1,6 g/cm³	Wasser 1,0 g/cm³	Tannenholz 0,55 g/cm³
1/2	1,5 cm	3,8 cm	15,2 cm	19 cm	33 cm	58 cm
1/10	5,3 cm	11,1 cm	44 cm	67 cm	109 cm	178 cm
1/100	11,1 cm	21,8 cm	89 cm	128 cm	213 cm	361 cm
1/1000	16,3 cm	31,8 cm	133 cm	187 cm	318 cm	572 cm
1/10000	20,3 cm	41,0 cm	177 cm	248 cm	429 cm	787 cm
1/100000	25,4 cm	50,3 cm	221 cm	311 cm	521 cm	991 cm

Schwächung der Initial-Gammastrahlung durch verschiedene Stoffe. Man beachte besonders die angegebenen Werte für Beton und Erde.

Schwächung auf	Blei	Eisen	Beton	Erde	Wasser	Tannenholz
1/2	—	1,8 cm	5,6 cm	8,4 cm	12,2 cm	22,4 cm
1/10	2,5 cm	7,1 cm	25 cm	34 cm	51 cm	93 cm
1/100	4,9 cm	12,1 cm	42 cm	61 cm	83 cm	161 cm
1/1000	6,8 cm	17,1 cm	58 cm	83 cm	117 cm	223 cm
1/10000	8,9 cm	22,1 cm	71 cm	101 cm	149 cm	
1/100000	11,4 cm	27,3 cm	85 cm	118 cm	178 cm	

Schwächung der Gamma-Komponente der Reststrahlung durch verschiedene Stoffe. (Beide Tabellen aus: »Kernexplosionen und ihre Wirkungen«, Fischer Bücherei KG, Frankfurt/Main und Hamburg, 1961, S. 225 und 227.)

Diese schöne Regelmäßigkeit wird lediglich noch von so bezeichneten »militärischen Sperrgebieten« unterbrochen. Zufall?

Bei all dem, was heute geschieht, wollen wir eines nicht übersehen: Im Wettlauf der Alliierten um deutsche Staatsgeheimnisse höchster Klassifizierung, zumal im Bereich der Hochtechnologie, lieferten sich die späteren Siegermächte schon während des Krieges einen erbitterten Konkurrenzkampf mit härtesten Bandagen, bei dem sie sich selbst nicht schonten. Das ist auch verständlich, zeigten nachrichtendienstlich gewonnene Informationen, durch Verrat Preisgegebenes und Zufallsfunde zumindest dies: Entgegen törichten Anmerkungen Halbinformierter über die deutschen »Jungs in den Hinterzimmern« oder bewußter Desinformationskampagnen bis weit in die 1950er Jahre, mußten sich deutsche Wissenschaftler, Ingenieure und Techniker – von wenigen Arbeitsfeldern abgesehen – keinesfalls hinter den Leistungen der alliierten »counterparts« verstecken. Mehr noch: Es gab Bereiche, weit über den Raketensektor hinaus, in denen die Leistungen hierzulande denen der Alliierten *um Dekaden* voraus waren, z. T. offensichtlich sogar so weit, daß sie »Fähigkeiten und Kenntnisse [voraussetzten], die einen Einstieg auf einem Level erforderten, den wir zunächst nicht hatten und den auch unser Partner wohl nicht alleine erreichte«, so ein britischer Nachrichtendienstmann im Juli 1999.

Unterstellt man, es sei den Siegern nicht gelungen, in der Nachkriegszeit sämtliche Spuren zu verwischen, die darauf hindeuten, hieße dies wohl zuviel an Größe vorauszusetzen, um zu glauben, man warte, bis irgendwann jemand Seltsames präsentiere. Nur leergeräumte Anlagen bieten die Gewähr dafür, die Geschichte nicht umschreiben und selbst nicht zugeben zu müssen, daß man den Krieg, wie der britische Premierminister Winston Churchill schrieb, »fünf Minuten vor Zwölf« gewonnen habe.

Daß die westlichen Alliierten spätestens seit Ende 1944 ahnten, wie außerordentlich bedeutsam diese Beute sein konnte, zeigen u. a. mittlerweile freigegebene Akten, Aussagen hoher und höchster alliierter Militärs und Politiker unmittelbar nach dem Krieg sowie die eindrucksvollen Schilderungen ehemaliger amerikanischer und britischer Soldaten in Publikationen zum Schicksal ihrer Truppenteile. Wir wollen eines festhalten: Gerade letztere Kriegsgeschichten, von Teilnehmern und Augenzeugen für ihre noch lebenden Kameraden geschrieben, mußten sich um Detailtreue und Wahrheit bemühen, da sicher nicht jeder Angehörige der entsprechenden Einheit faustdicke Lügen geduldet hätte, dazu war die Erinnerung doch zu präsent. Gehen wir also davon aus, daß die Berichte alliierter technischer bzw. wissenschaftlicher Suchkommandos an ihre jeweilige Führung eben keine Phantasieprodukte oder Lügengeschichten waren (man denke an die Folgen für deren Autoren!), daß die Aussagen mancher deutscher Fachkräfte ebensowenig falsch waren und daß Augenzeugenberichte britischer und amerikanischer Soldaten das wiedergeben, was sie tatsächlich sahen und erlebten, wird deutlich, daß diese Geheimnisse jeden

Preis, jeden Einsatz und jedes Mittel rechtfertigten – und das blieb bis heute so.

Und weil dem so ist, wird offiziellerseits verlautbart, daß in dem uns interessierenden Areal nichts sei, während klammheimlich auf der Ebene der Dienste den meisten Hinweisen nachgegangen wird, mitunter allerdings so unprofessionell, daß man sich fragen muß, was da eigentlich für Leute am Werke sind.

Jeder der glaubt, daß das von uns aufgeworfene Thema Gegenstand einer öffentlichen Debatte werden sollte, wird erkennen müssen, daß das (politisch) nicht gewollt ist. Es gibt zuviele Unwägbarkeiten, die mit dem Problem verbunden sind. Diese betreffen nicht nur die Auswirkungen auf die veröffentlichte Geschichtsschreibung und die Rolle bestimmter verantwortlicher Kreise bei den ehemaligen Alliierten, sondern auch Fragen, die mit dem Hier und Heute zusammenhängen. Sind bestimmte Behörden über die mögliche Umweltgefährdung unterrichtet, die von den Forschungsanlagen ausgeht? Will man das Problem aussitzen? Weshalb bewegen sich Meßtrupps einer großen internationalen Militärorganisation im Gebiet? Hat die Bundesrepublik Deutschland keine eigenen Spezialisten? Oder ist die Angelegenheit so brisant, daß die bundesdeutschen Behörden nur als Erfüllungsgehilfen agieren dürfen?

Wie auch immer man diese Fragen beantworten möchte, eines ist sicher: Die ganze Art und Weise, wie man vorgeht, sieht nicht nach offizieller Untersuchung aus, sondern erfüllt vielmehr alle Merkmale einer Vertuschung. Aus diesem Grund sehen wir uns immer wieder veranlaßt, Öffentlichkeit herzustellen. Damit im Zusammenhang stehend, bitten wir vor allem die ortsansässige Bevölkerung, auf bestimmte Merkwürdigkeiten zu achten, die einerseits mit sich im Gelände bewegenden fremden Personen, andererseits mit Veränderungen der Landschaft zusammenhängen. Falls Ihnen z. B. bei einem Waldspaziergang an bestimmten Stellen plötzlich Aufschüttungen, bestehend aus Erd- oder Geröllmassen, auffallen sollten, die vorher nicht dort waren, dann sollte das zu denken geben. Vielleicht haben Sie auch schon Beobachtungen gemacht, die Sie bisher nicht einzuordnen wußten, deren Bedeutung Ihnen nach dem Lesen dieses Buches aber schlagartig klar wurde. Wenden Sie sich bitte in diesen Fällen an uns (über die Agentur-Adresse auf Seite 286).

Daß man die ungewünschte Identifizierung und möglicherweise sogar Öffnung von angeblich nicht existenten Hohlräumen fürchtet, dokumentiert auch die Verschärfung der Gesetzeslage. Fast unbemerkt hat der Thüringer Landtag im Jahr 2001 das »Thüringer Gesetz über die Gewährleistung der öffentlichen Sicherheit und Ordnung in Objekten des Altbergbaus und in unterirdischen Hohlräumen (Thüringer Altbergbau- und Unterirdische-Hohlräume-Gesetz – ThürABbUHG –) neu gefaßt und verabschiedet. Dieses Gesetz sollten sich vor allem diejenigen einmal genauer anschauen, die meinen, überall selbst Hand anlegen zu müssen. Besonders interessant ist der unter § 3 (»Aufgaben und Befugnisse«) stehende Absatz 3:

*»**Die Grundrechte auf körperliche Unversehrtheit, auf Freiheit der Person und auf Unverletztlichkeit der Wohnung** (Artikel 2 Abs. 2 und Artikel 13 des Grundgesetzes und Artikel 3 und Artikel 8 der Verfassung des Freistaats Thüringen) **können aufgrund dieses Gesetzes eingeschränkt werden.**«* (Hervorhebung durch d. A.)

Auch wenn man dieses Gesetz in seiner Gesamtheit betrachten muß, ist der zitierte Absatz doch ein beredtes Beispiel für das, was vor sich geht – und vor allem ein Lehrstück, was unsere Damen und Herren Volksvertreter so alles beschließen.

Ein Fazit zum Schluß dieses Buches ist wenig sinnvoll, da es nicht mehr als eine Zwischeneinschätzung sein könnte. Die vorgelegten Informationen, Zeugenaussagen und Fakten sprechen für sich selbst. Auch während der Zeit, in der wir dieses Buch verfaßten, gingen ständig neue Nachrichten ein, die allesamt eindeutig den Tenor unserer Publikation unterstrichen: Das Dritte Reich verfügte über Atomwaffen, deren Existenz von der Geschichtswissenschaft bis heute vehement abgestritten wird.

Indes: Die Wahrheit ist nach unserem Dafürhalten eine andere, und um deretwillen gilt es, die Nachforschungen fortzusetzen. Vielleicht wird es dann eines Tages möglich sein, die wahre Geschichte der letzten Kriegsmonate in Thüringen zu berichten, aber auch die wahren Gründe für den Tod tausender Menschen, die im Rahmen des S-III-Projektes und innerhalb des AWO-Gebietes eingesetzt wurden, aufzuzeigen. Die kolportierte Geschichte, man habe im AWO-Gebiet *nur* an einem Führerhauptquartier Hitlers gearbeitet, ist nicht nur ein Ammenmärchen, sondern auch eine Verhöhnung der Opfer.

Zum Schluß sei es uns gestattet, all jenen Personen herzlich zu danken, die uns bei den Recherchen geholfen haben. Viele von ihnen haben persönliche Belange zurückgestellt, ums uns bei unserer Arbeit zu unterstützen. Ein besonderes Dankeschön geht auch an jene, die uns als Wissende in den letzten Jahren mit wertvollen Hinweisen zur Sache den Weg gewiesen haben. Wichtiger als Hinweise sind jedoch *Beweise*, denn nur diese können dazu beitragen, das von uns behandelte Thema, insbesondere die Umstände der Entwicklung einer deutschen Nuklearwaffe, einer wissenschaftlichen Untersuchung zuzuführen. Es kann und darf nicht sein, daß wichtige Ereignisse, die in den letzten Monaten des Zweiten Weltkrieges zu verzeichnen waren und es verdient hätten, in die Geschichtsbücher aufgenommen zu werden, dem Vergessen, der Ignoranz und einer – unseres Erachtens – einseitigen Geschichtsschreibung zum Opfer fallen. Die Wahrheit muß ans Licht!

Mit den Autoren an die Stätten ungelöster zeitgeschichtlicher Fragen

Die Autoren dieses Buches bieten Interessierten die Gelegenheit, in Gruppenführungen während einer eintägigen Tour Geschichte hautnah zu erleben.
Besuchen Sie unter fachkundiger Leitung das Areal des »AWO-Dreiecks«, erfahren Sie mehr über die Vorgänge während des Zweiten Weltkrieges in diesem Gebiet und lassen Sie sich über die aktuellsten Erkenntnisse zu den in diesem Buch behandelten Themen informieren.

Informationen über Termine und Konditionen erhalten Sie bei: